汽车运用工程

主　编　张西振　黄艳玲　张成利

北京理工大学出版社
BEIJING INSTITUTE OF TECHNOLOGY PRESS

内 容 提 要

本书共 8 章,主要讲述汽车的使用条件、汽车的主要性能及合理选择、汽车技术状况的变化、汽车运行材料及其合理使用、汽车在特殊条件下的使用、汽车公害与环保、汽车使用寿命和汽车安全技术等内容。每章知识点明确,后附小结和思考与习题。全书注重理论与实际相结合,简明实用。

本书可以作为高职汽车检测与维修技术和汽车运用工程等相关专业的教材,也可供相关人员学习和参考。

版权专有　侵权必究

图书在版编目(CIP)数据

汽车运用工程／张西振,黄艳玲,张成利主编. —北京:北京理工大学出版社,2014.9(2022.7 重印)
ISBN 978-7-5640-9719-6

Ⅰ. ①汽… Ⅱ. ①张… ②黄… ③张… Ⅲ. ①汽车工程 Ⅳ. ①U46

中国版本图书馆 CIP 数据核字(2014)第 202253 号

出版发行 /	北京理工大学出版社有限责任公司
社　　址 /	北京市海淀区中关村南大街 5 号
邮　　编 /	100081
电　　话 /	(010)68914775(总编室)
	82562903(教材售后服务热线)
	68944723(其他图书服务热线)
网　　址 /	http://www.bitpress.com.cn
经　　销 /	全国各地新华书店
印　　刷 /	北京虎彩文化传播有限公司
开　　本 /	787 毫米×1092 毫米　1/16
印　　张 /	12
字　　数 /	273 千字
版　　次 /	2014 年 9 月第 1 版　2022 年 7 月第 11 次印刷
定　　价 /	39.00 元

责任编辑／张慧峰
文案编辑／多海鹏
责任校对／周瑞红
责任印制／李志强

图书出现印装质量问题,请拨打售后服务热线,本社负责调换

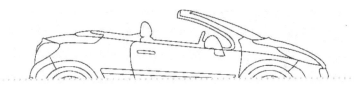

本书是为汽车检测与维修技术和汽车运用工程等汽车相关专业编写的教材,在编写过程中,充分考虑了高等教育的特点和目前的学生特点,注重理论与实践相结合,突出针对性、先进性和实践性,力求体现高等教育的教材特色。

本书分别从汽车的使用条件、汽车的主要性能及合理选择、汽车技术状况的变化、汽车运行材料及其合理使用、汽车在特殊条件下的使用、汽车公害与环保、汽车使用寿命和汽车安全技术等8个方面阐述了汽车的性能以及汽车的运用,每部分内容都有明确的知识点,每部分内容的后面都附有小结和思考与习题。全书注重理论与实际相结合,简明实用。

本书由张西振、黄艳玲和张成利主编,其他参加编写的有张丽丽、张凤云、王丽梅、康爱琴、李培军、李春芳、项仁峰等。在教材编写中,参考了大量资料,对资料原作者在此表示衷心感谢。

由于时间紧迫和编者水平所限,书中难免存在不足或疏漏之处,欢迎使用本教材的师生和读者提出宝贵意见。

编 者

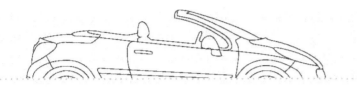

目录 CONTENTS

第1章 汽车的使用条件 ... 1

1.1 汽车的使用条件 ... 1
  1.1.1 气候条件 ... 1
  1.1.2 道路条件 ... 2
  1.1.3 运输条件 ... 5
  1.1.4 汽车高速公路使用条件 ... 7
  1.1.5 汽车运用水平 ... 8
  1.1.6 汽车运行安全技术条件 ... 9

1.2 汽车的运行工况 ... 10
  1.2.1 运行工况的概念 ... 10
  1.2.2 运行工况的调查 ... 10

第2章 汽车的主要性能及合理选择 ... 13

2.1 汽车的动力性 ... 13
  2.1.1 汽车动力性的评价指标 ... 13
  2.1.2 汽车的驱动力和行驶阻力 ... 14
  2.1.3 汽车动力性为何会变差 ... 20
  2.1.4 如何提高汽车动力性 ... 21

2.2 汽车的燃料经济性 ... 22
  2.2.1 汽车燃料经济性的评价指标 ... 22
  2.2.2 汽车油耗为何会变大 ... 23
  2.2.3 如何使汽车更省油 ... 24

2.3 汽车的制动性 ... 27
  2.3.1 汽车制动时车轮受力分析 ... 28
  2.3.2 汽车制动性的评价指标 ... 29
  2.3.3 汽车制动方法 ... 31

2.4 汽车的通过性 ... 32
  2.4.1 汽车通过性的间隙失效与几何参数 ... 32
  2.4.2 汽车通过性的影响因素 ... 33

2.5 汽车的舒适性 ... 34

2.5.1　汽车行驶平顺性及其影响因素 …………………………………………… 34
　　2.5.2　空气调节性能与居住性 ………………………………………………… 36
　　2.5.3　汽车乘坐舒适性为何会变差 …………………………………………… 37
　　2.5.4　如何提高汽车的乘坐舒适性 …………………………………………… 38
2.6　如何合理选购爱车 …………………………………………………………………… 39

第3章　汽车技术状况的变化 …………………………………………………………… 47

3.1　汽车技术状况与汽车运用性能的变化 ……………………………………………… 47
　　3.1.1　汽车的技术状况 ………………………………………………………… 47
　　3.1.2　汽车的运用性能 ………………………………………………………… 48
　　3.1.3　汽车运用性能的变化 …………………………………………………… 48
3.2　汽车技术状况变化的原因与影响因素 ……………………………………………… 49
　　3.2.1　汽车技术状况变化的原因 ……………………………………………… 50
　　3.2.2　汽车技术状况变化的影响因素 ………………………………………… 50
3.3　汽车技术状况变化的规律 …………………………………………………………… 53
　　3.3.1　汽车技术状况变化规律的分类 ………………………………………… 53
　　3.3.2　汽车技术状况渐发性的变化过程(第一种变化规律) ………………… 54
　　3.3.3　汽车技术状况偶发性的变化过程(第二种变化规律) ………………… 55
3.4　汽车技术状况的分级 ………………………………………………………………… 56
　　3.4.1　汽车技术状况的等级划分与标准 ……………………………………… 56
　　3.4.2　汽车技术状况等级的评定 ……………………………………………… 57
　　3.4.3　汽车平均技术等级 ……………………………………………………… 57
3.5　如何减少汽车技术状况的变化对车辆性能的影响 ………………………………… 58

第4章　汽车运行材料及其合理使用 …………………………………………………… 61

4.1　汽车燃料及其使用 …………………………………………………………………… 61
　　4.1.1　车用汽油及其使用 ……………………………………………………… 61
　　4.1.2　车用柴油及其使用 ……………………………………………………… 67
　　4.1.3　石油代用燃料 …………………………………………………………… 72
4.2　汽车常用润滑材料 …………………………………………………………………… 74
　　4.2.1　发动机润滑油 …………………………………………………………… 74
　　4.2.2　车辆齿轮油 ……………………………………………………………… 79
　　4.2.3　汽车用润滑脂 …………………………………………………………… 82
4.3　汽车用工作液 ………………………………………………………………………… 84
　　4.3.1　汽车制动液 ……………………………………………………………… 85
　　4.3.2　液力传动油 ……………………………………………………………… 86
　　4.3.3　发动机冷却液 …………………………………………………………… 87
　　4.3.4　汽车空调制冷剂 ………………………………………………………… 89
4.4　汽车轮胎及其使用 …………………………………………………………………… 90

4.4.1　汽车轮胎的分类 90
　　4.4.2　汽车轮胎的规格 92
　　4.4.3　汽车轮胎的正确使用 94

第5章　汽车在特殊条件下的使用 99
5.1　汽车在走合期的使用 99
　　5.1.1　走合期的使用特点 99
　　5.1.2　走合期应采取的措施 100
5.2　汽车在低温条件下的使用 101
　　5.2.1　低温条件下的使用特点 101
　　5.2.2　低温条件下应采取的措施 104
5.3　汽车在高温条件下的使用 106
　　5.3.1　高温条件下的使用特点 106
　　5.3.2　高温条件下应采取的措施 107
5.4　汽车在高原和山区条件下的使用 108
　　5.4.1　高原和山区条件下的使用特点 108
　　5.4.2　高原和山区条件下应采取的措施 110
5.5　汽车在坏路和无路条件下的使用 112
　　5.5.1　坏路和无路条件下的使用特点 112
　　5.5.2　坏路和无路条件下应采取的措施 112

第6章　汽车公害与环保 115
6.1　汽车排放污染物的形成及影响因素 115
　　6.1.1　汽车排放污染物来源 116
　　6.1.2　汽车排放污染物的形成与危害 116
　　6.1.3　影响汽车排放污染物的因素 119
　　6.1.4　汽车排放污染物的限制标准与控制措施 124
6.2　汽车噪声的危害 128
　　6.2.1　声学基本知识 128
　　6.2.2　汽车噪声源和控制措施 129
6.3　汽车电波危害 132
6.4　汽车车内空气污染 133
　　6.4.1　汽车车内空气污染分析 133
　　6.4.2　汽车车内空气污染控制 134

第7章　汽车使用寿命 137
7.1　汽车使用寿命概述 137
　　7.1.1　汽车使用寿命 137
　　7.1.2　汽车使用寿命分类 138

7.2 汽车损耗与更新 ·············· 138
　7.2.1 汽车有形损耗 ············ 139
　7.2.2 汽车无形损耗 ············ 139
　7.2.3 汽车综合损耗 ············ 140
　7.2.4 汽车更新 ················ 140
7.3 汽车报废 ···················· 141
　7.3.1 汽车报废 ················ 141
　7.3.2 汽车折旧制度 ············ 141
　7.3.3 汽车报废标准 ············ 141

第8章 汽车安全技术 ············ 147

8.1 汽车车身碰撞损伤概况和防碰撞理念 ··· 147
　8.1.1 汽车碰撞的形式 ·········· 147
　8.1.2 汽车车身抗撞性的设计理念 ··· 148
8.2 汽车主动安全技术 ············ 151
　8.2.1 主动安全性的影响因素 ···· 151
　8.2.2 主动安全技术 ············ 152
8.3 汽车被动安全技术 ············ 154
　8.3.1 内部被动安全技术 ········ 155
　8.3.2 外部被动安全技术 ········ 165
8.4 如何使汽车行驶更安全 ········ 169
　8.4.1 汽车安全行驶的重要条件 ··· 170
　8.4.2 汽车安全行驶要诀 ········ 170
　8.4.3 城市道路的安全行驶 ······ 173
　8.4.4 夜间的安全行驶 ·········· 176
　8.4.5 雨天的安全行驶 ·········· 177
　8.4.6 雾天的安全行驶 ·········· 178
　8.4.7 冰雪道路的安全行驶 ······ 179

参考文献 ·························· 183

第1章 汽车的使用条件

1. 影响汽车运用的气候条件、道路条件、运输条件以及高速公路运输条件等。
2. 汽车运用水平与汽车运用技术条件。
3. 汽车的运行工况。

1.1 汽车的使用条件

汽车使用条件是指影响汽车完成运输工作的各类外界条件,主要包括气候条件、道路条件、运输条件和汽车运行安全技术条件等。

汽车在复杂的外界条件下工作,这些外界条件随时间和空间而变化,并严重影响着汽车的使用效果。汽车效率的发挥取决于驾驶员的操作水平、汽车性能以及汽车对外界的适应性,即汽车的主要技术经济指标也随外界条件变化。在运行过程中,汽车必须不断地调整自身的使用性能以适应外界条件的变化。例如,在恶劣的道路条件下,通过换低挡降低汽车速度。另外,汽车运行速度、燃料经济性、各总成和轮胎可靠性、耐久性以及驾驶员疲劳程度等,都与汽车使用条件有关。

1.1.1 气候条件

我国幅员辽阔,各地气候条件差异很大。有高原寒冷和干燥地区、北方寒冷和干燥地区、南方高温和潮湿地区等。大多数地区一年四季温差和湿度差别很大,例如,东北北部地区冬季最低气温可达 -40℃,南方炎热地区夏季气温可高达40℃,而西北、西南地区的气候条件变化更为复杂。

环境温度和湿度对汽车,特别是对发动机的热工况影响很大。在寒冷地区,发动机启动困难,运行油耗增加,机件磨损量增大;风窗玻璃容易结霜、结冰;冰雪道路易发生交通事故。在寒冷气候条件下,为了保证驾驶员的工作状态、乘员的舒适和安全、汽车的正常工作及货物的防冻,需从结构上对汽车采取相应措施。

在炎热地区,发动机容易过热,工作效率低,燃料消耗增加。汽车电气系统、燃料供给系统元件易过热,导致故障,如蓄电池电解液蒸发过快所引起的故障。环境温度过高,若散热不良或燃料品质不佳,则容易在燃料供给系统形成气阻,影响发动机正常工作;高温可能造成润滑脂黏稠度下降,被热空气从密封不良的缝隙挤出,高温也会逐渐烘干里程表、雨刮器等机件中的润滑脂，增加机件磨损，导致故障；高温会导致制动液黏度下降，在制动系统中形成气阻，导致制动故障；高温会加速非金属零件的老化及变形；另外，高温会影响驾驶员的工作状态，影响行车安全。

在气候干燥、风沙大的地区，汽车及其各总成的运动副易因风沙侵入而加剧磨损。在气候潮湿和雨季较长的地区及沿海地区，如果发动机、驾驶室、车厢的防水和泄水能力不良，将引起零件锈蚀及因潮湿使电气系统工作不可靠。另外，大气湿度过高会降低发动机气缸的充气效率及发动机的动力性和燃料经济性。

在高原地区，空气稀薄，大气压力低，水的沸点下降，且昼夜温差大。由此引起的发动机混合气过浓、真空点火提前调节器失效、冷却水易沸腾、气压制动系统气压不足以及驾驶员易发生高原反应体力下降等都会影响汽车的正常运行。

不同气候条件对车辆结构和使用提出了不同的要求，应针对具体的气候和季节条件，使用相应的变型汽车或对标准型汽车进行技术改造，以提高车辆对气候的适应能力。汽车运输企业需要针对当地的气候特点，合理选用汽车，并制定相应的技术措施，努力克服或减少气候条件对汽车正常工作造成的各种影响，做到合理使用，取得最佳的使用效果。

道路条件是由道路状况决定的、影响汽车运用的因素，汽车结构、运行工况、技术状况等都与汽车运行的道路条件有着密切关系。

汽车运输对道路的要求：在充分发挥汽车速度特性的情况下，保证车辆安全行驶；满足该地区对此道路所要求的最大通行能力；车辆通过方便，乘员有舒适感；车辆通过此道路的运行材料消耗量最低，零件损坏最少。

车辆运行速度和道路通行能力是道路条件的主要特征指标，它们是确定道路等级、车道宽度、车道数、路面强度以及道路纵断面和横断面的重要依据。

道路条件对汽车运行速度、行驶平顺性及装载质量利用程度的主要影响来自道路等级和道路养护水平。例如，汽车在良好路面上行驶，可获得较高车速和良好燃料经济性；汽车在崎岖不平的道路上行驶，平均车速降低，需要频繁地进行换挡和制动操作，会引起零部件的磨损，并增加油耗和驾驶员工作强度；路面不平也会使零部件冲击载荷增加，加剧汽车行驶系统的损伤和轮胎的磨损。

1.1.2 道路条件

1. 道路等级

按照公路功能和适应的交通量，《公路工程技术标准》将公路分为五个等级：高速公路、一级公路、二级公路、三级公路和四级公路。

（1）高速公路为专供汽车分向、分车道行驶并应全部控制出入的多车道公路。

四车道高速公路应能适应（将各种汽车折合成小客车）的年平均日交通量为 25 000 ~ 55 000 辆。

六车道高速公路应能适应（将各种汽车折合成小客车）的年平均日交通量为 45 000 ~ 80 000 辆。

八车道高速公路应能适应（将各种汽车折合成小客车）的年平均日交通量为 60 000 ~ 100 000 辆。

（2）一级公路为供汽车分向、分车道行驶，并可根据需要控制出入的多车道公路。

一级公路为供汽车分向、分车道行驶的公路，一般能适应（按各种车辆折合成小客车）

的年平均日交通量为 15 000~30 000 辆。

(3) 二级公路为供汽车行驶的双车道公路。

双车道二级公路应能适应（将各种车辆折合成小客车）的年平均日交通量为 5 000~15 000 辆。

(4) 三级公路为主要供汽车行驶的双车道公路。

双车道三级公路应能适应（将各种车辆折合成小客车）的年平均日交通量为 2 000~6 000 辆。

(5) 四级公路为主要供汽车行驶的双车道或单车道公路。

双车道四级公路应能适应（将各种车辆折合成小客车）的年平均日交通量为 2 000 辆以下。单车道四级公路应能适应（将各种车辆折合成小客车）的年平均日交通量为 400 辆以下。

《公路工程技术标准》将每级公路规定了相应的技术标准，如车道宽、车道数、最小停车视线距、纵坡、平曲线半径和路面等级等。标准中的路线参考取值均是在保证设计车速的前提下，并且考虑了汽车行驶安全性、舒适性及驾驶员的视觉和心理反应而规定的。

2009 年底，全国公路总里程达到 3 828 万千米，其中，高速公路近 65 万千米。

我国已制订了宏伟的公路发展规划，它的实现将使我国的道路现状发生根本性的转变，对我国现代化建设起到巨大的推动作用。但是，当前的公路现状仍不能令人满意，在修建和改建高等公路的同时，有许多旧路需要改造。

交通量越大，道路的修建标准就越高，但道路修建和维护的费用可通过路况改善节约的汽车运行费用而得到迅速补偿。据推算，将 1 万千米昼夜交通量为 1 000 辆的砂石路面改为沥青路面约需要沥青 50 万吨，但每年可节约燃料 11 万吨，减少汽车运输支出 3.1 亿元，营运 5 年就可收回全部投资。

2. 公路技术特性

影响公路使用质量和车辆使用效率的线路主要技术特性，在水平面内是曲线段的平曲线半径，在纵断面内是纵坡、纵坡长度、竖曲线半径，在横断面内是车道宽度、车道数和路肩宽度等。

汽车弯道行驶，受离心力作用可能会引起侧滑，使汽车的操纵性能恶化，降低乘员的舒适性，严重时可能导致翻车。在水平曲线半径行驶的车辆轮胎侧向变形增大，磨损增加，车轮滚动阻力增加，车辆油耗增加。曲线路段会影响驾驶员的视线，夜间行车光照距离在曲线段也比直线段短，对行车安全不利。但较长的直线路段对行车安全也不利，所以高速公路都避免采用直长路线型。当条件不许可时，可设超高或缓和曲线。缓和曲线可使作用在汽车上的离心力逐渐变化，以便于驾驶员平缓操纵方向盘，保证行车安全。

公路纵坡使汽车动力消耗增大，后备功率降低，燃料消耗增加。另外，公路的凸形变化也会影响驾驶员的视距，JTJ 001—1997 规定了各级公路纵坡的许用值。汽车运输指标和修建费用两个方面的要求是公路修建前进行可行性论证的重要内容之一。

汽车运行工况和安全性与路面质量有关。要求路面具有足够的强度、很高的稳定性、良好的平整度以及适当的粗糙度，以保证汽车的附着条件和最小的运行阻力。

路面平整度是路面的主要使用特性之一，它会影响汽车的运行速度、动载荷、轮胎磨损、货物完好性及乘员舒适性,从而影响汽车利用指标和使用寿命。

3. 公路养护水平

公路养护水平的两个评定指标是"好路率"和"养护质量综合值"。根据《公路养护质量检查评定暂行办法》,将公路养护质量分为优、良、次、差四个等级。评定项目包括路面平整、路拱适度、行车顺适、路肩整洁、变坡稳定、标志完善鲜明、行道树齐全,满分为100分,其中路面、路基和其他分别占50分、20分和30分。公路养护等级评分值要求见表1-1。

表1-1 公路养护等级评分值要求   分

公路养护等级	优	良	次	差
总分	>90	>75	>60	<60
路面	>45	>38	—	—

已知某公路的总里程 L、优等里程 L_y、良等里程 L_l、次等里程 L_c 和差等里程 L_{ch}。好路率 Q 的计算式:

$$Q = \frac{L_y + L_l}{L} \times 100\% \qquad (1-1)$$

养护质量综合值 P 计算式:

$$P = \frac{4L_y + 3L_l + 2L_c + L_{ch}}{L} \qquad (1-2)$$

好路率和养护质量综合值都与车辆运行无关,但它们与直接影响汽车速度、平顺性和总成使用寿命的路面平整度评分有关。因而,它们可粗略地表征道路状况,并可粗略地评价道路对汽车运用的影响。

4. 公路养护水平对汽车使用性能的影响

(1)油耗。

试验表明,在车速为50 km/h 的情况下,试验路段的路面依此分为18分和49分时,油耗分别为28.43 L/100 km 和 26.01 L/100 km,即路面分从18分增至49分时,油耗将下降8.5%。

(2)车辆维护费用。

车辆维护费用和道路养护质量的关系研究表明,道路养护质量综合值由2.48提高到2.78,车辆维护费用可减少22%,即加强道路的养护,便可大幅度降低车辆损坏率,节约车辆维护费用。

(3)车辆大修费用。

河北省某年公路好路率与汽车大修里程统计数据见表1-2。

表1-2 河北省某年公路好路率与汽车大修里程统计数据   万千米

地区	石家庄	唐山	秦皇岛	邯郸	邢台	保定	承德	沧州
好路率	72.4	76.2	73.3	64.3	68.5	71.0	64.9	73.8
大修里程	15.91	19.64	14.76	12.07	6.64	15.23	9.15	17.09

1.1.3 运输条件

运输条件是指由运输对象的特点和要求所决定的、影响车辆使用的各种因素。

汽车运输可分为货运和客运。货运条件主要包括货物类别、货物运量、货运距离、装卸条件、运输类型和组织特点。客运对汽车使用性能的最基本要求是为旅客提供最佳的方便性。

近年来,我国公路运输发展迅速,2006年公路客运量、旅客周转量在综合运输体系中所占比重分别为91.9%和52.8%;公路货运量、货物周转量在综合运输体系中所占比重分别为72.1%和11.1%。

1. 货物类别

货物是指从接受承运起到送交收货人止的所有商品或物资。通常,根据汽车运输过程中的货物装卸方法、运输和保管条件以及货物批量进行分类。

(1) 按装卸方法分类。

按装卸方法货物可分为堆积、计件和罐装三类。对没有包装的、用堆积装卸的货物如煤炭、沙、土和碎石等(按体积或重量计量的货物)宜于采用自卸汽车运输;对可计个数,并按重量计量装运的货物,如桶装、箱装、袋装的包装货物及无包装货物,可采用普通栏板式货车、厢式货车及保温厢式货车运输;对于无包装的液体货物,通常采用自卸罐车运输。

(2) 按运输和保管条件分类。

按运输和保管条件货物可分为普通货物和特殊货物。前者是指在运输过程中无特殊要求,可用普通车厢运输的货物;后者是指在运输过程中,必须采取特别措施,才能保证完好无损地承运的货物。

特殊货物包括特大、长形、沉重、危险和易腐的货物。特大货物是标准车厢不能容纳的货物;长形货物通常是其长度超过标准车身长度1/3的货物;沉重货物是单件质量大于250 kg的货物。危险货物指在运输和保管过程中,可能使人致残或破坏车辆、建筑物和道路的货物。易腐货物是指在运输和保管过程中,需专门库房和车辆维持一定温度的货物。

运输特殊货物,需要选用大型或专用汽车,但是,汽车总体尺寸受国家标准限制(GB 1589—1997汽车外廓尺寸限界)。

(3) 按货物批量分类。

按一次托运货物的数量,可分为小批货物和大批货物。小批货物又称为零担货物,如食品、邮件和行李等个别少量运输的货物;大批货物指大批量运输的货物,又称大宗货物。

货物批量是选用车辆类型的主要依据。货物运输汽车的车厢构造和尺寸都应同装运的货物相适应。

2. 货运量

在汽车运输中,完成或需要完成的货物运输数量称为货运量,通常以吨为计量单位。

在汽车运输中,完成或需要完成的货物运输工作量,即货物的数量和运输距离的乘积称为货物周转量,它以复合指标吨·千米(t·km)为计量单位。货运量和货物周转量统称为货物运输量。

按托运货物的批量，货运量可分为零担和整车两类。在我国，凡是一次托运货物在 3 t 以上的为整车货物，不足 3 t 的为零担货物。需要较长时间和较多车辆才能运完的整车货物为大宗货物，而短时间内或少数车辆即能全部运完的货物为小宗货物。

货物批量取决于国民经济的发展水平。货物批量的形成受多种因素的影响，如托运单位的发货条件、货物形成工艺、货物集聚时间、货物价值及经济上合理的集聚量等；客户要求的交货速度、数量和用货条件；运输组织、道路条件和货物集散时货物批量合并的可能性等。因此货物不可能都是大宗的。但是，因工业结构的变化，专业化、协作化的生产，要求及时、快速地运送货物。商品经济的发展和人民生活水平的提高，都需要快速运输生活日用品、农副产品，这些货物的特点是批量小、运距短、批次多。显然这类小批量货物适宜轻型汽车运输，而大宗货物采用大型车辆运输时技术经济效益高，因此，应尽可能地组织大宗货物运输，即运输行业应配备不同吨位的车辆，才能合理地组织运输，提高运输经济效益。

3. 货物运距

货物运距是货物由装货点至卸货点间的运输距离，一般用千米（km）作为计量单位。

货物运距在很大程度上影响运输车辆利用效率指标，并对车辆的结构和性能提出不同的要求。当运距较短时，要求车辆结构能很好地适应货物装卸的要求，以缩短货物的装卸作业时间，提高车辆短运距的生产率。长途运输车辆运输生产率随车辆速度性能的提高和载质量的增大而显著增加。因此，随着运距的增加，要求增加汽车的吨位，但汽车的最大轴重受国家法规的限制。

4. 货物装卸条件

货物的装卸条件决定了汽车装卸作业的停歇时间、装卸货物的劳动量和装卸设备费用，从而影响汽车的运输生产率及运输成本。运距越短，装卸条件对运输效率的影响越明显。

装卸条件受货物类别、运量、装卸点的稳定性、机械化程度以及装卸机械等诸多因素的影响。

一定类别和运量的货物要求相应的装卸机械，也决定了运输车辆的结构特点，如运输沙石、煤炭等堆积货物的车辆，考虑使用铲斗装卸货物及货物对汽车系统及机构的冲击载荷，故应保证汽车的装载质量与车厢容积和铲斗容积一致，以获得最高的装运生产率。

带自装卸机构的汽车可缩短汽车装卸作业时间，但是，自装卸机构使汽车的装卸载质量比相同吨位的汽车要小。实践表明，只有在短运距运输时，自装卸汽车才能发挥其优越性。

5. 货运类型及组织特点

货物运输类型有多种分类方法，如短途货运、长途货运、城市货运、城间货运、营运货运、自用货运、分散货运和集中货运等。

自用货运是指用本单位的车辆完成本单位货运任务。

分散货运是指在同一运输服务区内，若干汽车货运公司或有车单位各自独立地调度车辆，分散地从事货运工作。显然分散货运的车辆、里程、载质量利用率都低，从而降低了汽车运输生产率，提高了运输成本。

集中货运是在同一运输服务区内的车辆和完成某项货运任务的有关单位车辆，集中由一个机构统一调度，组织货物运输工作。这种运输类型可提高车辆的载质量利用率和时间利用率，从而提高汽车运输生产率，降低运输成本。

运输组织特点主要取决于车辆运行路线。由于货运任务的性质和特点、道路条件以及所用车辆类型不同，即使在相同收、发货点间完成同样的货运任务，也可采用不同的运行路线方案，并产生不同的运输效益。

货运车辆的运行路线可分为往复式、环形式和汇集式。往复式运行路线是指货运车辆多次重复于两个货运点间行驶的路线。环形式是指将几个货运方向的运行路线依次连接成一条封闭路线。车辆沿环形路线运行时，每个运次是运输同一起迄点的货物。汇集式是指车辆沿运行路线各个货运点依次分别或同时装卸货物，并且每次运量都小于一整车的运行路线。

货运车辆结构应与选用的路线相适应，长运距的往复式运行路线，宜使用速度性能优良、载质量大的汽车。为了提高车辆运输的时间利用率，牵引车驾驶室设有卧铺，便于两个驾驶员轮班驾驶，减少因停车休息而延长路线运行时间，也可在中途设站更换驾驶员驾驶。用于环形式或汇集式运行路线的车辆，其载质量应与每运次的运量相适应，且其结构还应便于途中装卸货物。

6. 客运的基本要求

客运分为市内客运和公路客运，各种客运应配备不同结构形式的客车。市区公共客车采用车厢式多站位车身，座位与站立位置之比为2:1，通道很宽，车门数目多，车厢地板较低。有的客车为方便残疾人轮椅上下车，车门踏板采用可自动升降结构。市区公共汽车为了适应乘员高峰满载的需要，要求有较高的动力性；为了适应城市道路的特点，还要求汽车操纵方便。城间客车要求有较高的行驶速度和乘坐舒适性，通常座位宽大舒适，椅背倾斜可调，车门数少，其他辅助设施较齐全。为了适应旅游的需要，高级旅游客车还配备卫生间、微型酒吧，且汽车两侧下部设有较大空间的行李舱。

1.1.4 汽车高速公路使用条件

自1984年开通沈大高速公路以来，我国高等级公路建设进入高速发展期，截至2009年年底，我国高速公路通车总里程达65万千米。高速公路与高速运输是密切相关的，高速运输的最显著特点就是运输车辆的持续高速运行，其对汽车的动力性、制动性、操纵稳定性、加速性、舒适性的要求更加严格。许多在普通公路上运行不存在的问题，在高速公路行驶中却变得至关重要。有关资料表明，在高速公路的交通事故中，因汽车机械故障造成的比例逐年升高。例如，在京石高速公路河北段双幅路开通后不到两年的时间里，因机械故障引发的交通事故就达96起，其中制动失效和不良的就有58起。

1. 高速公路行驶的安全条件

为了避免发生追尾事故，汽车间应保持一定的车间距。当车辆速度为100 km/h时，行车间距至少应为100 m；车速为70 km/h时，应至少保持70 m的车间距。在潮湿的路面上行驶时，应保持上述车间距2倍以上。当遇有大风、雨、雾或路面积雪、结冰时，应以更低的速度行驶，以保证行驶安全。

高速公路行驶对车速也有限制。汽车在连续高速行驶条件下容易发生交通事故。《高速公路交通管理办法》第十一条规定，机动车在高速公路上正常行驶时，最低车速不得低于 60 km/h，轿车等小型车辆最高车速不得超过 120 km/h；大型客车和货车车速不得超过 100 km/h；摩托车不得高于 80 km/h，且不得载人。但遇有限速交通标志或者限速路面标记所示时速与上述规定不一致时，应当遵守标志或标记的规定。

高速公路行驶的主要问题是安全问题，因此，应注意以下几点。

（1）要严格遵守交通法规，按照限速规定行驶。

（2）为了防止汽车在高速公路上发生故障、妨碍交通安全畅通，在进入高速公路前要对汽车的燃料、润滑油、冷却液、转向器、制动器、灯光、轮胎等部件以及汽车的装载和固定情况进行仔细检查，使得车况处于最佳状态。

（3）车辆进入高速公路后应使车速达到 50 km/h 以上。通过匝道进入高速公路的汽车须在加速车道提高车速，并在不妨碍其他车辆行驶的情况下驶入主车道。

（4）在正常情况下，汽车应在主车道上行驶，只有当前方有障碍物或需要超越前车时，方可变换到超车道上行驶，通过障碍物或超越前车后，应驶回主车道。不准车辆在超车道长时间行驶或骑、压车道分界线行驶。

（5）为了减轻碰撞时的人员伤亡，配有安全带的汽车前排司乘人员应佩戴安全带。货运汽车除驾驶室外，其他部位一律不得载人。客车行车中乘员不许在汽车中站立。

（6）在高速公路上行驶时，不允许随意停车。为了防止追尾或侧滑的危险，当汽车发生故障时，不得采取紧急制动，而应立即打开右转向灯，将车减速停放在右侧紧急停车带或右侧路肩。停车后无关人员应迅速撤离至护栏外侧。当故障排除重新行驶时，应及时将车速提高到 50 km/h 以上，然后在不影响其他车辆行驶的情况下驶入主车道。当车辆因故障或事故无法离开主车道时，须开启车辆危险报警闪光灯，夜间还应开启示宽灯和尾灯，并在车后 100 m 外设置故障警告标志。同时，应利用路旁的紧急电话或其他通信设备通知有关管理机构，不得随意拦截车辆。

（7）当交通受阻时，要按顺序停车，等待有关人员处理，不得在路肩上行驶，以免影响救护车、公安交通和管理巡逻车通行。

（8）在高速公路上汽车不许掉头、倒车和穿越中央分隔带，不许试车，也不许在匝道上超车和停车。

（9）当遇有大风、雨、雾或路面积雪、结冰时，要注意可变交通标志或临时交通标志，遵守管理部门采取的限速和封闭车道的管制措施。

2. 高速公路行驶条件下轮胎的使用

高速公路行驶条件下轮胎的使用详见第 4 章。

1.1.5　汽车运用水平

汽车运用水平主要包括驾驶员的驾驶操作技术水平、汽车运输组织管理水平、汽车保管水平、汽车维修水平以及汽车运行材料供应水平。

汽车货运组织、管理水平用载质量利用系数和里程利用率评价。显然，运输组织、管理水平越高，载质量利用系数和里程利用率就越高。

汽车驾驶员的驾驶操作水平直接影响着汽车零件磨损、燃料经济性和污染物排放。熟练的驾驶员在平路、下缓坡等有利条件下，经常保持车速稳定或滑行状态，很少采取高强度制动；熟练驾驶员不仅能保证汽车安全运行，而且能提高汽车行驶技术速度15%～20%，延长汽车大修里程40%～50%，在相同的交通和道路条件下可节约燃料20%～30%。

汽车维修费用占汽车运输成本的15%～20%。我国一些地区维修市场宏观管理混乱，维修工作原始，手工作业占有相当大的比例，加之配件质量不稳定、检验设备少，诊断技术尚未真正用于控制汽车技术状况。因此，导致汽车维修质量低下，降低了汽车利用的经济效益。高水平的汽车维修标志是：汽车完好率达90%～93%，总成大修间隔里程较定额高20%～25%，配件消耗减少15%～20%，燃料、润滑材料的消耗减少20%～30%。

1.1.6 汽车运行安全技术条件

1. 机动车运行安全技术条件

为保证车辆安全行驶、运行可靠，汽车运行必须符合《机动车运行安全技术条件》（GB 7258—1997）规定的技术条件。汽车运行安全技术条件主要内容如下。

（1）车辆外观整洁，装备齐全，紧固可靠，各部件完好，并具有正常的技术性能。

（2）发动机动力性能良好，运行平稳，没有异响；燃料、润滑材料消耗正常，无漏油、漏水、漏气、漏电现象。

（3）底盘各总成连接牢固，无过热，无异响，性能良好，各润滑部位不缺油，钢板弹簧无断裂或错开现象，轮胎气压正常，汽车、挂车连接和防护装备齐全、可靠。

（4）转向轻便灵活，转向节及臂、横直拉杆及球销不得松旷，性能良好，前轮定位符合要求。

（5）车辆制动性能符合规定，挂车与牵引车意外脱离后，挂车应能自行制动，牵引车的制动仍然有效。

（6）客车车厢、货车驾驶室内应不进尘土，不漏雨，门窗关闭严密、开启灵活；挡风玻璃视线清晰；客车座椅齐全、整洁、牢固；货车车厢无漏洞，栏板销钩牢固、可靠。

（7）车辆的噪声及废气排放符合有关规定。

（8）灯具、讯号、仪表和其他电气设备配备齐全，工作正常、可靠。

2. 汽车危险货物运输规则

车辆运载具有易爆、易燃、有毒、放射性等危险货物时，必须符合《汽车危险货物运输规则》（JT 3130—1988）的规定。其主要技术条件是：

（1）车辆的车厢、底板平坦良好，栏板牢固，衬垫不得使用松软易燃材料。

（2）运载危险货物的车辆左前方悬挂黄底黑字的"危险品"标志。

（3）根据车内装运危险货物的性质，车辆必须配备相应的消防器材等。

（4）车辆行驶和停车必须严格遵守交通、消防、治安等法规要求。

（5）必须指派熟悉车内危险物性质的人员担任押运人员，严禁搭乘无关人员。

（6）车辆总质量超过桥梁、渡船标定承载质量，或车辆装载超高、超宽、超长时，均

应采取安全有效措施，报请当地交通、公安主管部门批准。未经允许，不得冒险通过。

3. 特种货物运输运行技术条件

特种货物运输，除符合普通货物运输的规定外，还应遵守下列相应的特殊要求：托运人要求急运的货物，经承运人同意，可以办理急件运输，并按规定收取急件运费；凡对人体、动植物有害的菌种、带菌培养基等微生物制品，非经民航总局特殊批准不得承运；凡经人工制造、提炼，进行无菌处理的疫苗、菌苗、抗菌素、血清等生物制品，如托运人提供无菌、无毒证明可按普货承运；微生物及有害生物制品的仓储、运输应当远离食品；植物和植物产品运输须凭托运人所在地县级（含）以上的植物检疫部门出具有效的"植物检疫证书"；骨灰应当装在封闭的塑料袋或其他密封容器内，外加木盒，最外层用布包装。

4. 特殊条件下车辆运行技术条件

车辆在危险渡口和桥梁上通过时，或在遇有临时开沟、改线、水毁、塌方、冰坎、翻浆等情况时，必须采取确实有效技术措施，以保障行车安全。

1.2 汽车的运行工况

1.2.1 运行工况的概念

为了研究汽车与运行条件的适应性，通常采用多参数的方法描述汽车的运行状况，称为汽车运行工况。即汽车在使用条件下，汽车驾驶员以其自己的经验和技能去操纵车辆，完成一定任务时汽车及其各零部件、总成的各种参数变化及技术状态。

汽车运行工况的参数包括汽车速度、变速器的挡位、发动机转速、节气门开度、制动频度等。在特定的汽车运行工况研究中，还包括发动机曲轴瞬时转速、输出功率、输出转矩、油耗、冷却液温度、各总成润滑油温度、各挡使用频度和离合器结合频度等。

1.2.2 运行工况的调查

汽车是在一定的道路和交通条件下完成运输任务的。为了提高汽车运输生产率、降低运输成本和实现控制排放等要求，必须研究汽车在所运行的交通和道路条件下的运行状况。

汽车运行工况的调查内容可根据研究任务的需要而增减，可通过测试数据的统计分析求得汽车运行工况参数样本的分布规律及其数学特征，进而在无偏性、一致性和有效性的原则下，推断出参数的总体分布和数学特征。

汽车运行工况是个随机过程，受到许多因素的影响，如道路状况、交通流量、气候条件以及汽车自身技术性能的变化等，同时也受驾驶员操作习惯的影响。运行工况的调查和研究通常采用测试统计方法和计算机数字仿真方法。

在汽车运行工况研究中，工况调查是首先要进行的工作。通过运行工况调查，掌握在特定的使用条件下，表征汽车运行状况的各参数变化范围和变化规律，为评价车辆的合理运用以及车辆性能、结构能否满足使用要求提供基础资料。

汽车运行工况测试是汽车运行工况调查的重要步骤。通过汽车运行试验及试验后的数据处理和统计分析完成运行工况调查。

汽车运行工况调查的内容有：选择反映汽车运行状况具有代表性的路线，并取得道路资料和交通状况的调查数据；同步测取汽车行驶中的车速、发动机转速、油耗、节气门开度及挡位使用和变化情况；在调查路线（或路段）内的累积停车次数和累积制动次数等。必要时还要记录交通流情况，如交通量、交通构成等。

在测试汽车运行工况时，风速、气温、海拔高度等试验条件应符合试验规范，或对测试参数进行修正。试验所用车辆必须符合国家相关标准规定。汽车运行工况数据主要用于确定汽车的常用工况及其特征，并结合汽车的结构特点，评价汽车常用工况的合理性及其影响因素。

例如，具体使用条件下汽车油耗水平的预测、油耗定额的制定、节能装置的选用、底盘的匹配、车辆的选型等，都需要研究汽车运行条件的适应性问题。为此，需要定量地研究汽车的运行工况。第一步就是进行工况调研，在调研中精选调研参数非常重要，即在调研中需要有相应的专门的测试设备。

此外，在城市交通规划、交通流控制方面必须考虑对汽车排放污染物的影响程度，特别是对城市环境状况的评估，必须进行汽车运行工况与排放污染物影响规律的研究。利用仪器测量汽车瞬时行驶速度并同步测量城市道路特征参数，通过对大量采集数据的处理分析，建立城市汽车排放污染物测量的一般道路汽车行驶工况、主干道汽车行驶工况、快速道路汽车行驶工况和城区综合道路汽车行驶工况，从而实现合理的城市交通规划和交通流控制。

本章小结

（1）汽车使用条件是指影响汽车完成运输工作的各类外界条件，主要包括气候条件、道路条件、运输条件和汽车安全运行技术条件等。

（2）我国幅员辽阔，各地气候条件差异很大，有高原寒冷和干燥地区、北方寒冷和干燥地区、南方高温和潮湿地区等。大多数地区一年四季温差和湿度差别很大。

（3）按照公路功能和适应的交通量，《公路工程技术标准》将公路分为五个等级：高速公路、一级公路、二级公路、三级公路和四级公路。

（4）影响公路使用质量和车辆使用效率的线路主要技术特性，在水平面内是曲线段的平曲线半径，在纵断面内是纵坡、纵坡长度、竖曲线半径，在横断面内是车道宽度、车道数和路肩宽度等。

（5）公路养护水平的两个评定指标是"好路率"和"养护质量综合值"。根据《公路养护质量检查评定暂行办法》，将公路养护质量分为优、良、次、差四个等级。评定项目包括路面平整、路拱适度、行车顺适、路肩整洁、变坡稳定、标志完善鲜明、行道树齐全，满分为100分，其中路面、路基和其他分别占50分、20分和30分。

（6）运输条件是指由运输对象的特点和要求所决定的、影响车辆使用的各种因素。

（7）汽车运用水平主要包括驾驶员的驾驶操作技术水平、汽车运输组织管理水平、汽车保管水平、汽车维修水平以及汽车运行材料供应水平。

（8）为了研究汽车与运行条件的适应性，通常采用多参数描述的汽车的运行状况，称为汽车运行工况。即汽车在使用条件下，汽车驾驶员以其自己的经验和技能去操纵车辆，完成一定任务时汽车及其各零部件、总成的各种参数变化及技术状态。

（9）汽车运行工况的参数包括汽车速度、变速器的挡位、发动机转速、节气门开度、制动频度等。在特定的汽车运行工况研究中，还包括发动机曲轴瞬时转速、输出功率、输出转矩、油耗、冷却液温度、各总成润滑油温度、各挡使用频度和离合器结合频度等。

思考与习题

1. 汽车使用条件指什么？主要包括哪些条件？
2. 试分析在不同的道路条件下，汽车驾驶员应如何应对。
3. 试分析汽车运用水平对汽车运输效率的影响。
4. 汽车运行工况指什么？
5. 汽车在高速公路行驶的安全条件是什么？
6. 简述汽车运行安全技术条件。

第 2 章

汽车的主要性能及合理选择

 本章知识点

1. 汽车动力性的评价指标。
2. 汽车行驶应满足的条件及提高汽车动力性的措施。
3. 汽车燃料经济性的概念与评价指标及改善汽车燃料经济性的措施。
4. 汽车制动性的概念与评价指标、制动器制动力及其与附着力的关系、汽车制动方法。
5. 汽车通过性的概念、间隙失效的概念、汽车通过性的影响因素。
6. 汽车行驶平顺性及其影响因素、空气调节与居住性、改善汽车舒适性的方法。
7. 汽车的合理选购。

2.1 汽车的动力性

汽车的动力性是指汽车在良好的路面上直线行驶时，克服各种行驶阻力所能达到的平均行驶速度。汽车运输效率及平均技术速度的高低，在很大程度上取决于汽车的动力性，所以动力性是汽车性能中最重要、最基本的性能。

2.1.1 汽车动力性的评价指标

汽车的平均行驶速度是汽车动力性的总指标。从尽可能获得高的平均行驶速度的观念出发，汽车的动力性主要由三方面的指标来评定，即最高车速、加速性能和上坡性能。

1. 汽车的最高车速

汽车的最高车速是指汽车满载行驶于平直良好路面（混凝土或沥青）上所能达到的最高行驶速度。它对于长途运输车辆的平均行驶速度影响较大。

2. 汽车的加速性能

汽车的加速性能是指汽车在各种使用条件下迅速增加行驶速度的能力。它对市区运行车辆的平均行驶速度影响很大，特别是对轿车尤为重视。加速能力在理论分析中常用加速度来评定，而在实际试验中常采用下列两种方法评定。

（1）最高挡或次高挡加速性能。

最高挡或次高挡加速性能也称超车加速性能，是汽车用最高挡或次高挡由某一预定的中速全力加速至另一预定高速时所经过的时间或距离来评定的。这段时间越短，则超车加速能

力越强,从而可以减少超车过程中的并行时间,有利于保障行车安全。

(2)起步连续换挡加速性能。

起步连续换挡加速性能也称原地起步加速性能,其是通过汽车以起步挡起步,并以大的加速度且选择恰当的换挡时刻逐步换至最高挡后,加速到某一高速(80% v_{max} 以上)所需时间与距离来评定的。原地起步加速时间是衡量高档次轿车动力性能的重要指标。一般认为高速轿车 0~100 km/h 的加速时间应在 10 s 以内,跑车或竞赛汽车 0~100 km/h 的加速时间可达 4 s 左右。

3. 汽车的上坡性能

汽车的上坡性能通常用最大爬坡度来评定。最大爬坡度 i_{max} 是指汽车满载时用变速器最低挡位在良好路面上等速行驶所能克服的最大道路纵向坡度。其对于山区行驶车辆的平均行驶速度有很大影响。轿车一般不强调爬坡能力,因为轿车最高车速大,加速时间短,经常在较好的道路上行驶;货车则不同,它需要在各种地区的各种道路上行驶,所以必须具有足够的爬坡能力。一般最大爬坡度在 30%,即 16.7°左右。需要进一步加以说明的是:i_{max} 代表了汽车的极限爬坡能力,它应比实际行驶中遇到的道路最大坡度超出很多,这是因为考虑到在实际坡道行驶时,在坡道上停车后顺利起步加速、克服松软坡道路面的大阻力、克服坡道上崎岖不平路面的局部大阻力等要求的缘故。越野汽车要在坏路或无路条件下行驶,因而其爬坡能力是一个很重要的指标,它的最大爬坡度可达 60% 或更高。

2.1.2 汽车的驱动力和行驶阻力

确定汽车的动力性,需要掌握沿汽车行驶方向作用于汽车的各种外力,即驱动力与行驶阻力。根据这些力的平衡关系,建立汽车行驶方程式,就可以估算出汽车的最高车速、加速能力和爬坡能力。

汽车行驶时,驱动力一定要克服行驶阻力,其行驶方程式为:

$$F_t = \sum F \tag{2-1}$$

式中　F_t——驱动力,N;

　　　$\sum F$——形式阻力之和,N。

1. 汽车的驱动力

(1)驱动力的产生。

汽车发动机的转矩经传动系统传至驱动轮,驱动轮便产生一个作用于路面的圆周力 F_0,路面则对驱动轮产生一个反作用力 F_t(F_0 与 F_t 大小相等、方向相反),即驱动汽车的外力,称为汽车的驱动力,汽车的驱动力的产生如图 2-1 所示,其数值为:

$$F_t = F_0 = \frac{M_t}{r} \tag{2-2}$$

式中　M_t——作用于驱动轮上的转矩,N·m;

　　　r——车轮半径,m。

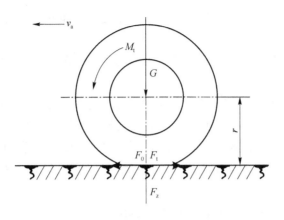

图 2-1 汽车驱动力的产生

作用于驱动轮上的转矩 M_t 是由发动机产生并经传动系统传至驱动轮上的,由传动过程可知:

$$M_t = M_e i_k i_0 \eta_T \tag{2-3}$$

式中　M_e——发动机的有效转矩,N·m;
　　　i_k——变速器的传动比;
　　　i_0——主减速器的传动比;
　　　η_T——传动系统的机械效率。

将式 (2-3) 代入式 (2-2) 得:

$$F_t = \frac{M_e i_k i_0 \eta_T}{r} \tag{2-4}$$

由式 (2-4) 可知,汽车的驱动力与发动机的转矩、传动系各挡的传动比及传动系统机械效率成正比,与车轮半径成反比。

$$M_e = \frac{9\,550 P_e}{n}$$

式中　P_e——发动机在转速为 n (r/min) 时的功率,kW。

所以有:

$$F_t = \frac{9\,550 P_e i_k i_0 \eta_T}{nr} \tag{2-5}$$

(2) 传动系的机械效率。

发动机输出的功率 P_e 经传动系统传至驱动轮的过程中,部分功率用于克服传动系统各部件中的摩擦,因而消耗了一部分功率。驱动轮得到的功率仅为 $(P_e - P_T)$,P_T 表示传动系统中损失的功率。那么传动系统的机械效率为:

$$\eta_T = \frac{P_e - P_T}{P_e} = 1 - \frac{P_T}{P_e} \tag{2-6}$$

传动系统内损失的功率 P_T 是在离合器、变速器、万向传动机构、主减速器、驱动轮轴承等处损失功率的总和。离合器在不打滑的情况下,其功率损失很小。万向传动机构的传动效率取决于两传动轴间的夹角,现代汽车的这个夹角很小,如果滚针润滑正常,则其功率损失很小。当汽车各部轴承润滑调整正常时,功率损失也很小。

传动系统的功率损失主要在变速器和主减速器这两个部位上。损失的功率可分为机械损失功率和液力损失功率两大类。

机械损失是指齿轮传动副、轴承、油封等处的摩擦损失,与传动副的数量、机械制造质量及传递的转矩有关。

液力损失是指消耗于润滑油的搅动、润滑油与旋转零件表面的摩擦等功率损失,与润滑油的品种、温度、箱体内的油面高度以及齿轮等旋转零件的转速有关。

虽然 η_T 受到多种因素影响,但对汽车进行初步的动力性分析时可把它取为常数,一般轿车取 0.9~0.92,单级主传动货车取 0.9,双级主传动货车取 0.85,4×4 汽车取 0.85,6×6 汽车取 0.8。

传动系统的机械效率可在专门的试验台上测出。

2. 汽车的行驶阻力

汽车在水平道路上匀速行驶时必须克服来自地面的滚动阻力 F_f 和来自空气的空气阻力 F_w。当汽车在坡道上上坡行驶时,还必须克服重力沿坡道的分力 F_i,称上坡阻力。汽车在加速行驶时还需要克服其惯性力 F_j,称加速阻力。因此,汽车行驶的总阻力为:

$$\sum F = F_f + F_w + F_i + F_j \tag{2-7}$$

上述诸阻力中,滚动阻力和空气阻力是在任何行驶条件下均存在的,上坡阻力和加速阻力仅在一定行驶条件下存在。在水平道路上等速行驶时就没有上坡阻力和加速阻力。

(1) 滚动阻力。

汽车车轮在滚动时,由于车轮与地面的变形以及两者之间的相互作用所产生的能量损失称为滚动阻力。滚动阻力产生的原因主要有以下几个方面。

1) 道路塑性变形损失。

车轮滚动时会推移土壤,轮胎与路面之间产生摩擦、土壤受挤压产生塑性变形等都要消耗一定的能量。

2) 轮胎弹性迟滞损失。

汽车行驶时,轮胎在径向、切向及侧向都会产生变形,并处于变形、恢复的循环中,其中有一部分能量要消耗在轮胎组织的内摩擦上,称为弹性迟滞损失,使轮胎发热,并向大气散出热量。

3) 其他损失。

汽车行驶时,还包括从动轮轴承、油封处的损失及悬架零件间的摩擦和减振器内的损失等。

滚动阻力的大小一般用式 (2-8) 计算:

$$F_f = Gf \tag{2-8}$$

式中　G——汽车重力,N;

　　　f——滚动阻力系数。

滚动阻力系数 f 表示单位车重的滚动阻力。汽车在不同路面或不同的运行条件下行驶时的滚动阻力系数是不一样的。滚动阻力系数的大小由试验确定,其影响因素主要有以下几个方面。

1) 路面的类型、平整度、坚硬程度和干燥状况。

表 2-1 所示为车速在 50 km/h 以下时不同路面上滚动阻力系数 f 的数值。

表 2-1 车速在 50 km/h 以下时不同路面上滚动阻力系数 f 的数值

路面类型	滚动阻力系数	路面类型	滚动阻力系数
良好的沥青或混凝土路面	0.010~0.018	压紧土路（雨后的）	0.050~0.150
一般的沥青或混凝土路面	0.018~0.020	泥泞土路（雨季或解冻期）	0.100~0.250
碎石路面	0.020~0.025	干沙	0.100~0.300
良好的卵石路面	0.025~0.030	湿沙	0.060~0.150
坑洼的卵石路面	0.035~0.050	结冰路面	0.015~0.030
压紧的土路（干燥的）	0.025~0.035	压紧的雪道	0.030~0.050

2）轮胎的结构。

保证轮胎有足够的强度和寿命的前提下减少帘布层数，可以使胎体减薄而减小滚动阻力系数；子午线轮胎比普通轮胎的滚动阻力系数小，而且车速的变化对它的影响也较小；胎面花纹磨损的轮胎比新轮胎的滚动阻力系数小。

3）轮胎的气压。

气压降低时，在硬路面上轮胎变形大，滚动阻力系数增大；气压过高，在软路面上行驶时，路面产生很大的塑性变形，并会留下轮辙，也会使滚动阻力系数增大。

4）行车速度。

车速在 50 km/h 以下时，滚动阻力系数变化不大；在 100 km/h 以上时增长较快。车速达某一高速，如 150~200 km/h 时，滚动阻力系数迅速增长，因为这时轮胎将出现驻波现象，即轮胎周缘不再是圆形而呈明显的波浪状，车辆的滚动阻力会显著增加。

此外，前轮定位失准以及车轮受到侧向力作用时，地面会对轮胎产生侧向反作用力，引起轮胎的侧向变形。例如在转弯行驶时，滚动阻力系数将大幅增加。

(2) 空气阻力。

汽车是在空气介质中行驶的。汽车相对于空气运动时，空气作用力在行驶方向上的分力称为空气阻力，用符号 F_w 表示。空气阻力可分为摩擦阻力和压力阻力两大部分。

1）摩擦阻力是由于空气的黏性在车身表面产生的切向力合力在行驶方向上的分力。摩擦阻力与车身表面粗糙度及表面积有关，占空气阻力的 8%~10%。

2）压力阻力是作用在汽车外形表面上的法向压力合力在行驶方向上的分力。它主要包括形状阻力、干扰阻力、诱导阻力和内循环阻力。

根据空气动力学原理，在汽车行驶速度范围内，空气阻力 F_w 数值的大小通常用式（2-9）计算：

$$F_w = \frac{C_D A v_a^2}{21.15} \quad (2-9)$$

式中 C_D——空气阻力系数，是单位动压在每平方米迎风面积上产生的空气阻力；

A——汽车的迎风面积，m^2；

v_a——汽车与空气的相对速度，km/h。

式（2-9）表明：空气阻力的大小与空气阻力系数 C_D 及迎风面积 A 成正比。A 值受到使用空间的限制，不易进一步减小，所以降低 C_D 是降低空气阻力的主要手段。C_D 值的大小与汽车外形有很大的关系，良好的流线型对于高速行驶的汽车至关重要。目前轿车的 C_D 值已降至 0.3 左右，预计在不久的将来可降至 0.2。C_D 值可通过风洞试验来测定。

（3）上坡阻力。

当汽车上坡行驶时，汽车的重力在平行于路面方向的分力，称为汽车的上坡阻力，如图 2-2 所示。

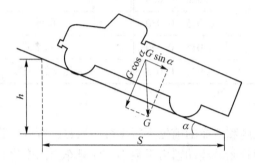

图 2-2 汽车的上坡阻力

上坡阻力 F_i 的大小由式（2-10）计算：

$$F_i = G \sin \alpha \tag{2-10}$$

式中　　G——车辆重量，N；

α——行驶路面与水平路面的夹角，（°）。

道路坡度 i 常用坡高与底长之比的百分数来表示：

$$i = \frac{h}{S} \times 100\% = \tan \alpha \times 100\%$$

当 $10° < \alpha < 15°$ 时，$\sin \alpha \approx \tan \alpha$，故

$$F_i \approx G \tan \alpha = Gi$$

由于滚动阻力 F_f 和上坡阻力 F_i 均和道路条件有关，而且均与车重成正比，因此常把这两种阻力合在一起称为汽车的道路阻力。

（4）加速阻力。

汽车加速行驶时，需要克服其质量加速运动时的惯性力，即加速阻力 F_j。通常把汽车的质量分为平移的质量和旋转的质量两部分。加速时不仅平移的质量产生惯性力，旋转的质量还要产生惯性力偶矩。为便于计算，一般把旋转质量的惯性力偶矩转化为平移质量的惯性力，并以系数 δ 作为计入旋转质量惯性力偶矩后的汽车质量换算系数，因而汽车加速阻力 F_j 可写成：

$$F_j = \delta \frac{G}{g} \frac{dv}{dt} \tag{2-11}$$

式中　　δ——选择质量换算系数，$\delta > 1$；

G——汽车总重量，N；

g——重力加速度，$g = 9.8 \ \text{m/s}^2$；

dv/dt——行驶加速度，m/s^2。

δ 主要与飞轮的转动惯量和车轮的转动惯量以及传动系统的传动比有关。

3. 汽车行驶的驱动条件和附着条件

(1) 汽车行驶的驱动条件。

汽车行驶的过程中，受到各种行驶阻力的作用，为保证汽车的正常行驶，必须有一定的驱动力，以克服各种行驶阻力。表示汽车驱动力与行驶阻力之间关系的等式，称为汽车的驱动力平衡方程，即：

$$F_t = F_f + F_w + F_i + F_j \tag{2-12}$$

式 (2-12) 说明了汽车行驶中驱动力与各行驶阻力的平衡关系，其平衡关系不同，则汽车的运动状态不同。

若 $F_j = F_t - (F_f + F_w + F_i) > 0$，即 $F_t > F_f + F_w + F_i$ 时，汽车将加速行驶。

若 $F_j = F_t - (F_f + F_w + F_i) = 0$，即 $F_t = F_f + F_w + F_i$ 时，汽车将等速行驶。

若 $F_j = F_t - (F_f + F_w + F_i) < 0$，即 $F_t < F_f + F_w + F_i$ 时，汽车将无法起步或减速行驶直至停车。

可见，汽车行驶的必要条件是：

$$F_t \geq F_f + F_w + F_i \tag{2-13}$$

式 (2-13) 为汽车的驱动条件，它反映汽车的行驶能力，但还不是汽车行驶的充分条件。

(2) 汽车行驶的附着条件。

可以采用增加发动机转矩和加大传动比等措施来增大汽车的驱动力，但是这些措施只有在驱动轮与路面之间不发生滑转现象时才有效。如果驱动轮在路面滑转，则增大驱动力只会使驱动轮加速旋转，地面切向反作用力并不会增加。这种现象说明地面作用在驱动轮上的切向反作用力受地面接触强度的限制，并不能随意加大，即汽车行驶除受驱动条件制约外，还受轮胎与地面附着条件的限制。

地面对轮胎切向反作用力的极限值称为附着力 F_φ，在硬路面上附着力取决于轮胎与路面间的相互摩擦，它与驱动轮法向作用力 F_z 成正比，常写成：

$$F_\varphi = F_z \varphi \tag{2-14}$$

式中 φ——附着系数，它表示轮胎与路面的接触强度，反映了轮胎与路面的摩擦作用。

但是附着系数 φ 与光滑表面间的摩擦系数不同，当轮胎与路面接触时，路面的坚硬微小凸起能嵌入变形的轮胎中，增加了轮胎与路面的接触强度，对轮胎在接地面积内的相对滑动有较大的阻碍作用。轮胎与地面间的上述作用，通常被称为附着作用。

在松软路面上，如车轮在比较松软的干土路面上滚动时，土壤的变形比轮胎的变形大，轮胎胎面花纹的凸起部分嵌入土壤，这时附着系数 φ 值大小不仅取决于轮胎与土壤间的摩擦作用，同时还取决于土壤的抗剪切强度。因为只有当嵌入轮胎花纹沟槽的土壤被剪切脱开基层时，轮胎在接地面积内才产生相对滑动，车轮才发生相对滑转。

显而易见，地面的切向反作用力不能大于附着力，否则会发生驱动轮滑转，即：

$$F_t \leq F_\varphi \tag{2-15}$$

式 (2-15) 称为汽车的附着条件。

驱动轮的附着条件还可以写为：

$$F_t \leq F_z \varphi$$

如将汽车的驱动条件和附着条件联系在一起，则可得出：
$$F_f + F_w + F_i \leq F_t \leq F_z \varphi \quad (2-16)$$
式（2-16）既为汽车行驶的驱动—附着条件，也是汽车行驶的充分和必要条件。

2.1.3 汽车动力性为何会变差

汽车在使用过程中随着行驶里程的增加和汽车使用条件的变化，动力性会逐渐变差。导致汽车动力性变差的原因主要有以下几点。

1. 发动机技术状况不良

发动机是汽车动力的来源。当发动机使用时间过长，磨损过甚而导致技术状况不良时，会使发动机的功率、转矩下降，同时汽车高速行驶的能力、加速能力和上坡能力都会变差。

2. 底盘技术状况不佳

汽车底盘技术状况从多方面影响汽车动力性，其中传动系统技术状况影响最大。

（1）传动系统影响。

汽车行驶时，发动机发出的功率需经传动系统传至驱动轮。若传动系统润滑不良、装配调整不当，则传动系统在传递动力过程中功率损失会过大，从而导致驱动轮得到的实际功率减少，使汽车动力性下降。

（2）其他系统影响。

汽车底盘其他系统的影响，如行驶系统技术状况不良，则汽车的行驶阻力会增大，汽车行驶平顺性、操纵稳定性会变差，致使汽车的平均行驶速度降低，动力性变差；如转向系、制动系统技术状况不良，则会直接影响汽车的行车安全，迫使汽车低速行驶，汽车的动力性就得不到充分发挥。

3. 汽车超载行驶

汽车超载行驶时，其滚动阻力、坡度阻力、加速阻力都会与汽车质量成正比地增加，使单位汽车总重的剩余驱动力减少，从而导致汽车动力性下降。

4. 轮胎状况变化

汽车行驶时，轮胎的滚动阻力和附着性能会对汽车动力性产生较大的影响。

过大的轮胎滚动阻力会消耗较大的功率，导致汽车后备功率下降、动力性变差。当汽车子午线轮胎换用普通斜交轮胎时，轮胎的滚动阻力会加大；在硬路面上行驶的汽车，如果轮胎气压比标准气压低，则轮胎的滚动阻力会变大；在松软路面上行驶的汽车，如果轮胎气压比标准气压高，则轮胎的滚动阻力会变大。

驱动轮胎与道路间的附着性能变差时，汽车驱动轮胎的附着力就减小，会导致汽车驱动力变小，发动机的动力就不能充分发挥，汽车动力性会下降。如轮胎花纹磨光时，其附着力就会大幅下降；宽轮胎换用窄轮胎时，其附着性能会变差；轮胎花纹选择不当，如硬路面选用粗而深的轮胎花纹、软路面选用细而浅的花纹等都会使其附着系数减小。

5. 汽车行驶条件变差

行驶条件中的气候和路面条件对汽车动力性的影响较大。汽车长时间在高温条件下工作时，由于发动机过热，进气温度高，故会导致功率下降，使汽车动力性降低；汽车行驶在高原地区时,由于充气量与压缩压力下降,会引起发动机功率下降,导致汽车动力性下降;汽车在坏路面行驶时,路面和轮胎间的滚动阻力较大,附着系数较小,汽车的动力性下降;汽车在滑湿路面行驶时,轮胎与路面的附着条件变差,驱动轮容易滑转,发动机输出的动力难以充分发挥,汽车动力性下降。

6. 驾驶技术较差

同一辆车,同样的行驶条件,不同的驾驶员驾驶,可具有不同的平均行驶速度。如果驾驶员不能根据道路条件和使用条件的变化,适时和迅速地换挡以及正确地选择挡位,则汽车的动力性就难以充分发挥和利用,往往导致汽车起步较慢、加速迟缓、爬坡熄火,使汽车的平均行驶速度下降。

2.1.4 如何提高汽车动力性

使用中提高汽车动力性的主要措施如下。

1. 加强汽车的技术维护

对汽车进行定期的检查、维护,保证发动机具有良好的技术性能,发出足够大的功率和转矩;确保底盘具有良好的技术状况,减少汽车行驶时的功率损失,使汽车具有尽可能大的驱动功率;确保车身表面光滑,消除凹凸不平的缺陷,减少高速行驶的空气阻力,提高汽车动力性。

2. 采用合适的汽车轮胎

为了提高汽车动力性,应尽量减少汽车轮胎的滚动阻力,同时增加道路与轮胎间的附着力。根据这一原则,在硬路面上行驶的汽车,应采用子午线轮胎、细而浅的花纹及较高的轮胎气压;在松软路面上行驶的汽车,应采用粗而深的轮胎花纹及较低的轮胎气压。

由于轿车经常行驶在良好的硬路面,因此轿车普遍采用细而浅花纹的宽系列子午线轮胎。

3. 去除汽车的无效载质量

汽车作为一种运输工具,不能通过减少装载质量来提高汽车的动力性。但使用中最有效的方法就是去除汽车的无效载质量。譬如,去除车上可有可无的随车工具和杂物;现代汽车的轮胎可靠性较高,也可以去掉备胎。减少这些无效载质量,可提高汽车的动力因数,改善汽车动力性。

4. 选择合适的驱动形式

对于越野车来说,为了提高动力性,设计时普遍采用全轮驱动。越野车在差路面或越野路面行驶时,应采用全轮驱动,以便有尽可能大的驱动力。但越野车在良好的硬路面行驶时,应采用后轮驱动,此时单轴形成的驱动力已经足够,若仍然采用双轴全轮驱动,则往往会因两轴驱动轮半径不能绝对相等或者路面存在不平而导致前后驱动轮相互干涉,使某一轴的驱动轮成了实际上的制动轮,使汽车动力性变差。

5. 提高驾驶技术

良好的驾驶技术能使驾驶员适应千变万化的道路交通情况,充分发挥汽车的动力性,保持尽可能高的车辆平均技术速度。

(1)汽车起步熟练的驾驶员能保证汽车平稳而顺利起步,从而为快速行车抢得先机。

（2）换挡操作对于手动变速器汽车来说，行驶时换挡操作相当频繁，能否适时和迅速地换挡以及正确地选择挡位，对发挥和利用汽车的动力性具有很大作用。

汽车行驶时，要根据路面及交通情况，经常变换挡位，及时调整车速。当道路阻力增大（如起步、上坡、通过阻力大的路段）而需要大的驱动力时，应选用低速挡；当通过良好路面而需要提高行驶速度、节约燃油时，应选用高速挡；当汽车转弯、过桥、过交叉路口、行驶在坡道、会车及通过一般困难路段时，应选用中间挡位；行车时，应尽量使用高挡位。

掌握好换挡时机，及时地变换挡位，可提高汽车的动力性。踩下加速踏板，若感到发动机动力过大，说明原来的挡位已不适应，应及时换入高一级挡位，加挡后如不出现动力不足和传动部分抖动现象，则表明加挡时机适宜。若车速下降，发动机动力不足，则说明原挡位已不适应，要及时换入低一级挡位，如减挡后汽车不出现突然降速现象，则表明减挡时机适宜。

换挡操作时无论是加挡还是减挡，都只需踩一脚离合器。其换挡方法是：抬起加速踏板，踩下离合器踏板，先将变速杆直接靠在需挂入的挡位，待同步器同步后，再挂入挡位，然后边松离合器踏板边踩加速踏板，直至离合器踏板完全抬起为止。

对于自动变速器汽车，其换挡是自动进行的，驾驶员只需根据道路条件选择变速杆位置，用加速踏板控制车速即可。

（3）车速控制直接体现了汽车动力性。如果车速高不了，则说明汽车动力性较差。

通常，驾驶员应根据车型、道路、气候、载运量、交通情况以及自己的驾驶水平，确定合适的车速。

车型不同，动力性不同，适宜的车速就不一样，通常驾驶轿车的车速比驾驶货车的车速要高；在高速公路上，汽车应以较高车速行驶；在良好的道路上，采用中速行车；在差路面如凸凹不平路面、搓板路面，汽车应低速行驶；汽车在通过繁华街道、交叉路口、隧道、窄桥、陡坡、弯道、狭路以及下雪、结冰、雨雾视线不清时，最高车速不得超过 30 km/h。

2.2 汽车的燃料经济性

汽车的燃料经济性是汽车的主要性能之一，在保证动力性的条件下，汽车以尽量少的燃料消耗量经济行驶的能力，称为汽车的燃料经济性。燃料经济性好，可以降低汽车的使用费用，节省石油资源，同时可以降低发动机废气的排放量。

2.2.1 汽车燃料经济性的评价指标

汽车的燃料经济性常用一定运行工况下汽车行驶百千米的燃料消耗量或一定燃料量能使汽车行驶的里程来衡量。

在我国及欧洲，燃料经济性指标的单位为 L/100 km，即每行驶 100 km 所消耗的燃料升数。它的数值越大，汽车燃料经济性越差。美国和日本均采用英里/加仑（mile[①]/gal[②]）作为燃料经济性的单位，即一加仑燃油所能行驶的英里数。这个数据越大，汽车燃料经济性能越好。

---

① 1 mile = 1.609 km。

② 1 gal = 3.785 L。

等速行驶百千米燃料消耗量是常用的一种评价指标，它是指汽车在一定载荷（我国标准规定轿车为半载、货车为满载）下，以最高挡在水平良好路面上等速行驶 100 km 的燃料消耗量。通常是测出每隔 10 km/h 或 20 km/h 速度间隔的等速百千米燃料消耗量，然后在图上连成曲线，作为等速百千米燃料消耗量曲线，并用它来评价汽车的燃料经济性，如图 2-3 所示。

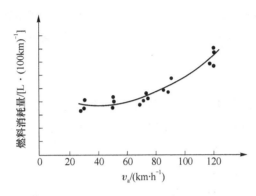

图 2-3 汽车等速百千米燃料消耗量曲线

但是，等速行驶工况并没有全面反映汽车的实际运行情况，特别是在市区行驶中频繁出现的加速、减速、怠速、停车等行驶工况。因此，在对实际行驶车辆进行跟踪测试统计的基础上，各国都制定了一些典型的循环行驶试验工况来模拟实际汽车运行状况，并以其百千米燃料消耗量来评定相应行驶工况的燃料经济性。

循环工况规定了车速—时间行驶规范。例如，何时换挡、何时制动以及行车的速度和加速度等数值。由于它在路上试验比较困难，一般多规定在室内汽车底盘测功机上进行试验，而规定在路上进行试验的循环工况均很简单。

2.2.2 汽车油耗为何会变大

汽车在使用过程中，随着行驶里程的增加和汽车使用条件的变化，汽车的燃料消耗会逐渐变大。导致汽车油耗增大的原因如下。

1. 发动机技术状况变差

发动机长时间使用后，气缸磨损严重，气缸密封性变差，气缸压缩压力和燃烧压力下降，发动机热效率降低，发动机的燃料消耗加大。

2. 底盘技术状况不良

汽车行驶时，若传动系统润滑不良、装配调整不当，则传动系统在传递动力过程中的功率损失会过大；若车轮轴承间隙过小、油封过紧、前轮定位失准、轮胎气压过低、制动片与制动盘（鼓）间隙过小，则汽车行驶时摩擦阻力损失的功率会过大。这说明底盘技术状况不良时，损失在汽车底盘上的能量就会增加，因而汽车的燃料消耗就会变大。

3. 驾驶操作不当

驾驶操作永远影响着汽车的燃料消耗，在相同条件下，不同的驾驶员驾驶相同的汽车，其油耗可相差 10% ~ 30%。驾驶操作不当，驾驶水平低下，会导致燃料消耗增加。

4. 汽车运输管理不佳

用车计划不周、用车时间不妥、行车路线选择不当及货物调运方案欠佳都会使汽车的燃料消耗增加。

2.2.3 如何使汽车更省油

对于一定的车型和环境条件而言，如何使汽车更省油，完全取决于汽车的技术状况和用户的使用技术水平。即使是结构和技术状况再优良的汽车，不同的用车理念和使用方法也会导致不同的耗油结果。

1. 加强汽车技术维护

保持汽车具有良好的技术状况是汽车省油的基础。汽车只有在良好的技术状况下，燃油的能量才能充分发挥并得到有效利用。因此，当汽车技术状况变差后，应通过对车辆的维护，使其处于最佳状态，从而达到省油的目的。

（1）保持发动机具有良好的技术状况。

在汽车使用过程中，应经常检查发动机，并进行正确的维护，使其具有良好的技术状况。发动机技术状况可由汽车的加速时间来判断，若汽车的加速时间在正常数值范围内，则表示发动机的技术状况正常；若汽车加速时间过长而底盘技术状况良好，则说明发动机技术状况不良。为此，应重点维护或检查下列内容。

1）检查空气滤清器，确保其清洁畅通。在车辆行驶一段时间或经历过扬尘、沙暴等天气后，应将空气滤清器拆下，将上面积攒的尘土清理掉，保证进气的畅通。经常保持其清洁畅通，可节油5%。

2）检查电控燃油喷射系统，确保其工作正常。对于电子控制燃油喷射系统的发动机，当传感器不能准确进行检测时，会向发动机 ECU 传递错误的电信号，引起喷油量失准，导致油耗增加。因此，应定期检查电控燃油喷射系统，发现问题及时维护，确保其工作正常。

3）检查点火系统，确保其点火正常。行车中加速时，若汽车乏力、车速提高不快、发动机有沉闷的感觉，则表示点火提前角太小；若加速时汽车有严重的敲缸声，则表示点火提前角过大；若加速时汽车有轻微的敲缸声，车速提高快，则表示点火提前角合适。若点火不正，则应予以调整。

检查火花塞是否经常保持清洁干燥和正常的间隙，电极是否完整无油污、绝缘无破损等，如有损坏，应更换火花塞。检查点火能量，从分电器端拔下中央高压线进行试火，若有强力的火花，则表示点火系统正常。

4）检查气缸压缩压力，确保压力正常。定期检查气缸压缩压力，若气缸压力过低（在原厂标准的75%以下），则说明气缸、活塞、活塞环、气门等机件磨损严重，导致密封不严，应视需要研磨气门或更换活塞环，以保持合适的气缸压力；若气缸压力过高，高于原厂的标准压力，则说明燃烧室有积炭，使压缩比过大，这样容易导致爆燃，故必须减小点火提前角，同样引起燃油消耗增加，此时应清除积炭，保持燃烧室清洁。

5）调整气门间隙，确保配气正常。若气门间隙不合适，则会增加发动机油耗。因此，应按原厂标准调整气门间隙。

6）改善润滑条件，确保良好润滑。定期更换机油，选择合适的机油，保证良好的润滑，减少摩擦损失，从而节省燃油。

选择机油时，应重点考虑机油的黏度。原则是，在满足发动机运动件承载能力的前提下，尽可能选择黏度较低的机油。

（2）保持底盘具有良好的滑行性能。

汽车的滑行性能可反映汽车底盘的总体技术状况，汽车的滑行距离越长，说明传动系统的传动效率越高，底盘的总体技术状况越好，发动机消耗于底盘上的功率就越小，汽车就越省油。试验表明，汽车的滑行距离每增加10%，其燃油消耗可减少5%。

车辆滑行距离检测标准：汽车空载、轮胎气压符合规定值时以初速30 km/h摘挡滑行，其滑行距离应满足表2-2的要求。对于滑行性能差的汽车底盘，应重点做好以下维护工作。

表2-2 车辆滑行距离要求

汽车整备质量 M/kg	单轴驱动车辆滑行距离/m	双轴驱动车辆滑行距离/m
$M < 1\ 000$	≥130	≥104
$1\ 000 \leqslant M \leqslant 4\ 000$	≥160	≥120
$4\ 000 < M \leqslant 5\ 000$	≥180	≥144
$5\ 000 < M \leqslant 8\ 000$	≥230	≥184
$8\ 000 < M \leqslant 11\ 000$	≥250	≥200
$M > 11\ 000$	≥270	≥214

1）确保传动机件处于正常状态和良好的润滑。应使用黏度合适、抗磨性好及黏温性能符合要求的齿轮油，以减少能量损失，降低燃油消耗。

2）确保轮毂轴承松紧度调整合适。在维护时应调整好轮毂轴承的松紧度，确保其行驶阻力最小。在汽车行驶途中停车时，如感觉轮毂和制动鼓有发热烫手情况，则可能是轮毂轴承间隙调整不合适造成的，需重新进行调整。

3）确保制动器调整正确。制动器间隙的调整，对汽车燃油消耗的影响较大。制动器的间隙应调整合适，做到既能保证可靠的制动，又能保证在放松制动踏板后，车轮没有拖滞现象。

4）确保前轮定位符合标准。当前轮出现摆头现象而使轮胎发生异常磨损时，应检查前轮定位值，特别是前束值，并进行必要的调整，确保前轮定位正确。

2. 正确选择和使用轮胎

试验表明：子午线轮胎与普通斜交轮胎相比，油耗减少6%~8%。

确保轮胎气压正常，可以减少燃油消耗。试验表明：当轮胎气压低于标准气压30%时，燃油消耗将增加12%。因此，应经常检查轮胎气压，并确保轮胎气压正常。

3. 提高汽车驾驶技术

优秀的驾驶员能在驾驶车辆的各个环节挖掘节油的潜力，虽然他们驾驶的车型各异，但其节油驾驶的操作方法是基本相同的，其要领如下。

(1) 正确平稳起步。

配置电喷发动机的现代轿车冷启动后，暖机时间不要过长，应迅速起步，用低速行驶200 m左右后转入正常行驶，以此节约暖机用油。在冬季下雪气温较低时，原地暖机1~2 min即可。

要正确选用起步挡位。满载或上坡起步，用1挡比较省油；轻载或在良好的水平路面起步，用2挡比较省油。起步时，要手脚协调，离合器、驻车制动、加速踏板配合得当，应轻踩加速踏板，缓慢起步，逐渐加速，做到起步平稳自然。

(2) 操作时脚轻、手快。

所谓脚轻，就是轻踏加速踏板，无论是低挡起步、平路行驶，还是路途冲坡，都不能踏死加速踏板，要轻踏缓抬，不使发动机消耗多余动力。所谓手快，就是换挡操作时动作要准确、迅速、及时、干脆利索，这样能缩短加速和换挡操作时间，可避免发动机功率的无谓损失，从而降低燃油消耗。

(3) 合理使用挡位。

汽车行驶时应尽量选择最高挡。汽车上短而陡或坡道不长的坡时，可采用高挡加速冲坡的方法，利用汽车的惯性直冲坡顶。若坡度较大，冲坡难以为继时，则应及时减挡，以免发动机熄火需重新起步而导致油耗增加。汽车在一般道路上，可使用高速挡位行驶，但在行驶中深感动力不足时应及时减挡，而不应将加速踏板踩到底，以免加大油耗，也不能使用低速挡高速行驶，以免发动机转速过高而导致油耗增加。

(4) 控制中速行车。

经济车速运行时油耗最低，但通常由于经济车速太低，影响汽车运输效率，不应在这种车速下行车。但车速过高时，由于汽车行驶阻力过大，其百千米油耗会随车速的增加而迅速增长，导致行车不经济，因此，应选择中速行车。在高速公路上行车时，如果情况允许，时速保持在90~100 km/h时比较省油。

发动机在转速稳定时油耗较低，因此，在行驶过程中车速应保持相对稳定，尽量避免急加速、急减速和频繁的制动，以免消耗不必要的燃油。在平坦的路面上，使用定速巡航可以达到省油的目的。

(5) 保持适宜的冷却液温度。

发动机冷却液温度在80℃~95℃时油耗较低，因此，在汽车行驶过程中，驾驶员要注意观察发动机冷却液温度表，当温度过高或过低时，必须采取相应措施，确保发动机冷却液温度最佳，以达到省油的目的。

(6) 利用滑行节油。

滑行是指汽车利用惯性的行驶。汽车滑行时，发动机不工作或在怠速下工作，可以不用油或少用油，因此可以节约燃油。

1) 滑行节油方法。

① 加速滑行法。加速滑行法是指汽车在高速挡上加速至较高的车速后，脱挡滑行至较低的车速，然后再挂挡加速又脱挡滑行的周而复始的方法。

滑行初速度和末速度的选择对加速滑行法节油的效果影响较大。通常，加速时节气门开度以不超过80%为宜，滑行末速度为经济车速，如货车的滑行初速度为90 km/h左右，滑行末速度为50 km/h左右。

② 减速滑行法。减速滑行法是指汽车在行驶过程中，前面遇有障碍物、弯道、桥梁、坑洼或到停车站等必须降低车速时，提前减速放松加速踏板，挂入空挡，利用汽车惯性进行行驶的方法。

③ 坡道滑行法。坡道滑行法是指汽车在下坡时，利用汽车的下坡助力进行行驶的方法。在丘陵山区，利用坡道滑行是节油的有效方法。

2）滑行时注意事项。

① 对于转向机设有锁止机构的汽车，在下坡滑行时绝对不能关闭点火开关，以免因转向机锁止导致转向失控而发生危险。

② 对于采用气压制动和真空制动助力器的汽车，在下坡滑行时绝对不能让发动机熄火，以免制动力减弱而发生危险。

③ 对于自动变速器的汽车不能使用汽车滑行法节油，因为这样很容易烧坏自动变速器。

④ 为保证行车安全，在傍山险路、坡陡而长、狭窄弯路的路段禁止滑行。

⑤ 加速滑行只能在道路平坦宽直、视线清晰、行人和车辆较少的条件下进行。

⑥ 汽车重载、路况不佳、汽车技术状况不良时均不宜采用加速滑行法节油。

⑦ 加速滑行时应平稳加速，如果急加速，则油耗反而增大。

(7) 合理使用制动。

应尽量采用预见性制动，以滑行代替制动，少用紧急制动。

(8) 其他节油方法。

1）怠速运转要消耗燃油，应避免不必要的怠速运转。如长时间停车，则应将发动机熄火；如堵车严重，则应将发动机熄火。

2）合理使用耗能设施，减少动力消耗，一切耗能设备如前照灯、空调、后窗加热等设施，必要时才用。如在气温适宜的情况下应尽量避免使用空调，因为空调系统会使发动机的燃油消耗增大10%～20%。

3）高速行驶时不能开窗户，以免增加空气阻力而使油耗增加。

4）计划好用车时间，市区用车可避开上下班高峰时间，以免堵车或车速过低而使油耗增加；选择好行车路线，尽可能选择良好的路面、良好的交通环境及最短的行车距离路线，尽可能避开穿越繁华的市区或车辆拥挤的街道，保证汽车连续行驶，从而减少油耗；尽量避免短距离用车，因为车辆启动后行车时，在短距离（约1 km的里程）内发动机往往未达到最佳的工作温度，其油耗比正常高得多。

2.3 汽车的制动性

汽车的制动性能是汽车重要性能之一，制动性能的好坏直接影响行车安全，也关系到汽车动力性的有效发挥。我们把汽车行驶时能在短距离内停车且维持行驶方向稳定性和在下长坡时能维持一定车速的能力，称为汽车的制动性。

重大交通事故往往与制动距离太长、紧急制动时发生侧滑等情况有关,因此汽车的制动性是汽车安全行驶的重要保障。只有在保证行车安全的前提下才能充分发挥汽车的其他使用性能。

2.3.1 汽车制动时车轮受力分析

要使行驶中的汽车降低车速或停车,必须使汽车受到与行驶方向相反的外力,这种外力只能由地面和空气提供。我们知道:一般情况下空气阻力相对较小,所以实际上外力主要是由地面提供的,这种力称为地面制动力。地面制动力越大,制动减速度越大,制动距离也越短,所以地面制动力对汽车制动性具有决定性影响。

下面分析一个车轮在制动时的受力状况,以说明影响汽车地面制动力的主要因素。

1. 地面制动力 F_{xb}

图 2-4 所示为汽车在良好的硬路面上制动时车轮的受力情况,图中滚动阻力偶矩和减速时的惯性力、惯性力偶矩均忽略不计。T_u 是车轮制动器中摩擦片与制动鼓或盘相对滑转时的摩擦力矩,单位为 N·m;F_{xb} 是地面制动力,单位为 N;W 为车轮垂直载荷,T_p 为车轴对车轮的推力,F_Z 为地面对车轮的法向反作用力,它们的单位均为 N。

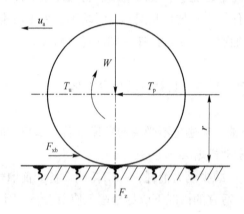

图 2-4 车轮在制动时的受力情况

显然,从力矩平衡得到:

$$F_{xb} = \frac{T_u}{r} \qquad (2-17)$$

式中 r——车轮半径,m。

地面制动力 F_{xb} 是使汽车制动而减速行驶的外力,其大小取决于两个摩擦副的摩擦力:一是制动器内制动摩擦片与制动鼓(或制动盘)间的摩擦力;二是轮胎与地面间的摩擦力(附着力)。

2. 制动器制动力 F_u

在轮胎周缘克服制动器摩擦力矩所需的力称为制动器制动力,用符号 F_u 表示。它的测得方法是:将汽车架离地面,并踩住制动踏板,在轮胎周缘沿切线方向推动车轮直至它能转动所需的力。

制动器制动力不仅由制动器结构参数所决定,即取决于制动器的形式、结构尺寸、制动器摩擦副的摩擦面数以及车轮半径,还与制动踏板力即制动系的液压或空气压力成正比。

3. 地面制动力、制动器制动力与附着力之间的关系

在制动过程中,当制动踏板力较小时,制动器摩擦力矩 T_u 不大,地面制动力 F_{xb} 足以克服制动器摩擦力矩而使车轮滚动。车轮滚动时的地面制动力就等于制动器制动力,并随踏板力的增长成正比地增长(见图2-5),此时:

$$F_{xb} = F_u = \frac{T_u}{r}$$

但由于地面制动力是滑动摩擦的约束反力,故其值不能超过附着力,即:

$$F_{xb} \leq F_\varphi = F_z \varphi \tag{2-18}$$

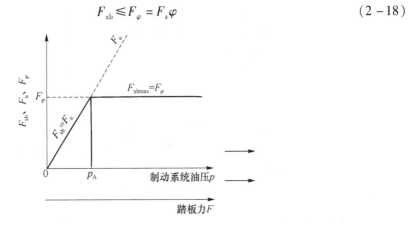

图2-5 制动过程中地面制动力、制动器制动力及附着力的关系

当制动踏板力或制动系统液压力上升到某一值时,地面制动力 F_{xb} 达到附着力 F_φ 的值,车轮将抱死不转而出现拖滑现象;而制动器制动力 F_u 随制动踏板力的上升将继续上升,地面制动力 F_{xb} 在达到附着力 F_φ 的值后就不再增加了。

由此可见,汽车的地面制动力 F_{xb} 首先取决于制动器制动力 F_u,如没有制动器制动力的作用,则地面制动力也不会产生,但其同时又受地面附着条件的限制。所以只有当汽车具有足够的制动器制动力,同时地面又能提供大的附着力时,才能获得足够的地面制动力。

2.3.2 汽车制动性的评价指标

汽车制动性能的优劣主要从汽车的制动效能、制动效能的恒定性和制动时汽车方向的稳定性三个方面来评价。

1. 汽车的制动效能

汽车的制动效能是指汽车迅速降低车速直至停车的能力。一般用制动距离和制动减速度来评价。

(1) 制动距离。

制动距离是指汽车速度为 v_0 时,从驾驶员脚踏制动踏板开始到汽车停止行驶为止所经过的距离。它与汽车的行驶安全有直接的关系。制动距离与制动踏板力、车辆载荷、制动器起作用的时间、路面附着条件、制动的起始车速、发动机是否结合等许多因素有关。

在测试制动距离时,应对踏板力或制动系统压力、路面附着系数、起始车速以及车辆的状态加以规定。制动距离与制动器的热状况也有密切关系。若无特殊说明，一般制动距离是在冷试验的条件下测得的（起始制动时制动器的温度在100℃以下）。

在制动过程中实际测得的制动踏板力与制动减速度及制动时间可用如图2-6所示的汽车制动过程曲线来表示。

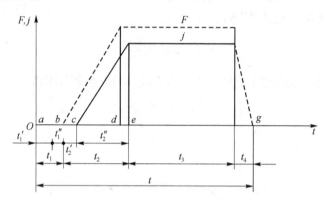

图2-6 汽车制动过程曲线

图2-6所示为经简化后的曲线，它反映了从驾驶员接受紧急制动信号开始，到制动结束的全过程。其中包括驾驶员反应时间 t_1、制动系统协调时间（制动器的作用时间）t_2、持续制动时间 t_3 和释放时间 t_4。

（2）制动减速度。

制动减速度是检验汽车制动效能的最基本的指标之一，其大小直接影响制动距离的长短。制动减速度的大小反映了地面制动力的大小，因此它与制动器制动力（车轮滚动时）及地面附着力（车轮抱死拖滑时）有关。

2. 制动效能的恒定性

以上所述的制动效能是指汽车行车制动系统在冷制动的情况下（制动器起始温度在100℃以下）的制动效能。汽车在高速制动、短时间重复制动或下长坡连续制动时，制动器的温度常在300℃以上，有时甚至高达600℃~700℃，使摩擦片内的有机物发生分解，产生气体和液体，在摩擦表面形成有润滑作用的薄膜，此时制动器摩擦系数下降，摩擦力矩会显著减小，从而使制动效能显著下降，这种现象称为制动器的热衰退。制动效能的恒定性主要指的是行车制动系统抗热衰退的性能。

抗热衰退的性能与制动器摩擦副材料及制动器结构有关，热衰退是目前制动器不可避免的现象，只是程度上有所差别。衡量抗热衰退性能一般用连续制动时制动效能占冷制动效能的百分数作为评价指标。ISO/DIS 6597规定，被试车辆以一定的车速连续制动15次，每次的制动强度为 -3 m/s^2，最后的制动效能应不低于冷试验制动效能的60%。对于山区行驶的货车和高速行驶的轿车的抗热衰退性能有较高的要求，一些国家规定，大型货车必须装备辅助制动器，以保持山区行驶的制动效能。

盘式制动器由于有较好的散热效果和良好的制动稳定性，因而在高速轿车中应用广泛。

当汽车涉水后，由于制动器被水浸湿，故其制动效能也会降低，这种现象称为水衰退现象。为保证行车安全，汽车涉水后应踩几次制动踏板，使制动蹄和鼓摩擦生热迅速干燥，制动效能才会恢复正常。

3. 制动时汽车方向的稳定性

所谓制动方向的稳定性是指汽车在制动过程中维持直线行驶的能力，或按预定弯道行驶的能力。一般试验中常规定一定宽度（指1.5倍的车宽或3.5 m）的试验通道，制动时方向稳定性合格的车辆一般不允许产生不可控制的效应使它离开这条通道。

制动方向的稳定性是用制动时不应发生制动跑偏、侧滑以及失去转向能力的性能来衡量。

（1）制动跑偏。

制动跑偏是指制动时原期望汽车按直线方向减速停车，但有时汽车却自动向左或向右偏驶的现象。跑偏的现象多数是由于技术状况不佳而造成的，其经过维修、调整是可以消除的。

（2）制动侧滑。

制动侧滑是指汽车制动时某一轴的车轮或者两轴的车轮发生横向滑动的现象。侧滑与车辆设计、车速及路面情况有关；一般在较高的车速或较滑的路面上制动时，也可能发生后轴侧滑。

制动跑偏和制动侧滑的区别在于制动跑偏时虽然行驶方向出现了偏离，但车轮与地面没有产生相对滑移现象；两者的联系在于严重的跑偏有时会引起后轴侧滑，易于发生侧滑的汽车也有加剧跑偏的趋势。

（3）制动时失去转向能力。

制动时失去转向的能力是指制动时不能按预定弯道行驶和转向，而沿切向方向驶出，或直线行驶制动时转动转向盘不能改变方向仍按直线行驶的现象，制动时丧失转向能力主要是由转向轮抱死而失去控制方向的作用而引起的。

制动侧滑与丧失转向能力有着非常密切的联系。理论分析与实践证明，制动过程中若是只有前轮抱死或前轮先抱死拖滑，汽车基本能维持直线减速行驶或停车，则不会产生严重的侧滑现象，但此时驾驶员转动方向盘无效，失去控制方向的能力，对在弯道行驶的汽车是十分危险的。若后轮比前轮提前一定时间先抱死拖滑，则汽车在轻微侧向干扰力作用下就会引起后轴侧滑，特别是高速制动，易产生剧烈的回转运动，即制动"甩尾"现象。路面越滑，制动距离和制动时间越长，后轴侧滑就越剧烈。

采用自动防抱死装置和制动力自动分配装置的控制系统可以有效地防止或减少上述三种情况的出现，从而使汽车在紧急制动时保持良好的方向稳定性。

2.3.3 汽车制动方法

汽车行驶时，经常因受到道路和交通情况变化的影响而需要降低车速或停车，而减速或停车主要是靠制动来实现的。常用的制动方法有预见性制动、点制动和紧急制动。

1. 预见性制动

预见性制动是指驾驶员在行驶中，根据已发现的车辆、行人、地形的变化，或预见将会出现的复杂局面和情况，足以影响其以原有车速安全通过时，提前采取的减速或停车的措施。预见性制动的操作方法是：发现情况后，先放松加速踏板，利用发动机的旋转阻力作用降低车速，并根据情况连续或间歇地轻踏制动踏板，平稳地减速或停车。

预见性制动能保证汽车安全行车、节约燃料、减少轮胎磨损和延长机件使用寿命。因此，驾驶员在行车中要集中精力，对观察到的情况进行全面分析，作出正确的判断，如需减速或停车，应尽量使用预见性制动。

2. 点制动

点制动是指汽车在行驶中需要减速时，驾驶员使用制动器进行的轻微制动。

点制动的方法是：驾驶员间歇地轻踏制动踏板，产生制动力，使汽车减速行驶（也可在下长坡时维持等速行驶）。

点制动时车轮制动力小，车轮不会抱死，其制动时的方向稳定性好。因此，点制动在冰雪路面、泥泞滑溜路面制动效果较好。

3. 紧急制动

紧急制动是指汽车在行驶中突然遇到紧急情况时，驾驶员迅速、正确地使用制动器，在短距离内停车的一种制动。紧急制动的方法是：握稳方向盘，迅速放松加速踏板，急速踩下制动踏板，必要时可以同时拉起驻车制动杆，发挥汽车的最大制动力，迫使汽车尽快停住。

紧急制动时，由于惯性力较大，故对汽车各部件都有较大的冲击；对于无 ABS 的汽车，由于车轮制动抱死，汽车将失去抵抗侧滑的能力，其方向难以控制，同时车轮的抱死拖滑会加剧轮胎的磨损。因此，行车时应尽量避免紧急制动。在冰雪路面、泥泞滑溜路面及转向时，最好不用紧急制动。

2.4 汽车的通过性

汽车的通过性又称越野性，是指汽车能以足够高的平均车速通过各种坏路及无路地带的能力。如通过松软地面（松软的土壤、沙漠、雪地、沼泽地等）、坎坷不平地段和各种障碍（陡坡、侧坡、灌木丛、壕沟、台阶）等。

2.4.1 汽车通过性的间隙失效与几何参数

1. 汽车通过性间隙失效

汽车通过性的间隙失效是指汽车与地面间的间隙不足而被地面托住，无法通过的现象。间隙失效可分为以下几种情况。

（1）顶起失效。

因车辆中间底部的零部件碰到地面而被顶起的现象。

（2）触头失效与托尾失效。

因车辆前端触及地面而使汽车不能通过的现象称为触头失效；因车辆后端触及地面而使汽车不能正常通行的现象称为托尾失效。

2. 汽车通过性的几何参数

汽车通过性的几何参数主要包括最小离地间隙、接近角和离去角、纵向通过半径和横向通过半径、最小转弯半径和内轮差等。这些几何参数因汽车的类别、结构、运行条件的差异而有所不同，表 2-3 所列举的是不同类型汽车对部分几何参数的要求。

表 2-3 不同类型汽车对部分几何参数的要求

汽车类型	最小离地间隙/mm	接近角/(°)	离去角/(°)	纵向通过半径/m
4×2 轿车	150~220	20~30	15~22	3.1~8.3
4×4 轿车、吉普车	210~370	45~50	35~40	1.7~3.6
4×2 货车	250~300	25~60	25~45	2.3~6
4×4、6×6 货车	260~350	45~60	35~45	1.9~3.6
4×2 客车	220~370	10~40	6~20	4~9

2.4.2 汽车通过性的影响因素

影响汽车通过性的主要因素包括结构因素和使用因素两个方面。

1. 结构因素

(1) 发动机的因素。

汽车通过坏路或无路地带时，要克服较大的道路阻力，提高汽车的通过性，就必须提高单位汽车重力发动机扭矩或提高比功率。

(2) 传动系统传动比。

要提高动力因数，需增大传动系统传动比，以此来达到增大驱动力的目的，所以一方面将越野车设有副变速器或分动器；另一方面增大越野汽车传动系统的总传动比来降低最低稳定的车速，减小车轮对松软路面的冲击，减小由此引起的土壤剪切破坏的概率，提高汽车通过坏路或无路地段的能力。

(3) 液力传动。

装有液力变矩器或液力耦合器的汽车，起步时转矩增加平缓，避免了对路面的冲击，同时，不用换挡也能提高转矩，可以有效地提高汽车的通过性。

(4) 差速器。

普通锥齿轮式差速器，由于具有在驱动轮间平均分配转矩的特性，当一侧车轮出现滑转时，另一侧车轮只能产生与滑转车轮相等的驱动力，使总驱动力降低至不能克服行驶阻力，使汽车无法正常行驶。采用高摩擦差速器，可以使转得较慢的车轮得到较大的驱动力，从而使总驱动力增加，有利于提高汽车的通过性。若采用差速锁，则两边车轮的驱动力可以按各自的附着力来分配，改善通过性的作用更明显。

(5) 涉水能力。

为了提高汽车的涉水能力，应注意发动机的分电器、火花塞、蓄电池、曲轴箱通风口、机油尺等处的防水密封，并保证空气滤清器不进水。

(6) 前后轮距。

若前、后轴采用相同的轮距，且轮胎宽度相同，则后轮可以沿前轮压实的轮辙行驶，从而使全车的行驶阻力减小,以提高通过性。

(7) 驱动轮的数目。

增加驱动轮的数目,可以提高相对附着重量,获得较大的驱动力。越野汽车均采用全轮驱动。

2. 使用因素

(1) 轮胎气压。

汽车在松软路面上行驶时,为了使轮胎与路面的接触面积增加,降低轮胎对路面的压力,使路面变形和轮胎受到的道路阻力减少,可采用降低轮胎气压的方法。而在硬路面上行驶时,应适当地提高轮胎气压,这样可以减小轮胎变形,使行驶阻力减小。因此有的越野汽车装有中央充气系统,驾驶员在驾驶室内可根据路面情况调整轮胎气压。

(2) 轮胎花纹。

轮胎花纹对附着系数影响很大。越野汽车应选用具有宽而深花纹的轮胎,这是因为在松软路面上行驶时,轮胎花纹嵌入土壤,使附着能力提高;而汽车在潮湿路面上行驶时,只有花纹的凸起部分与路面接触,提高了单位压力,有利于挤出水分,提高附着系数。

(3) 拱形轮胎。

在专用越野车中,不少使用了超低压的拱形轮胎。在相同轮辋直径的情况下,超低压拱形轮胎的断面宽度比普通轮胎要大 2~2.5 倍,轮胎气压很低(只有 29.4~83.3kPa)。若用这种轮胎代替并列双胎,其接地面积可增加到 3 倍。拱形轮胎在沙漠、雪地、沼泽、田间行驶有良好的通过性,但在硬路面上行驶,会使行驶阻力增加,且易损坏轮胎。

(4) 驾驶技术。

驾驶技术对汽车通过性影响很大。为提高通过性,应注意以下几点。

1) 汽车通过松软地段时,应尽量使用低速挡,以便汽车具有较大的驱动力和较低的行驶速度,尽量避免换挡和加速,保持直线行驶。

2) 驱动轮是双胎的汽车,如因双胎间夹泥而滑转,则可适当提高车速,以甩掉夹泥。

3) 若传动系统装有强制锁止式差速器,则应在汽车进入车轮可能发生滑转地段之前挂上差速锁。如果已经出现滑转再挂差速锁,则土壤表面已被破坏,附着系数下降,效果会显著下降。当汽车离开坏路地段,应及时脱开差速锁,以免影响转向。

4) 汽车通过滑溜路面,可以在驱动轮轮胎上套上防滑链条,以提高车轮的附着能力。

2.5 汽车的舒适性

汽车的舒适性是指行驶中的汽车,对其乘员身心影响程度的评价。长期以来,各汽车厂家都在积极采取改进措施,以提高汽车的舒适性。舒适性的好坏,主要取决于行驶平顺性、噪声、空气调节和居住性等因素。

2.5.1 汽车行驶平顺性及其影响因素

1. 汽车行驶平顺性

汽车行驶平顺性是指保持汽车在行驶过程中乘员所处的振动环境具有一定舒适度的性

能，对于载货汽车还包括保持货物完好的性能。由于汽车的行驶平顺性主要是根据乘员的舒适程度来评价，所以又称为乘坐舒适性。行驶平顺性既是决定汽车舒适性最主要的方面，也是汽车性能的主要指标。

2. 振动及其传递途径

行驶平顺性问题可以用图 2-7 汽车振动系统框图来分析。行驶中的汽车是一个复杂的"振动系统"，振动的发生源主要有凹凸不平变化的路面、不平衡轮胎的旋转、不平衡传动轴的旋转以及发动机的扭矩变化等。这些因素引起的振动又大多与车速相关，尤其是凹凸不平路面引起的振动，随着车速的变化，振动的频率和强弱会产生相应的变化。

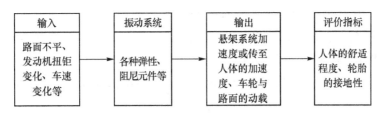

图 2-7 汽车振动系统框图

上述诸多"信号"不断地"输入"行驶中的汽车，而汽车又可以看作是由轮胎、悬架、坐垫等弹性、阻尼元件和悬架质量及非悬架质量构成的"振动系统"。各种"输入"信号沿不同的路径传至乘员人体，其主要传递路径如图 2-8 所示。

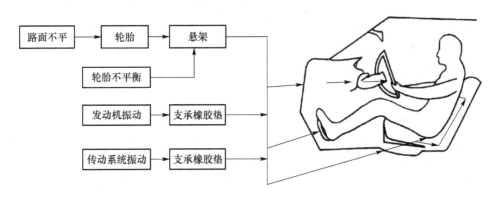

图 2-8 汽车行驶振动传递路径示意图

因路面、轮胎产生的振动，先传到悬架，受悬架自身的振动特性影响后再传给车身，通过车身传到乘员的脚部。同时通过座椅传给乘员的臀部和背部，还通过转向系统，以转向盘抖动的形式传到驾驶员手部。

因发动机、传动系统产生的振动，通过支撑发动机、变速器和传动轴的缓冲橡胶块，经衰减后传给车身，再经上述途径传至人体各个部位。

当振动频率超过 40 Hz，便形成噪声传进入的耳朵。作为系统的"输出"，使人体或货物受到振动，其中最重要的是振动的频率和振动加速度。由物理学知识可知，任何一个"振动系统"均有一个"固有频率"。当外界激振信号的频率接近或等于"固有频率"时，将出现"共振"现象，产生剧烈的振动。研究汽车行驶平顺性，实际上要解决两方面的问题：一是如何避免汽车这个"振动系统"的"共振"现象，这既影响到汽车的操纵稳定性，也影响行驶平顺性；二是使"振动系统"输出的振动频率避开人体敏感的范围，振动加速度不超过人体所能承受的强度。

3. 人体对振动的反应

人体是一个复杂的机械振动系统，人体对振动的反应既与振动频率及强度、振动作用方向和暴露时间有关，也与人的心理、生理状态有关。

4. 行驶平顺性的评价

我国参照 ISO 2631 制定了《汽车平顺性随机输入行驶试验方法》用于测定汽车在随机不平的路面上行驶时振动对乘员及货物的影响，国标中用加速度均方根值给出了在 1~80 Hz 振动频率范围内人体对振动反应的三个不同界限。

（1）暴露界限：当人体承受的振动强度在这个界限之内，可保持健康或安全。通常把此界限作为人体可以承受振动量的上限。

（2）疲劳界限：该界限与保持工作效能有关。当驾驶员承受的振动强度在此界限之内时，能准确灵敏地反应并正常地进行驾驶。

（3）舒适降低界限：此界限与保持舒适有关，在这个界限之内，人体对所暴露的振动环境主观感觉良好，能顺利地完成吃、读、写等动作。

2.5.2 空气调节性能与居住性

空气调节性能与居住性都是影响汽车舒适性的重要因素。空气调节性能不好，会引起乘员胸闷、晕车等不适感觉，造成驾驶员反应迟钝，影响行车安全；居住性不好，会使驾驶员感到操作不便，易疲劳，乘员感到难以保持舒适的坐姿等。

1. 空气调节性能

汽车空气调节是指对车内空气质量进行调节，即不管车外的天气情况如何，将车内的温度、湿度和清洁度都保持在满足舒适要求的一定范围之内。

汽车空气调节系统主要由四大装置构成，即通风装置、暖气装置、冷气装置和空气净化装置，并通过这四大装置来实现换气、温度和湿度的调节、空气净化的三大功能。

（1）换气功能是空气调节最基本的功能，是将车外的新鲜空气引入车内，同时将车内气体排到车外，以保持车内二氧化碳浓度不超过规定值。为组织好换气，提高换气质量和效率，合理布置空气的出、入口非常重要。汽车设计和试制阶段，一般要进行风洞试验，测定车身表面空气压力的分布，将空气入口设置在正压力大的部位，车内气体的出口设置在负压力大的部位。轿车的进气口一般开在前挡风玻璃下的机罩上，排气口开在后排座位的车侧。

（2）温度和湿度的调节包括冬季的加温除湿、夏季的降温除湿，以使车内保持适宜的温度和湿度。冬季要求满足以下几点：

1) 脚下左右部位的温差尽可能小；
2) 头部的温度比脚部低 2℃~5℃，即所谓"头凉脚热"；
3) 前后座位温差要小，特别是后排座位脚部，应有充足的热风流通。

夏季制冷时则要求尽可能保持上下身相同的温度。

（3）空气净化在使用当中一定要注意对空气进出口、通道进行清洁维护，以免影响换气的质量。要保持车内二氧化碳浓度在规定范围内，同时保持每个乘员应有 $0.3 \sim 0.5 \, \text{m}^3/\text{min}$ 的换气量。

2. 居住性

汽车的居住性主要是指车内空间的分配、布置如何适应各种人体特征的要求，以使驾驶员和乘员经长时间行驶而不感到疲劳。

（1）为了使驾驶员长时间驾驶而不感到过度疲劳，对汽车的居住性要求应满足下列条件：

1）各操纵机构布置应合理，便于操作；

2）各类操纵机构需要的操作力要适度；

3）驾驶员座椅高度、前后位置等能适度调整，以满足不同体形驾驶员的需要及保证使驾驶员获得与各操纵机构相协调的位置和舒适的坐姿；

4）保证良好的视野，以便于获取道路状况、各种信号标志和周围行车情况等必需的外部信息；

5）仪表和警示灯等易于辨认，以便及时发现汽车各装置工作状况和行驶状况的信息等。

（2）乘员的居住性。为了使乘员长时间乘坐汽车而不感到乏力和疲劳，就必须给乘员提供能够随意选择乘坐姿势的宽敞室内空间和舒适可靠的座椅。

由于汽车的外形尺寸有限，要给乘员提供宽敞的室内空间，一方面是要在有限的外形尺寸内制造出必要的空间；另一方面是要合理安排居住空间的形状，以便更有效地发挥有限居住空间的功效。

车辆室内容积的确定，首先应考虑人体尺寸的参差不齐。通常是从成年女子5%分布值开始，到成年男子95%分布值之间，对人体的身长、坐高等尺寸进行测量（所谓5%分布值，以身长为例，是指不超过此高度者为5%。95%分布值的含义与此相同），然后以被测对象的尾椎点为基准，考虑适于汽车各种用途的坐姿以及供身体转动的足够空间，还要考虑不致因振动而令乘员触及车内装备件而受伤等，由这些因素决定汽车室内空间的长、宽、高度尺寸。

在汽车横截面积不变的情况下，采用发动机前置前轮驱动以及减少轮胎装置空间等可以扩大室内有效空间；采用曲面玻璃可以扩大乘员肩部空间。

要使座椅舒适可靠，首先是座椅的长、宽、高基本尺寸与人体尺寸相适应，能按照乘员的体形进行尺寸调整。大多数汽车座椅靠背的倾角调整为3°~8°，长途客车的座椅靠背要求可以倾斜到25°以上，以便乘员休息。座椅靠背的结构采用头枕式，可以提高其舒适性。要进一步提高座椅的舒适性，还需对座椅的振动特性进行测试，使其共振频率避开人体和悬架的共振频率。

另外，座椅蒙皮的触感、室内装饰件的色彩、乘员的视野等也影响其居住性。

2.5.3 汽车乘坐舒适性为何会变差

汽车在使用过程中，其技术状况的变化会改变汽车的乘坐舒适性。导致汽车乘坐舒适性变差的主要原因如下。

1. 发动机不平稳运转

汽车在长期使用过程中，发动机技术状况变差，没有及时地维修或维修不当，导致发动机运转不平稳，使汽车在行驶时产生振动，乘坐舒适性变差。

2. 传动系统动不平衡

如果传动系统维修调整不当，造成离合器、传动轴、万向节等失去平衡，则传动系统动不平衡。此时，即使路面再平坦无冲击，但汽车行驶时仍然会产生较大振动，导致乘坐舒适性变差。

3. 轮胎性能变坏

轮胎与悬架系统共同保证了汽车的乘坐舒适性。汽车更换轮胎时，如果轮胎的类型、结构、扁平率与原装轮胎差异太大，则轮胎与悬架系统的匹配性能变差，会导致乘坐舒适性变差。

现代轿车普遍采用低压轮胎，如果实际使用时，轮胎气压充得过高，则会使轮胎的缓冲性能变坏，导致乘坐舒适性变差。

轮胎因偏磨、翻新或质量不佳，会造成车轮旋转质量不平衡。汽车高速行驶时，不平衡的车轮会引起汽车振动，导致乘坐舒适性和行驶稳定性变差。

4. 悬架性能变差

悬架的主要作用是缓和路面不平带来的冲击，衰减路面不平引起的振动，因此，悬架性能对汽车乘坐舒适性的影响最大。对于轿车来说，在实际使用中影响悬架性能最多的是减振器阻尼。如果减振器在长期使用过程中损坏无阻尼，则振动不能衰减，车身的垂直加速度就会显著加大，汽车的乘坐舒适性就会遭到破坏。

5. 车室内座椅性能变化

乘员承受的振动是通过座椅传递的，因此，车室内座椅性能变化会影响汽车的乘坐舒适性。通常，原车设计座椅（包括坐垫）的软硬程度与悬架弹簧相匹配，以保证乘坐舒适性。但在汽车长期使用过程中，由于客户的要求，车室内装饰时，座椅坐垫可能更换，使得座椅比原配更柔软或更坚硬，这样会导致汽车的乘坐舒适性变差。

2.5.4 如何提高汽车的乘坐舒适性

1. 消除汽车引起的振动

加强对发动机的维护，保证发动机具有良好的技术状况，使发动机工作时平稳运转，可避免发动机振动引起的不适。

加强对传动系统的维护，保证离合器、传动轴、万向节等传动部件的动平衡，使汽车高速行驶时能平稳传递动力。

对各车轮进行必要的动平衡。通过动平衡消除轮胎的动不平衡现象，从而提高汽车高速行驶的乘坐舒适性。

2. 加强对悬架系统的维护

加强对减振器及钢板弹簧的维护，以防减振器失效及弹簧片生锈降低弹性元件的作用，提高汽车行驶的乘坐舒适性。

3. 采用合适的轮胎及气压

尽量采用汽车制造厂推荐的轮胎及气压。为了提高汽车行驶的乘坐舒适性，采用轮胎断面宽、空气容量大的轮胎，并相应降低轮胎气压。必要时，还可改变轮胎结构形式，采用径向弹性大的胎体，如采用子午线轮胎等。

切记不要采用翻新或质量不佳的轮胎，另外轮胎偏磨或严重磨损时，应及时更换轮胎。

4. 配置合适的坐垫

好的坐垫具有一定的缓冲和减振作用，可使人—座椅系统的固有频率避开人体最敏感的频率范围，且尽量不与车身的固有频率一致，以免共振。为了提高座椅的舒适性，对于悬架较硬的汽车，可采用较软的坐垫；对于悬架较软的汽车，可采用较硬的坐垫。

5. 提高驾驶技术

驾驶员的驾驶技术直接影响汽车行驶的乘坐舒适性。如驾驶员随心所欲地驾驶、忽快忽慢地行车、突然转向、猛地制动、急按喇叭等，都会给乘员带来不适、疲劳，甚至晕车的感觉。

车速对乘坐舒适性的影响很大，车速越高，车身在不平路面行驶时受到的动载荷越大，乘员的舒适性就越低。因此，驾驶员应保持适当的车速，路面越恶劣，车速越不能过高。特别应注意的是，对具有一定不平度的路面，必然有一个共振车速，驾驶时必须使常用车速远离共振车速。

2.6 如何合理选购爱车

在琳琅满目的车市里，面对价格、品质、花样款式各有千秋的国产车和进口车时，如何才能购到一款心仪的爱车呢？选购汽车之前要做以下的准备工作。

1. 明确买车的目的

不论谁购置汽车，都会有明确的目的，即买车干什么？有人要用汽车搞运输，有人要圆自己的轿车梦等。明确汽车购置的目的相当重要，因为汽车型号的选择主要取决于此。

汽车已经进入普通百姓家庭，个人购买汽车越来越多。目前，在我国的汽车销量中，私家车占了主要的份额，这些私家车集中在两大市场，即农村市场与城市市场。广大农村市场购买汽车主要是从事营业性运输，如出租、客运、货运等，以营利为目的，价格较低廉的货运、客运汽车为首选目标。广大城市市场购买汽车的目的一般以代步为主，做出租车生意、找个新职业为辅，以方便、舒适和经济为主要考虑要素，轿车是首选目标。另外，还有一批购买者，生活富裕，地位高贵，购买汽车的目的除作为代步工具外，还具有展示实力、体现身份的作用，以豪华、美观和舒适为主要考虑要素，高级轿车是首选目标。

2. 领会买车的要求

购置汽车时，通常要求最多的是汽车应具有适用性、安全性、经济性和高效性。

（1）适用性。

汽车作为一种运输工具，首先是适用。其适用主要是针对使用对象及要求而言：代步或经商、自用或其他，货运或客运，大批量运输或零散运输。一般来说，家庭代步自用车，普通级轿车或中级轿车较为适用。对于客运，短途时为求方便快捷，用中小型车辆；长途时则用高速、舒适性好的大型车辆。批量大、运距长的货物，用大吨位车辆；批量小、运距短、批次多以及零担运输，宜用轻型车辆。

(2) 安全性。

安全性是保证汽车高效运输的前提，没有安全性，汽车的动力性就不能充分发挥，高效就无从谈起。因此，购置汽车时，要对汽车的制动性能有足够的了解，其指标应符合国家规定的安全法规要求。另外，还要全面了解对行车安全性有明显影响的汽车操纵稳定性、使用可靠性、汽车各部位防撞性以及内部安全防护设施等。

(3) 经济性。

汽车使用经济性取决于汽车使用过程中产生的费用，其主要费用有燃料费、维修费、轮胎费、车检费、保险费等，其中燃料费所占比例最大，达20%~30%。因此，选择省油的汽车是提高汽车使用经济性的一个主要措施，也是所有购买者的一个心愿。

(4) 高效性。

对于轿车，其高效性主要体现在最高车速上，购置时应关注这个指标。目前，中级轿车的最高车速为170~230 km/h。对于货车，结构方面的因素如装载质量、平均技术速度、装卸条件等对汽车运输生产率的影响较大，购置汽车时应予以充分考虑。

3. 熟悉买车的原则

每个人对汽车的需求重点和喜好都不尽相同，因此，别人称心的汽车您不一定满意，别人考虑的重点，您可能还不在意。购置汽车各有所爱，有的追求个性化，有的追求舒适性，有的追求经济性等。选购汽车时，购买者应根据其用途、特点和爱好，按重点考虑、兼顾其他的原则来确定车型。

(1) 从安全性方面考察汽车。

行车的安全性十分重要。以安全性为重点考察汽车，体现了以人为本、生命第一的原则，可从以下几个方面进行考察。

1) 看碰撞标准。

汽车安全性可以通过碰撞标准来反映。目前，对于我国汽车安全性的强制性碰撞标准，新车都能满足。但随着汽车市场的不断发展，人们对碰撞的评价要求越来越高。NCAP是最早在美国开展并已经在欧洲、日本等发达国家运行多年的新车碰撞评价规程，一般由政府或具有权威性的组织机构，按照比国家法规更严格的方法对在市场上销售的车型进行碰撞安全性能测试、评分和划分星级，向社会公开评价结果。现阶段，中国新车评价规程即C-NCAP（China-New Car Assessment Program）正在发展和完善。C-NCAP是将在市场上购买的新车型按照比我国现有强制性标准更严格和更全面的要求进行碰撞安全性能测试，评价结果按星级划分并公开发布，碰撞星级共划分六个等级：5+级、5级、4级、3级、2级、1级。例如：中国汽车技术研究中心发布的C-NCAP碰撞结果中，本田新飞度、奇瑞A3、荣威550、VIOS威驰、红旗牌CA7300N4型等轿车获5星级评价，长安志翔、吉利远景等轿车获4星级评价。

能考验汽车安全性的试验主要是碰撞测试，因此购买者应了解和参考新车的 C – NCAP。

2）看安全性配置。

首先看普通制动系统，因为它对安全性的影响最大。若汽车前后轮均采用超大尺寸通风盘式制动器，则汽车制动效能的稳定性较好，有利于高速行车时的制动安全性。

其次看安全性的附加配置，因为它们可以提高车辆安全性能。若汽车配有 ABS，即防抱死制动系统，则 ABS 在紧急制动时可以缩短制动距离，并能够尽量保持制动时汽车的方向稳定性，绝大部分轿车已将 ABS 作为标准配置；若汽车配有 EBD，即电子制动力分配装置，则 EBD 能够根据由于汽车制动时产生轴荷转移的不同，而自动调节前、后轴的制动力分配比例，提高制动效能，通常 EBD 用来配合 ABS 以提高制动稳定性；若汽车配有 ASR，即驱动防滑转系统，则 ASR 可抑制车辆在湿滑路面起步与加速时驱动轮的滑转，提高驱动力和行驶稳定性；若汽车配有 ESP，即电子稳定程序，则 ESP 在任何行驶状态下，不管是在紧急制动还是正常制动，以及在车辆自由行驶、加速或载荷发生变化时，ESP 都能让车辆保持稳定，并确保驾驶员对车辆操纵自如；若汽车配有倒车雷达（又称泊车辅助系统或倒车电脑警示系统），则倒车时驾驶员可通过倒车雷达得到及时的警示，做到心中有"数"，使倒车变得更轻松、安全；若汽车配有 SRS，即安全气囊（双安全气囊、侧面安全气囊），则汽车发生碰撞事故时，安全气囊的引爆可减轻驾乘人员的伤害程度。

3）看车身结构。

对于轿车来说，乘员的安全性主要取决于车身结构。安全性高的车身，应做到刚柔结合：该柔软的地方应柔软，如在车体的前部设置较空旷的碰撞变形区以及中强度的保险杠，在碰撞时能吸收大部分能量；该刚硬的地方应刚硬，如坚固的驾驶舱钢架结构在碰撞时能尽量减少变形以避免乘员受到挤压。车身结构好的轿车其碰撞星级较高。

另外，车身的大小对安全性也具有重要影响。统计表明：轿车越大，车身越长，交通事故时乘员的死亡率越低，乘员越安全。

(2) 从燃料经济性方面考察汽车。

燃料消耗在汽车的使用成本中占有很大的比例，因此大多数用户特别关注汽车的燃料经济性。省油的汽车，其燃料经济性就好。燃料经济性通常用汽车的百千米耗油量来表示，有等速油耗、城市油耗、郊区油耗和综合油耗等多种评价指标，其值越小越好。轿车等速百千米油耗小于 6 升是比较经济的。

使用汽油喷射发动机比采用传统化油器省油；采用压缩比较大的发动机比较省油；发动机排量小的汽车比排量大的省油；比功率小的汽车较比功率大的省油；柴油车比汽油车省油；空气阻力系数越小汽车越省油，目前轿车空气阻力系数可达 0.3 以下。

发动机排量对燃料的影响最大，排量小的汽车经济性好。

(3) 从动力性方面考察汽车。

随着道路条件的改善，人们对汽车动力性的要求越来越高，比较关注汽车的加速时间和汽车的最高车速。

通常，汽车的比功率越大，加速时间越短，最高车速越高，动力性就越好。豪华轿车、排量大的轿车，其动力性较好；发动机同排量且配备有多气门进、排气系统或者涡轮增压机的汽车，其动力性较好；在汽车的比功率相同时，流线型理想、空气阻力系数小的汽车，其动力性较好。

（4）从舒适性方面考察汽车。

随着生活质量的提高，汽车已经进入千家万户，人们拥有汽车，享用汽车，更加追求汽车的舒适性。

通常，大车要比小车稳重舒服；自动变速要比手动变速省时省力；具备冷暖气的空调要比仅有冷气者舒适；采用动力转向、制动助力、电动侧视镜、电动侧窗等装置都比较省力；采用独立悬架、变刚度悬架会明显改善汽车的舒适性；采用宽系列低压轮胎，可减少轮胎的径向刚度，提高轮胎的展平能力，从而提高汽车行驶的舒适性。

（5）从可靠性方面考察汽车。

汽车可靠性高，汽车就不易出故障。拥有汽车就是为了享受，而汽车总出毛病，则令人心烦。因此，人们在购置汽车时比较关注汽车的质量和汽车的可靠性。

通常，机械式设计比电子式设计可靠；机件少而构造简单者比多而复杂者可靠；功能少而精者比功能多而全者可靠；汽车手动变速器比自动变速器可靠；汽车手摇窗要比电动窗可靠；发动机机械控制要比微电脑控制可靠。

（6）从维修方便性方面考察汽车。

汽车使用中出现故障是难以避免的，但出了故障能否得到及时修复，是车主更为关心的问题。一辆好的汽车，不仅要具有较高的可靠性，还应具有较好的维修方便性。因此，购置汽车时，必须要对所选车型的售后服务、维修网点、配件供应、生产前景进行考察，应注意该车配件供应的难易、配件价格的高低及配件质量的好坏，当不能完全统一时，应充分考虑配件供应、配件价格及配件质量问题，以免超过使用保修期后，因故障多、配件供应困难、配件价格高，而严重影响汽车的正常运行，导致使用成本过高。通常，国产车比进口车维修方便性好。同时，国产车由于其零件供应充分且售价低廉，其维修费用也较便宜。

（7）从售价方面考察汽车。

对于同样性能的汽车，其售价越低，购车者关注的程度就越高。售价与配置有关，同型号汽车，标准配置较全者售价较高；小车比大车便宜。通常，汽车越舒适、越安全、越豪华、性能越好，则汽车的售价越高，但实际车价要视选用配置之多寡而定。

4. 根据购买者情形选车

购置汽车的用途确定后，购买者应根据重点考虑、兼顾其他的原则和自己的实际情况确定所购车辆的款式花样。

（1）根据经济实力选车。

经过买前的精打细算，结合自己的收入水平，就可以在一定的价格范围内挑选自己喜爱的车型。买车图的是实用、方便，因此应量力而行，量入为出，可避免日后养车力不从心。经济实力较强的，可以实行一步到位，选购档次较高、性能先进、安全系统完备的车型；收入中等而无法一步到位的，可以选择一些中低档的过渡车型，这样既可享受用车之便，又不会增加太多的负担。待将来具备了相应的经济实力，再量力更换。

进口车与国产车相比，价格要高出许多，除了其相对较稳定的性能外，各种税费也占了车价的很大比例，而且日后的配件及使用费、折旧费较高，不是"实力型"的人士在购买进口车时，应多权衡一下其性能价格比。

（2）根据爱好习性选车。

购车应以自己的爱好习性为出发点，讲究大方、庄重者，多选择厢体宽敞、颜色浓重、气派高雅的豪华型车；家庭用车应注重省油、占地少，多选择外形小巧、颜色鲜艳、富有浪漫情趣的车型；旅游用车应突出越野性，不妨在一些功率较大、形式粗犷、格调奔放、个性独特的车型中多做考虑。

小伙子喜欢开快车，经常超车，选购时应该考虑功率大、加速性好的汽车；女性开车求稳，比较细致、小心，主要目的是上下班和接送孩子，可选择亮丽一些的小车型，不必过分追求大功率、高车速；追求经济性的人士可从使用角度考虑，选择燃料消耗量少、售后网点多、配件易买且相对便宜的品牌车型，这样在使用、维修、保养等方面会轻松许多；喜欢跋山涉水驾车郊游且追求粗犷洒脱的人士，越野车当为首选。

（3）根据周边环境选车。

周边环境是指所住地区的条件，如汽车的来源、维修网点的设置、配件供应的情况等。周边环境中占有率较高的车，其车型一般较多，配件供应充分，维修网点布置较多，售后服务相应较好。根据周边环境购车后，使用比较方便。我国城市家庭用车不少是按这种方式购车的，如武汉的家用轿车选神龙公司生产的车型较多，上海的选上海汽车生产的车型较多，长春的选一汽轿车生产的车型较多。

（4）根据使用特点选车。

1）如果汽车是用来上下班，就应选择油耗少的经济型汽车，可选择排量为1.4升左右的普通轿车。这类车价格适中，体型小，经济实惠，维修费用便宜，并能乘载一家人一起出行。这对那些开车上下班的朋友来说，无疑是一种较理想的选择。

2）如果是用于工作的业务车，可视业务性质选择车型。业务车通常行驶路程较多，车容易磨损，如果是一般业务或生意，且承载量不太大，可选择普通轿车；如果工作时要装载很多物品，则考虑选择商用车。这些车省去了豪华装备，可以节省行驶成本，应是不错的选择。

3）如果是用来购物，则可选择车身体积小、车内空间宽敞的小型面包车。由于超市和公寓的停车场较狭窄，停车麻烦，门较难打开，处理起来较费劲，因此车身较大的车不太合适，如果考虑是女性驾驶，就要注重选择操作轻便的汽车。

4）如果汽车是作休闲之用，则根据休闲的种类不同，所选择的车型也不同。如果要求供许多人使用，且乘坐舒适，有一定的车内空间，那么就应选择面包车；如果是供自己或者少数人使用，则可以考虑选择普通轿车，但对于那些喜欢开车旅游和越野的人来说应选择越野车。

5）如果汽车只是在休息日使用，建议选择不太贵的流行款式车。因为这种车使用年数较长而且行驶里程较少，太贵会使汽车的无形磨损大，贬值严重。

本章小结

（1）汽车的动力性是指汽车在良好的路面上直线行驶时，克服各种行驶阻力所能达到的平均行驶速度。

（2）汽车的动力性主要由三方面的指标来评定，即最高车速、加速性能和上坡性能。

（3）汽车的驱动条件和附着条件：$F_f + F_w + F_i \leq F_t \leq F_z \varphi$。

（4）导致汽车动力性变差的主要原因有发动机技术状况不良、底盘技术状况不佳、汽车超载行驶、轮胎状况变化、汽车行驶条件变差、驾驶技术较差。

（5）使用中提高汽车动力性的措施主要有：加强汽车的技术维护、采用合适的汽车轮胎、去除汽车的无效载质量、选择合适的驱动形式、提高驾驶技术。

（6）汽车的燃料经济性常用一定运行工况下汽车行驶百千米的燃料消耗量或一定燃料量能使汽车行驶的里程来衡量。

（7）导致汽车油耗变大的原因主要有：发动机技术状况变差、底盘技术状况不良、驾驶操作不当、汽车运输管理不佳。

（8）节省燃油的主要措施有：加强汽车技术维护、正确选择和使用轮胎、提高汽车驾驶技术。

（9）我们把汽车行驶时能在短距离内停车且维持行驶方向稳定性和在下长坡时能维持一定车速的能力，称为汽车的制动性。

（10）汽车的制动性能的优劣主要从汽车的制动效能、制动效能的恒定性和制动时汽车方向的稳定性三个方面来评价。

（11）汽车行驶时，经常受到道路和交通情况变化的影响而需要降低车速或停车，而减速或停车主要是靠制动来实现的。常用的制动方法有预见性制动、点制动和紧急制动。

（12）汽车的通过性又称越野性，是指汽车能以足够高的平均车速通过各种坏路及无路地带的能力。

（13）汽车的舒适性是指行驶中的汽车，对其乘员身心影响程度的评价。长期以来，各汽车厂家都在积极采取改进措施，以提高汽车的舒适性。舒适性的好坏，主要取决于行驶平顺性、噪声、空气调节和居住性等因素。

（14）导致汽车乘坐舒适性变差的原因主要有发动机不平稳运转、传动系动不平衡、轮胎性能变坏、悬架性能变差、车室内座椅性能变化。

（15）提高乘坐舒适性的措施主要有消除汽车引起的振动、加强对悬架系统的维护、采用合适的轮胎及气压、配置合适的坐垫、提高驾驶技术。

（16）选购汽车之前要做以下的准备工作：明确买车的目的、领会买车的要求、熟悉买车的原则、根据购买者情形选车。

思考与习题

1. 什么是汽车的动力性？汽车动力性的评价指标有哪些？
2. 什么是滚动阻力系数？
3. 汽车行驶中滚动阻力是怎样形成的？
4. 写出汽车行驶的驱动附着条件，解释其意义。
5. 影响汽车动力性的主要因素有哪些？
6. 如何提高汽车的动力性？
7. 什么是汽车的燃料经济性？其评价指标？
8. 如何评价汽车燃料经济性？
9. 什么是汽车的制动性能？简要说明制动性能的评价指标是什么。
10. 什么是制动器制动力、地面制动力和附着力？三者有什么联系和区别？
11. 汽车制动过程的时间可分为几段？什么是汽车制动距离？它与哪些因素有关？
12. 什么是汽车制动时的跑偏和侧滑？造成跑偏和侧滑的原因是什么？
13. 如何评价汽车的舒适性？
14. 如何合理选购汽车？

第 3 章
汽车技术状况的变化

1. 汽车技术状况的概念及变化。
2. 汽车技术状况变化的原因。
3. 汽车技术状况影响因素。
4. 汽车技术状况的两种变化规律。
5. 汽车技术等级划分标准、汽车技术等级划分评定方法。
6. 减少汽车技术状况变化对车辆性能影响的措施。

3.1 汽车技术状况与汽车运用性能的变化

3.1.1 汽车的技术状况

汽车的技术状况是指定量测得的、表征某一时刻汽车的外观和性能的参数值的总和。在汽车使用过程中,汽车内部零件之间、零件与工作介质和工作产物之间、汽车与外部环境之间均存在相互作用,其结果是汽车零件在机械负荷、热负荷和化学腐蚀作用下,引起零件磨损、发热、腐蚀等一系列物理的和化学的变化,使零件尺寸、零件相互装配位置、配合间隙、表面质量等发生改变,如发动机气缸活塞组的尺寸、曲柄连杆机构的尺寸、制动器制动蹄片的尺寸、制动蹄与鼓的间隙等,在汽车使用过程中时刻都在发生着变化。汽车是由机构、总成组成的,而机构和总成又由零件组成,所以零件是汽车的基本组成单元。零件性能下降后,汽车的技术状况将受到影响,因此汽车技术状况的变化取决于组成零件的综合性能。

随着汽车行驶里程的增加,汽车的技术状况将逐渐变坏,致使汽车的动力性下降、经济性变坏、使用方便性下降、行驶安全性和使用可靠性变差,直至最后达到使用极限。其主要外观症状有:

(1) 汽车最高行驶速度降低;
(2) 加速时间与加速距离增长;
(3) 燃料与润滑油消耗量增加;
(4) 制动迟缓、失灵;
(5) 转向沉重;

(6) 行驶中出现振抖、摇摆或异常声响；

(7) 排黑烟或有异常气味；

(8) 运行中因技术故障而停歇的时间增多。

3.1.2 汽车的运用性能

汽车的技术状况可用汽车的工作能力或运用性能来评价。汽车的运用性能包括动力性、使用经济性、使用方便性、行驶安全性和使用可靠性等。其评价指标见表3-1。

表3-1 汽车运用性能评价指标

汽车运用性能	评价指标
动力性	最高行驶车速，加速时间与加速距离，最大爬坡能力，平均技术速度，低挡使用时间
使用经济性	燃料消耗量，润滑油消耗量，维修费用
使用方便性	每100 km平均操纵作业次数，操作力，灯光、信号的完整程度，启动暖车时间，最大续驶里程
行驶安全性	制动距离，制动力，制动减速度，制动时的方向稳定性，侧滑量
使用可靠性	故障率和小修频率，维修工作量，因技术故障停歇的时间

汽车运用性能下降会导致汽车运输生产过程中运输生产率下降、运输成本增加、经济效益变差，同时对环境的污染加剧，并易于发生行车安全事故，见表3-2。

表3-2 运输生存率、维修工作量、运输成本与工作时间的关系

汽车工作时间/年	运输生产率/%	维修工作量/%	运输成本/%
1	100	100	100
4	75~80	150~170	130~150
8	55~60	200~215	150~170
12	45~50	250~300	170~200

所列统计数据反映了载货汽车随使用时间增加，其运输生产率、维修工作量和运输成本的相对变化情况。

3.1.3 汽车运用性能的变化

汽车的运用性能是由原设计与制造工艺所确定的，主要取决于汽车的设计制造质量，在汽车使用过程中，汽车的实际运用性能从汽车的初始性能开始，随着使用时间或行驶里程的增长而变化。汽车各种运用性能的变化情况，一般可按使用时间或行驶里程表示：

$$A_k(t) = A_{k1}\exp[-k(t-1)] \tag{3-1}$$

式中 $A_k(t)$——在用车的性能；

A_{kl}——新车初始性能；

t——汽车连续工作时间，年；

k——根据汽车工作强度改变的系数。

由式（3-1）可以看出，汽车使用时间（或行驶里程）越长，运用性能降低越多。因此在评价汽车运用性能时，一定要考虑汽车运用时间（或行驶里程）。用车的实际性能是由汽车总的使用时间或总的行驶里程所确定的平均质量指标，实际性能可定成式（3-2）：

$$A_k(t) = \frac{A_{kl}\exp k}{t}\sum_{t=1}^{t}\exp(-kt) \qquad (3-2)$$

汽车运用性能随时间变化，如图3-1所示。

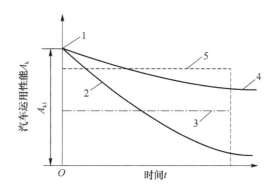

图3-1 汽车运用性能随时间变化

1—汽车初始性能；2—汽车运用性能随时间变化的曲线；3—汽车实际运用性能；
4—汽车合理运用对性能的影响；5—通过合理使用可以提高的实际运行性能

汽车的初始性能取决于汽车的制造质量，而汽车的实际运用性能除取决于汽车的制造质量外，还取决于汽车的运用条件和运输工作情况等多方面的因素。在汽车制造方面，可以通过改进汽车的结构设计和完善汽车的制造工艺来提高汽车的运用性能；在汽车运用方面，可以通过合理运用来提高汽车的实际运用性能（A_k）。汽车合理运用的作用，可使汽车运用性能随使用时间增长而下降的程度减小，从而使汽车在使用过程中实际运用性能的平均水平有所提高，并延长汽车的使用寿命。要实现汽车的合理运用，必须对汽车技术状况的影响因素和在各种运用条件下提高汽车技术状况的措施进行研究，依靠有一定技术专长的人员和汽车技术状况管理组织等手段来保证汽车的工作能力；同时，要做好汽车运用技术管理的基础工作，在汽车运用过程中要经常按运用时间（或行驶里程）测量、记录汽车运用性能的变化情况，以作为分析汽车技术状况变化，并确定提高汽车技术状况相应措施的依据。

3.2 汽车技术状况变化的原因与影响因素

汽车在使用过程中，其技术状况将发生变化。本节将介绍汽车技术状况变化的原因和影响因素。

3.2.1 汽车技术状况变化的原因

汽车是一个复杂的机、电、液系统，一辆汽车由上万个零件组成。只有对汽车零件有结构、材料、尺寸、几何形状和表面质量等要求，对汽车机构和总成有装配关系、位置关系、技术要求等规定，才能使汽车具有规定的技术状况。因此，零件的好坏对汽车来说至关重要，是决定汽车技术状况的关键因素。汽车零件、机构或总成技术状态的改变往往是引起汽车技术状况变化的根本原因。

汽车零件失效的主要形式可分为磨损、疲劳损坏、塑性变形与损坏、腐蚀和老化。

磨损是指相互接触的物体在相对运动中表层材料不断损耗的过程，它是伴随摩擦而产生的必然结果。影响汽车技术状况变化的零件磨损形式主要有磨料磨损、黏附磨损和腐蚀磨损三种形式。

磨料磨损是相互摩擦表面之间有坚硬、锐利的微粒物，对摩擦表面产生破坏作用的结果，如行车制动器摩擦副的磨损；黏附磨损是指在相互摩擦的零件表面靠得太近和承受压力极大并且润滑不良的条件下，摩擦表面分子因相互吸引作用而黏结在一起造成的一种损坏形式，如曲轴主轴颈与轴承的磨损；腐蚀磨损是指在摩擦表面有氧化物、酸、碱等有害物质腐蚀的情况下发生的磨损，如气缸、气门、气门座的磨损。

疲劳损坏是零件在交变载荷作用下，承受超过材料的耐疲劳极限的循环应力而产生的损坏，如主减速器齿轮齿面的疲劳点蚀。

塑性变形与损坏是零件所受载荷超过材料的弹性变形极限所致。通常，是由于零件原设计计算的错误或违反使用规定所造成的，如汽车超载引起车轴、车架变形、断裂。

腐蚀是指零件在有腐蚀性的环境里工作所产生的损坏，如车身锈蚀、蓄电池导线接头腐蚀。

老化是指零件材料受物理、化学、温度和光照等条件变化的影响引起缓慢损坏的一种形式。橡胶、塑料制品（如轮胎、油封、膜片、膨胀水箱等）和电器元件（如电容器、晶体管等），长期受环境和温度的影响，会逐渐失去原有性能。需要说明的是，老化随时间的延长而逐渐发生，不论零件使用与否都会逐渐老化。

零件磨损、疲劳、变形、老化以及偶然损伤等都直接影响汽车技术状况的改变。因此，分析汽车零件损坏的原因，对于改进汽车结构、合理使用和维护汽车、减少零件的损坏、防止故障的发生、保证汽车技术状况的完好具有重要的指导意义。

3.2.2 汽车技术状况变化的影响因素

汽车在使用过程中，其技术状况将发生变化。汽车技术状况的变化受到诸多因素的影响。

1. 汽车结构与工艺

汽车的结构设计与制造工艺的合理性是提高汽车使用性能和使用寿命的重要途径。汽车的结构设计与制造工艺不合理或零件材料选择不当，汽车在使用过程中由于自身存在着薄弱环节就会经常出现同一故障现象。例如原东风 EQ140 型载货汽车的发动机初始点火提前角前期设计为 12°，由于点火提前角过大而经常发生活塞断顶的故障。

2. 环境条件

环境条件包括气温、湿度和空气中的介质等参数，这些参数对汽车技术状况的影响如图 3-2 所示。

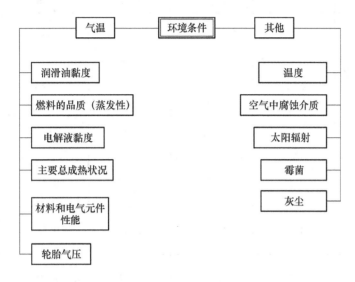

图 3-2 环境条件对汽车技术状况的影响

气温对汽车故障率的影响如图 3-3 所示。在气温变化的范围内，总是存在一个故障率低的温度区域，该温度区域就是汽车的最佳工作温度范围。

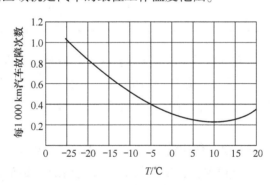

图 3-3 气温对汽车故障率的影响

汽车上的每一个总成都有一定的适合它们工作的温度范围，如现代电喷汽油发动机的最佳热状态是 95℃~105℃，发动机以最佳热状态工作，零件的磨损最小，故障率最低。

3. 道路状况

道路状况是影响汽车技术状况的重要因素。道路状况的技术性能指标主要包括道路等级、路面覆盖层状况与路面等级、路面附着系数、道路的构成情况（如道路宽度、路线的曲率半径、路面的纵向与横向最大坡度等）。其中，路面覆盖层状况对汽车各总成、零件的工作有很大的影响，见表 3-3。

表 3-3 路面覆盖层状况对汽车工作的影响

指标	混凝土与沥青路面	沥青矿渣混合路面	碎石路面	卵石路面	天然路面
滚动阻力系数	0.014	0.020	0.032	0.040	0.080
平均技术速度/(km·h^{-1})	66	56	36	27	20
发动机曲轴每千米的平均转速/(r·min^{-1})	2 228	2 561	2 628	3 185	4 822
转向轮转角均方差/(°)——市区行驶	8	9.5	12	15	18
离合器使用次数/km	0.35	0.37	0.49	0.64	1.52
制动器使用次数/km	0.24	0.25	0.34	0.42	0.90
变速器使用次数/km	0.52	0.62	1.24	2.10	3.20
垂直振幅大于30 mm的每100 km的振动次数	68	128	214	352	625

从表 3-3 中可以看出，路面覆盖层状况影响汽车的行驶速度、发动机转速、操纵装置的操纵次数、汽车的道路阻力和受力性质等，从而影响汽车零件、总成的使用寿命，引起汽车技术状况的变化。汽车在坏路上行驶时，故障率明显增加，一般比在良好道路上增加 2~3 倍。

4. 交通状况

交通状况也是影响汽车及总成使用情况的一个因素，如装载质量相同的汽车，在繁华的市区行驶速度要比郊区行驶车速要低；发动机曲轴转速增加；变速器、制动器使用次数增加；转弯行驶次数增加。显然，汽车以这种工况运行将加速汽车技术状况的恶化。

5. 装载质量

汽车装载质量、拖挂的总质量的大小会影响汽车零件强度、操纵装置的工作频度以及发动机的转速和负荷。在汽车设计时，汽车各承载部件或总成都是按其承载能力考虑的。汽车的装载量应按汽车制造厂规定的额定标准来控制，禁止超载。载荷超过汽车设计允许范围，将使汽车技术状况迅速变坏，甚至导致车架、车桥、悬架、弹簧、轮胎等损坏。

6. 汽车运行材料

随着汽车性能的不断提高，对汽车运行材料品质的要求也更加严格，如汽车燃料内含有杂质，对发动机的磨损影响极大。同样，汽车所用润滑油、各种液体（制动液、冷却液等）等运行材料的品质以及正确选用也将严重地影响汽车技术状况变化。

7. 汽车驾驶员驾驶技术

驾驶员驾驶技术水平直接影响着汽车技术状况的变化。驾驶技术水平高的驾驶员在驾驶操作过程中，经常采用诸如预热升温、轻踏、缓抬、平稳行驶、及时换挡、控制温度等一系列正确合理的驾驶方法，并能根据道路情况正确选择行驶路线和车速，使汽车经常处于较有利的工作状态，从而使汽车技术性能良好，延长汽车使用寿命。

现代汽车结构越来越复杂，附属装置日渐增多，驾驶员应掌握新车型、新装置的使用注意事项。如汽车采用电动汽油泵，油箱内的燃油应严禁用尽，以防损坏汽油泵；对于采用液压助力装置的转向系统、采用真空助力装置的制动系统，汽车在高速运行时则不准熄火空挡滑行等。因此，驾驶员不但应有高超的驾驶操作技术，而且还应有较全面的技术素质，能够正确合理地检查、调整、维护汽车，否则汽车的技术状况难以得到保障。

8. 汽车维修质量

汽车维护是为了维持汽车完好的技术状况而进行的作业，汽车修理是为了恢复汽车完好的技术状况而进行的作业，汽车维修具有维持和恢复汽车技术状况的作用。因此，汽车维修质量是影响汽车技术状况变化的重要因素。

汽车维修中还存在一些问题，其中最突出的问题是：对现行的汽车维修制度执行得不认真，许多维修人员素质差、水平低，检测、诊断、维修所需仪器设备不齐全等。这些问题使得以"预防为主、定期检测、强制维护、视情修理"的维修制度没有认真执行，使汽车行驶时故障较多。

提高汽车维修质量的关键有以下几点。

（1）维修人员的技术素质。现代汽车新装置、新技术、新工艺应用逐渐增多，已成为集机械、液压、电子、自动控制及传感技术为一体的综合性科技产品。汽车维修工作的技术含量越来越高，相应的技术标准、技术要求越来越严。另外，汽车的可靠性却越来越好，故障发生率低，同一项维修工作的重复性也降低，一旦汽车出现问题，可引用借鉴的经验也少，这些都要求从事汽车维修的人员应有较高的技术素质，掌握汽车检测、诊断与维修新技术。

（2）先进齐全的仪器设备。要准确诊断汽车故障、确定汽车维修作业的具体内容、对损伤的汽车零件进行修复，都离不开必要的专用设备，因此应配备先进齐全的仪器设备。

（3）配件质量。当前汽车配件市场十分活跃，而配件质量却参差不齐，尤其是假冒配件的质量、可靠性更差。现代汽车维修技术中将废旧件、损坏件修复后再装车使用的比例逐渐减少，而更换新件的比例明显上升，因而汽车配件的质量就更为重要。

3.3 汽车技术状况变化的规律

3.3.1 汽车技术状况变化规律的分类

汽车在运用过程中其技术状况的变化有一定的规律性，按技术状况变化过程的不同，可分为两类，即渐发性的变化过程（第一种变化规律）和偶发性的变化过程（第二种变化规律）。

渐发性变化过程的特点是，汽车技术状况的变化与固定的变量（如汽车行驶里程或使用时间）之间有严格的对应关系。偶发性变化过程的特点是，汽车技术状况的变化受很多随机因素的影响，其技术状况的变化与固定的变量（如汽车行驶里程或使用时间）之间没有严格的对应关系。

如果汽车运用合理，其主要技术状况的变化均属第一种变化规律。而汽车运行中出现的故障是偶发性的，它与很多因素有关，诸如零件本身的品质、零件工作表面的尺寸精度与表面粗糙度、汽车及总成的装配质量、汽车按计划执行维修的情况、汽车运用条件、汽车驾驶和维修人员的技术水平等。尽管这些因素都对故障都有影响，但却没有严格的对应关系。

3.3.2　汽车技术状况渐发性的变化过程（第一种变化规律）

渐发性变化过程的特点是，汽车技术状况的变化与汽车行驶里程或使用时间之间有严格的对应关系，汽车工作能力（E_i）随汽车行驶里程依次平稳而单调地变化至失去工作能力（E_0），如图3-4所示。

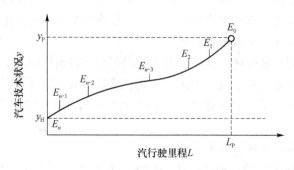

图3-4　汽车技术状况的第一种变化规律

E_n，E_{n-1}，…，E_2，E_1—汽车的各种工作能力；E_0—汽车丧失工作能力

汽车零件的磨损、间隙的变化、冷却系统和润滑系统中的沉积物、润滑油消耗量以及润滑油中的机械杂质的含量等都是按照这个规律变化，可能的具体变化形式如图3-5所示。

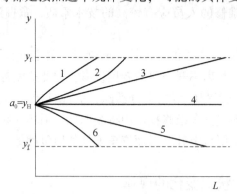

图3-5　汽车技术状况y随行驶里程变化的几种形式

1，2，3—汽车使用中逐渐变大的技术状况参数；4—汽车使用中稳定不变的技术状况参数；
5，6—汽车使用中逐渐变小的技术状况参数；a_0（y_H）—汽车初始技术状况参数；
y_f，y_f'—汽车技术状况参数变化的范围

实际经验和研究结果表明，汽车使用中技术状况（参数）y与汽车行驶里程L之间的函数关系，可以用多项式方程或指数方程来表示。

(1) 多项式方程表示：
$$y = a_0 + a_1 L + a_2 L^2 + a_3 L^3 + \cdots + a_n L^n \tag{3-3}$$

式中　a_0——汽车初始技术状况参数；
　　　L——汽车行驶里程；
　　　a_n——汽车技术状况参数变化的强度，它根据汽车结构和使用条件而变。

实际使用式（3-3）计算时，一般取第一至第四项，其计算精度就可满足要求。

(2) 指数方程表示：
$$y = a_0 + a_1 L^b \tag{3-4}$$

式中　a_0——汽车初始技术状况参数；
　　　a_1，b——确定汽车工作强度和技术状况变化程度的系数；
　　　L——汽车行驶里程。

3.3.3　汽车技术状况偶发性的变化过程（第二种变化规律）

随机变化规律的特点使汽车技术状况的变化受很多随机因素的影响，汽车技术状况的变化与汽车行驶里程或使用时间之间没有严格的对应关系，汽车可能从任意一种工作能力（E_i）突然下降到丧失工作能力（E_0），如图 3-6 所示。

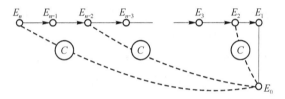

图 3-6　汽车技术状况的第二种变化规律
E_n，E_{n-1}，$\cdots$，E_2，E_1—汽车的各种工作能力；E_0—汽车丧失工作能力

汽车运行中出现的故障就是随机性的，它与很多因素有关系，如零件本身的质量、零件工作表面的尺寸精度与表面粗糙度、汽车及总成的装配质量、汽车的维修质量以及汽车使用条件等。尽管这些因素都与故障有关，但却与行驶里程或行驶时间没有严格的对应关系。当给定汽车技术状况参数极限值时，汽车技术状况参数达到极限数值的行程将是各种各样的，如图 3-7（a）中的 L_{p1}，L_{p2}，$\cdots$，L_{pn}；而在同一行程，汽车技术状况也不是处在同一水平而是存在明显差异的，如图 3-7（b）所示。

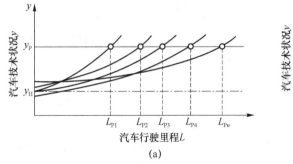
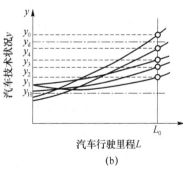

图 3-7　汽车技术状况的差异

对于汽车技术状况的随机变化,不可避免地会引起定期的检测、诊断和维护作业超前或滞后进行。只有掌握汽车技术状况的随机变化规律,才能精确制定汽车检测、诊断和维护周期,确定作业的广度和深度,保持汽车技术状况良好,延长汽车的使用寿命。

3.4 汽车技术状况的分级

3.4.1 汽车技术状况的等级划分与标准

在汽车运用的过程中,其技术状况将随着行驶里程(或行驶时间)、运行条件、使用强度和维修质量等因素而改变。如能掌握不同运用阶段的汽车技术状况,则可根据车辆技术状况组织相应的运输生产,从而有利于合理使用车辆及科学的安排汽车维修计划。

我国汽车技术状况是根据国家交通部第 13 号令《汽车运输业车辆技术管理规定》的第 17 条进行分级的,其将汽车按技术状况分为一级车、二级车、三级车和四级车等四类,对各级车的标准规定如下。

1. 一级车——完好车

新车行驶到第一次额定大修间隔里程的 2/3,或第二次额定大修间隔里程的 2/3 以前(例如第一次大修间隔里程为 18 万千米,第二次大修间隔里程为 12 万千米,即处于第一次大修间隔里程 12 万千米以内,或第二次大修间隔里程 8 万千米以内才属于一级车);汽车各主要总成的基础件和主要零部件坚固可靠,技术性能良好;发动机运转稳定,动力性能好,无异常声响;燃料与润滑油消耗不超过额定指标(国家标准 GB 4352—1984《载货汽车运行燃料消耗量》和国家标准 GB 4353—1984《载客汽车运行燃料消耗量》)的规定;废气排放与噪声符合国家标准;各项装备齐全、完好,在运行中无任何保留条件,可随时出车参加运输工作的车辆。

综上所述,一级车必须满足的标准有如下三条。

(1) 车辆技术性能良好,各项主要技术指标满足定额要求。

(2) 车辆行驶里程必须在相应额定大修间隔里程的 2/3 以内。

(3) 汽车技术状况完好,能随时投入运输工作。

由此可见,一级车不仅要满足技术状况和性能指标的要求,同时还要满足行驶里程(车辆新旧程度)的要求。由于汽车的技术状况是随着行驶里程和大修次数的增加而逐步下降的,因此第二次大修的间隔里程要比第一次大修的间隔里程短。而对于经过两次大修后的汽车,无论技术状况如何都不能核定为一级车。因为行驶里程过长,车辆老旧,其基础件和主要零部件的可靠性均已下降,车辆技术性能难以全面恢复到较高的标准。

2. 二级车——基本完好车

技术状况处于基本完好状态的汽车。二级车为车辆主要使用性能和技术状况都低于一级车的要求,或行驶里程超过第一次大修间隔里程的 2/3,或行驶里程超过第二次大修间隔里程的 2/3(例如第一次大修间隔里程为 18 万千米,第二次大修间隔里程为 12 万千米,即处于第一次大修间隔里程 12 万千米以上,或第二次大修间隔里程 8 万千米以上,就属于二级车),但车辆尚符合国家标准 GB 7258—1997《机动车运行安全技术条件》的规定,能随时参加运输工作。因此,二级车被称为基本完好车。

3. 三级车——需修车

技术状况处于需要修理状态的汽车。三级车为需送大修之前，经过最后一次二级维护后正在使用的汽车，以及正在大修或待更新尚在行驶的车辆。因此，三级车实际上都是那些处于需要修理状态的汽车。

4. 四级车——停驶车

汽车技术状况不良属于需要停驶的车辆。四级车的技术状况最差，预计在短时期内无法修复，或修复费时、费力，代价昂贵，经济上不合理，属于无修复价值的车辆，也即是待报废的车辆。因此，四级车被称为停驶车。

3.4.2 汽车技术状况等级的评定

汽车技术状况等级的评定是根据 JT/T 198—1995《汽车技术等级评定标准》进行核定的。在该标准中规定了汽车技术等级的评定内容、评定规则、检测项目和技术要求，它适用于公路及城市道路上行驶的总质量 26 t 以下（含 26 t）的汽车和总质量 45 t 以下（含 45 t）的汽车列车。

主要评定内容：汽车的动力性、燃料经济性、制动性、转向操纵性、前照灯、喇叭声响、废气排放、防雨密封性、整车外观、汽车使用年限（按新车投入运行之日起核定）。

对上述内容进行评定时，按评定项目的重要程度分为"一般项"和"关键项"两类。用汽车使用年限、关键项和项次合格率来衡量，将在用车分为一级车、二级车和三级车三个等级，四级车属于停驶车，不用该标准评定。项次合格率用式（3-5）计算：

$$B = \frac{N}{M} \times 100\% \qquad (3-5)$$

式中　B——项次合格率；

　　　N——检测合格的项次之和；

　　　M——总检测的项次数之和。

汽车技术等级划分如下。

（1）一级车。

使用年限在 7 年以内，关键项分级的项目达到一级，关键项不分级的项目为合格，项次合格率大于或等于 90%，在运行中无任何保留条件。

（2）二级车。

使用年限超过 7 年，关键项分级的项目达到二级以上，关键项不分级的项目为合格，项次合格率大于或等于 80%，在运行中无任何保留条件。

（3）三级车。

凡是达不到二级车技术等级标准的汽车即三级车。

3.4.3 汽车平均技术等级

汽车平均技术等级是指企业或单位所有运输车辆技术状况的平均技术等级。汽车平均技术等级是综合体现汽车运输企业的技术管理水平、技术装备质量和企业发展潜力的主要技术经济指标之一，它标志着汽车运输企业所有车辆的平均技术状况。按照国家交通部第 13 号令《汽车运输业车辆技术管理规定》中的折算方法，对于一个企业或单位所拥有的各种等级车辆的平均技术等级的评定，应该首先对每部汽车进行技术状况等级的核定，然后统计出一、二、三和四级车的数量，最后再用式（3-6）计算企业或单位所拥有的全部车辆的平均技术等级：

$$车辆平均技术等级 = \frac{A+2B+3C+4D}{各级车辆数的总和} \qquad (3-6)$$

式中　A——一级车辆数；
　　　B——二级车辆数；
　　　C——三级车辆数；
　　　D——四级车辆数。

3.5　如何减少汽车技术状况的变化对车辆性能的影响

汽车行驶过程中，随着行驶里程的增加，各零部件将产生磨损、变形、疲劳、松动、老化和损伤，导致车辆技术状况变坏，使汽车的动力性下降、经济性变差、安全可靠性降低。为此，应坚持行车中观察，合理运用挡位，控制行驶车速，及时添加燃料、润滑油及工作液。

1. 坚持行车中观察

汽车行驶一段路程后，应停车进行检查。其项目主要包括：

（1）检查机油、燃油、冷却水和制动液是否充足，蓄电池电解液是否充足，密度及轮胎气压是否符合标准；

（2）检查汽车各部有无漏水、漏油、漏气、漏电；

（3）检查照明、信号、喇叭、刮水器、后视镜、门锁、门窗玻璃及其升降摇手柄是否良好和齐全有效；

（4）检查汽车外露部位的螺栓、螺母是否齐全紧定；

（5）检查转向装置和横、直拉杆等连接部位是否牢固可靠，手制动器、脚制动器、离合器的工作情况是否符合标准；

（6）启动发动机，检查发动机运转是否正常，有无异响，各仪表工作是否正常；

（7）检查汽车轮胎气压，清除双胎间和胎面花纹中的夹杂物；

（8）检查装载物是否牢固。

2. 防止超载并控制车速

汽车的装载质量不应超过制造厂规定的额定标准载质量。如果超载，则零件的磨损速度迅速上升。因为装载质量增加，各总成的工作负荷增加，工作状态就会不稳定，发动机曲轴箱单位行驶里程的转数也会相应增加，发动机处于高负荷且在不稳定情况下工作，造成冷却水系水温和曲轴箱内的机油温度过高，热状况不良。这均会造成发动机磨损量增大。

汽车的行驶速度对发动机磨损的影响比装载质量更为明显。当汽车的行驶速度过高时，发动机活塞的平均移动速度增高，气缸磨损也相应增大。但低速时，由于机件润滑条件不良，因而磨损同样加剧。汽车的高速行驶还会引起轮胎发热，影响行车安全。对于制动器的影响，主要是因高速行驶时汽车常需要急速制动。由于车轮制动蹄片的磨损一般与每平方厘米的衬带面积所吸收的汽车动能量成正比，因此，高速行驶的汽车急速制动会使制动蹄片的磨损量迅速增加。

加速滑行行驶比稳定速度行驶时的发动机磨损量要增加25%~30%。因此，启动次数多，并利用加速滑行行驶时，发动机磨损量增加。加速终了的速度越高，速度变化范围越大，发动机的磨损量亦越大。为了减少机件磨损，必须控制行车速度，正确选用挡位，中速行驶。

3. 选用品质合适的燃料与润滑材料

在使用中为保证汽车正常工作，应合理地选用品质合适的燃料与润滑材料。汽油机的燃料应保证发动机的正常工作需要，不发生爆燃；在储存和使用过程中不发生显著的质量变化；燃烧后无沉积物，不含有机械杂质及水分，对环境的污染少。柴油机的燃料应具有良好的流动性；能保证在各种使用条件下燃料顺利地供给；容易喷散、蒸发，形成良好的混合气；保证柴油机工作柔和，喷油器不结焦，不含机械杂质和水分。

现代高性能发动机的热负荷和机械负荷很高，对润滑油性能提出了很高的要求：能及时可靠地被输送到发动机各摩擦零件的表面，在各种不同的发动机工况下都能在摩擦面上形成足够牢固的油膜或抗磨保护膜，从而减少摩擦和磨损；及时导出摩擦生成的热，使机件维持正常的温度；本身没有腐蚀性，并且保持发动机零件不受外界介质的腐蚀。

4. 提高驾驶技术

驾驶技术高超的驾驶员，经常采用诸如预热升温、轻踏、缓抬、均匀中速、行驶平稳、及时换挡、爬坡自如、正确滑行，掌握温度与避免灰尘等一整套正确、合理的操作方法，使汽车经常处于良好的工作状态，从而使汽车各总成均能延长其使用寿命。

5. 提高维修质量

汽车的维修质量对于汽车的运行状况、使用寿命和原有使用性能的保持极为重要。维修要及时并且保证质量，认真执行技术标准、操作规程和维修作业项目，特别是在进行作业中的过程检验，能保持完好的技术性能，减少零件的磨损，有效地延长车辆的使用寿命，最大限度地减少故障。汽车底盘各总成和机构应及时地进行润滑、检查、紧固和调整作业，这样不仅能减少机件之间的磨损，避免工作中发生异响，而且使操作方便灵活，保证了行车安全。

本章小结

（1）汽车的技术状况是指定量测得的、表征某一时刻汽车的外观和性能的参数值的总和。

（2）汽车的技术状况可用汽车的工作能力或运用性能来评价。汽车的运用性能包括动力性、使用经济性、使用方便性、行驶安全性、使用可靠性等。

（3）汽车的运用性能是由原设计与制造工艺所确定的，主要取决于汽车的设计制造质量，在汽车使用过程中，汽车的实际运用性能从汽车的初始性能开始，随着使用时间或行驶里程的增长而变化。

（4）汽车零件、机构或总成技术状态的改变往往是引起汽车技术状况变化的根本原因。

（5）汽车零件失效的主要形式可分为磨损、疲劳损坏、塑性变形与损坏、腐蚀和老化。

（6）汽车技术状况变化的影响因素有：汽车结构与工艺、环境条件、道路状况、交通状况、装载质量、汽车运行材料、汽车驾驶员驾驶技术、汽车维修质量。

（7）汽车在运用过程中其技术状况的变化有一定的规律性，按技术状况变化过程的不同，可分为两类，即渐发性的变化过程（第一种变化规律）和偶发性的变化过程（第二种变化规律）。

（8）我国汽车技术状况是根据国家交通部第13号令《汽车运输业车辆技术管理规定》的第17条进行分级的，其将汽车按技术状况分为一级车、二级车、三级车和四级车等四类。

（9）汽车平均技术等级是指企业或单位所有运输车辆技术状况的平均技术等级。

（10）汽车行驶过程中，随着行驶里程的增加，各零部件将产生磨损、变形、疲劳、松动、老化和损伤，导致车辆技术状况变坏，使汽车的动力性下降，经济性变差，安全可靠性降低。为此，应坚持行车中观察，合理运用挡位，控制行驶车速，及时添加燃料、润滑油及工作液。

思考与习题

1. 解释汽车技术状况。
2. 试分析汽车在某种特定条件下零件损坏的主要形式。
3. 分析影响汽车技术状况变化的因素。
4. 汽车技术状况的变化规律分为几类？各有什么特点？

第 4 章
汽车运行材料及其合理使用

1. 车用汽油、轻柴油的主要使用性能、评定指标、规格及其合理选用。
2. 发动机润滑油、车辆齿轮油、润滑脂的主要使用性能、评定指标、规格及其合理选用。
3. 汽车制动液、液力传动油、冷却液的主要使用性能、分类、规格及其合理选用。
4. 汽车轮胎的分类、规格、表示方法及其合理选用。

4.1 汽车燃料及其使用

燃料是指通过化学反应（燃烧）能够将自身储存的化学能转变为热能的物质。燃料是发动机的"粮食"，是产生动力的来源，燃料的种类及其物理化学特性直接影响发动机的性能。现代汽车发动机所用燃料主要有汽油和轻柴油。

4.1.1 车用汽油及其使用

汽油是汽车发动机的主要燃料。汽油是密度小、易于挥发的液体燃料，自燃点为415℃～530℃。按照提炼方法不同，汽油可分为直馏汽油和裂化汽油。

在汽油机工作时，汽油应能在很短的时间内形成良好的可燃混合气，保证汽油机能在各种条件下可靠启动、平稳运转、正常燃烧，充分发挥汽油机的使用性能。

1. 汽油的使用性能

汽油的使用性能主要包括蒸发性、抗爆性、腐蚀性、清净性及化学安定性。

（1）蒸发性。

汽油由液态转化为气态的性质，叫作汽油的蒸发性。评定汽油蒸发性的指标是馏程和饱和蒸汽压。

现代汽油机的转速都很高，燃烧过程短，要求燃料供给系统必须在 0.02～0.04 s 内形成均匀良好的可燃混合气。若汽油的蒸发性不好，将有部分汽油以液态进入气缸，液态燃油在气缸内不仅不能正常燃烧，还会造成点火不良、破坏润滑、有害排放物增加，使发动机功率下降、耗油增加。

汽油的蒸发性越强，汽油机的低温启动性能越好，预热时间越短，加速越灵敏，运行越稳定。但蒸发性过强会使燃油系统在夏季产生气阻，使汽油在存放和使用中的蒸发损失增大。

(2) 抗爆性。

汽油抗爆性是表示汽油在汽油机燃烧室中燃烧时防止爆燃的能力。汽油的抗爆性取决于碳氢化合物的结构及其含量，评定汽油抗爆性的指标是辛烷值。

汽油机正常燃烧时，火焰的传播速度在 30～40 m/s。火焰以火花塞为中心，迅速向燃烧室四周传播，使可燃混合气绝大部分燃烧并释放出热能。此时，气缸内的压力升高率每度曲轴转角不大于 200 kPa，温度上升均匀，汽油机工作柔和平稳，动力性能得到充分发挥。当使用了抗爆性不好的汽油时，就会发生爆燃。爆燃是在正常火焰前锋到达之前，由于火焰前锋的压缩和热辐射作用与温度的急剧升高所发生的自燃着火。它形成的多个火焰中心，使火焰传播速度高达 1 500～2 500 m/s，燃气压力在局部区域内瞬间可达 16 MPa 左右，撞击燃烧室壁、活塞顶和气缸壁产生尖锐的敲击声，并引起发动机振动。发生爆燃时，汽油机功率降低，油耗增加，严重时会使活塞、活塞环、气门等机件烧毁，轴承和其他零件损坏。

现代汽油机的压缩比都有不同程度的提高，增加压缩比可以提高汽油机的热效率，但是压缩比越高，压缩终了气缸内可燃混合气的压力和温度越高，越易产生爆燃，因此对汽油的抗爆性提出了很高的要求。

(3) 腐蚀性。

汽油对储油容器和机件应无腐蚀，但当汽油中所含的有害元素如硫、活性或非活性硫化物、水溶性酸或碱等超过一定限制时，就会对金属产生直接或间接腐蚀作用。评定汽油腐蚀性的指标是硫含量、酸度、铜片腐蚀试验及水溶性酸或碱的浓度。

汽油中的硫元素在燃烧后生成二氧化硫，遇到冷凝水或水汽时会形成亚硫酸和硫酸，对工作温度较高的气缸、排气管具有强烈的腐蚀作用。同时，硫的含量过高还会降低汽油的辛烷值。因此，要严格控制汽油中硫的含量。

(4) 清净性。

汽油的清净性用汽油中含有机械杂质和水分的多少表示。评定汽油清净性的指标是机械杂质和水分。

汽油在生产、运输、灌注、储存和使用过程中，会受到机械杂质（锈、灰尘、各种氧化物等）和水分的污染。机械杂质会加速喷油嘴和汽油滤清器等部件的磨损。机械杂质进入燃烧室，又会使燃烧室积炭增多，引起气缸壁、活塞和活塞环的加速磨损和堵塞。水分在低温下易结冰，会堵塞油路，同时还能加速汽油的氧化，加速腐蚀作用，所以车用汽油应严格控制机械杂质和水分的混入。

(5) 化学安定性。

汽油的化学安定性是指汽油在储存、运输、加注和其他作业时，抵抗氧化生胶的能力。评定汽油化学安定性的指标是实际胶质和诱导期。

化学安定性不好的汽油在使用过程中，受到空气中的氧、环境温度和光等的作用，会发生氧化缩合而生成胶质，使汽油颜色变黄并产生黏稠沉淀。这些胶状物黏附在滤清器、汽油管道、汽油泵和喷油器喷口处，不仅会破坏汽油的正常供给，甚至中断供油；还会使喷油器、汽油泵等部件堵塞，造成混合气变稀、发动机运转不稳、耗油量增大。胶状物积聚在进气门密封面，会影响气门的正常开闭和进气通道的截面，如果在高温下进一步氧化，将导致气门上的胶质在高温下分解生成积炭，沉积在活塞顶、活塞环槽、燃烧室壁和火花塞上，使气缸散热不良、发动机过热，引起爆燃和加剧磨损。此外随着胶质的增多，会使汽油的辛烷值下降，酸度增加。

2. 汽油主要使用性能的评价指标

（1）汽油蒸发性的评定指标。

1）馏程。

馏程是指在石油产品馏程测定仪上对100 mL油品蒸馏时，从初馏点到终馏点的温度范围。评定汽油的蒸发性能的指标是汽油的初馏点、10%蒸发温度、50%蒸发温度、90%蒸发温度和终馏点、残留量。

① 初馏点。对100 mL汽油在规定条件下蒸馏时，得到第一滴汽油时的温度，叫作初馏点。

② 10%蒸发温度。对100 mL汽油在规定条件下蒸馏时，得到10%汽油馏分的温度，叫作10%蒸发温度。

10%蒸发温度表示汽油中含轻质馏分的多少，对汽油机冬季启动的难易和夏季是否发生"气阻"有很大的影响。10%蒸发温度越低，汽油的蒸发性越好，就能迅速形成可燃混合气，在低温条件下就容易启动（表4-1）。国家有关标准规定各牌号汽油的10%蒸发温度不高于70℃，但10%的蒸发温度也不能过低，否则在夏季将使汽油机燃料供给系统内产生"气阻"的倾向增大。

表4-1 汽油10%蒸发温度与汽油机可能启动的最低气温　　　　℃

可能启动的最低温度	-29	-18	-7	-5	0	5	10	15	20
10%蒸发温度	36	53	71	88	98	107	115	112	128

③ 50%蒸发温度。对100 mL汽油在规定条件下蒸馏时，得到50%汽油馏分的温度，叫作50%蒸发温度。

50%蒸发温度表示汽油的平均蒸发性。其温度低，对汽油机的加速性、工作稳定性及启动后迅速升温（暖车）有利。当50%蒸发温度高，汽油机由低速骤然变为高速时，节气门突然开大，由于汽油蒸发量少，会使可燃混合气变稀，汽油机不能发出需要的功率，运转不平稳，加速时间长，并在加速时车辆出现抖动现象，所以国家有关标准中规定各牌号汽油50%蒸发温度不高于120℃。

④ 90%蒸发温度和终馏点。对100 mL汽油在规定条件下蒸馏时，得到90%汽油馏分的温度，叫作90%蒸发温度；当100 mL汽油完全蒸馏时的温度称为终馏点。

90%蒸发温度和终馏点表示汽油中含重质成分的多少。其温度越高，汽油的质量越差。因含重质成分过多，汽油在点火爆发前处于未蒸发状态数量多，在沿气缸壁下流的同时，将冲洗掉气缸壁上的润滑油膜，稀释润滑油，导致气缸、活塞等零件以及其他配合副机械磨损加剧。同时也造成混合气燃烧不完全，尾气排放及耗油量增加，汽油机工作不稳定。国家标准中规定汽油90%蒸馏温度不高于190℃，汽油终馏点不高于205℃。

⑤ 残留量。对100 mL汽油在规定条件下蒸馏时，所得残留物质的体积百分数，叫作残留量。

残留量表示汽油中最不易蒸发的重质成分和储存过程中生成的氧化胶状物的含量。残留量多，会使燃烧室积炭增加，影响汽油机正常工作。残留量的多少用体积百分数来表示，国家标准规定车用汽油残留量（V/V）应不大于1.5%或2%。

2）饱和蒸汽压。

在一定温度下，与同种物质液态处于平衡状态的蒸汽所产生的压强叫作饱和蒸汽压。

馏程反映汽油馏分本身的蒸发性，而饱和蒸汽压除反映汽油馏分本身的蒸发性外，还要考虑到大气压强和环境温度的影响。汽油饱和蒸汽压越高，汽油含轻馏分越多，低温下汽油机越容易启动，蒸发性越好。大气压强越低或环境温度越高，汽油饱和蒸汽压也随之提高。但饱和蒸汽压不能过高，否则易产生"气阻"，影响汽油机的正常工作。各种气温条件下不一致引起气阻的汽油最大饱和蒸汽压见表4-2。

表4-2 各种气温条件下不一致引起气阻的汽油最大饱和蒸气压

气温/℃	10	16	22	28	33	38	44	49
最大饱和蒸汽压/kPa	93.3	84.0	76.0	69.3	56.0	48.7	41.3	36.7

(2) 汽油抗爆性的评定指标。

1）辛烷值。

辛烷值是表示点燃式发动机燃料抗爆性的一个约定数值。在规定条件下的标准发动机试验中，通过与标准燃料进行比较来测定，采用和被测定燃料具有相同抗爆性的标准燃料中异辛烷的体积百分数表示。辛烷值越高，则抗爆性就越好。

标准燃料是用两种烷烃调配。一种是异辛烷（C_8H_{18}），它的抗爆性很高，定其辛烷值为100；另一种是正庚烷（C_7H_{16}），它的抗爆性很低，定其辛烷值为0。把它们按不同的体积比混合，可得到辛烷值0~100的各号标准燃料。

辛烷值测定方法分为马达法和研究法两种。在说明汽油辛烷值的同时，还应明确测定方法。

马达法辛烷值是在苛刻试验条件下测得的辛烷值，缩写成MON。研究法辛烷值是在缓和条件下测得的辛烷值，缩写成RON。同一种汽油的马达法辛烷值要比研究法辛烷值低约10个百分点。从使用角度可认为，马达法辛烷值表示汽油机在重负荷、高转速运转条件下汽油的抗爆性，研究法辛烷值则表示汽油机在中负荷、低转速运转条件下汽油的抗爆性。

我国原来用马达法辛烷值作为汽油的抗爆性指标，并以此划分汽油牌号，现已改用研究法辛烷值。为反映汽油的灵敏度，汽油规格标准采用了抗爆指数这一新指标。抗爆指数是汽油研究法辛烷值与马达法辛烷值之和的1/2。即：

$$抗爆指数 = (MON + RON)/2$$

抗爆指数反映一般运行条件下汽油的平均抗爆性。

2）提高车用汽油抗爆性的方法。

目前提高汽油抗爆性的方法主要有两种：采用二次加工的炼制工艺和加入抗爆添加剂。

抗爆添加剂的种类很多，其中最有效的是四乙基铅 [$Pb(C_2H_5)_4$]。这是过去为了提高汽油的抗爆性所采用的最有效的方法。四乙基铅无色、有毒，密度为1.65 g/cm³，沸点为200℃，不溶于水，能溶于各种液体燃料中。在直馏汽油中加入0.13%的四乙基铅，辛烷值可提高20~30个单位。但使用加铅汽油会给人类和环境造成严重危害，同时，含铅汽油还会影响装有电控燃油喷射系统汽车上的氧传感器和废气排放中的三元催化转换器的正常工作。为了防止铅中毒，往往在含铅汽油中加入少量的染料使其带有一定的颜色，如黄色、红色、蓝色等。

自20世纪70年代以来，随着世界汽车保有量迅猛增加，汽车排出的废气给人类环境带来的危害越来越大，许多国家相继制定了汽车废气排放控制标准和环境保护法规。美国从1992年1月起禁止四乙基铅抗爆剂的使用，我国从1997年开始在北京等大城市禁用加铅汽油。自2000年开始，我国城市汽车全部禁止使用含铅汽油。汽油含铅临界量是0.013 g/L，国际以此数据作为界定无铅汽油的标准。

3. 车用汽油牌号及规格

车用汽油牌号中的数字表示辛烷值含量的高低，牌号的数字越大，其辛烷值越高。汽油的质量水平主要体现在辛烷值、铅含量、硫含量、苯含量、蒸汽压及烯烃、芳烃含量等各种指标上。其中采用无铅汽油和严格控制硫及烯烃的含量是最重要的指标。

我国最早的无铅汽油标准是石化行业标准 SH 0041—1993。该标准控制铅含量已达到20世纪90年代国际水平，但硫含量较美、日两国颁布的无铅汽油规格偏高。我国汽油的发展经历了高辛烷值化、无铅化，已向清洁化方向发展。目前，我国车用汽油标准执行的是车用汽油 GB 17930—2006。GB 17930—2006 将车用汽油按研究法辛烷值分为 90 号、93 号和 97 号三个牌号，牌号的含义为研究法辛烷值（RON）。例如：90 号汽油表示该汽油 RON 值不小于 90。车用汽油的技术要求和试验方法见表 4-3。

表 4-3 车用汽油的技术要求和试验方法

项目		质量指标			试验方法
		90	93	97	
抗爆性	研究法辛烷值（RON），不小于	90	93	94	GB/T 5487
	抗爆指数（RON+MON）/2，不小于	85	88	报告	GB/T 503，GB/T 5487
铅含量/(g·L^{-1})，不大于		0.005			GB/T 8020
馏程	10%蒸发温度/℃，不高于	70			GB/T 6536
	50%蒸发温度/℃，不高于	120			
	90%蒸发温度/℃，不高于	190			
	终馏点/℃，不高于	205			
	残留量/℃（体积分数），不大于	2			
蒸汽压/kPa	11月1日至4月30日，不大于	88			GB/T 8017
	5月1日至10月30日，不大于	74			
实际胶质/[mg·(100mL)$^{-1}$]，不大于		5			GB/T 8019
诱导期/min，不小于		480			GB/T 8018

续表

项目	质量指标			试验方法
	90	93	97	
硫含量/%（质量分数），不大于	0.05			GB/T 330、GB/T 11140、GB/T 17040、GB/T 0251、GB/T 0689、GB/T 0742
硫醇（满足要求之一即可） 博士试验	通过			SH/T 0174
硫醇硫含量/%（质量分数），不大于	0.001			GB/T 1792
铜片腐蚀(50℃,3h)/级，不大于	1			GB/T 5096
水溶性酸或碱	无			GB/T 259
机械杂质及水分	无			目测
苯含量/%（质量分数），不大于	2.5			SH/T 0693、SH/T 0713
芳烃含量/%（质量分数），不大于	40			GB/T 11132、SH/T 0741
烯烃含量/%（质量分数），不大于	35			GB/T 11132、SH/T 0741
氧含量/%（质量分数），不大于	2.7			SH/T 0663
甲醇含量/%（质量分数），不大于	0.3			SH/T 0663
锰含量/(g·L^{-1})，不大于	0.018			SH/T 0711
铁含量/(g·L^{-1})，不大于	0.01			SH/T 0712

4. 汽油选用注意事项

（1）根据汽车使用说明书的要求，按汽车的压缩比选用汽油牌号，以汽油机在正常条件下运行不发生爆燃为原则。压缩比高的发动机应选择高标号的汽油，压缩比低的发动机应选择低标号的汽油。若高压缩比的发动机选择低牌号的汽油，汽油发动机容易产生爆燃，发动机长时间爆燃，容易出现活塞烧结、活塞环断裂等故障，加速发动机部件的损坏；若低压缩比的发动机选用高牌号汽油，虽然能避免发动机爆燃，但高牌号汽油配低压缩比的发动机会改变点火时间，造成气缸内积炭增加，长期使用会缩短发动机的使用寿命。

（2）在汽油的供应上，若一时不能满足需要，则可以用牌号相近的汽油暂时代用，但必须对汽油机进行适当的调整。用辛烷值较低的汽油代替辛烷值较高的汽油时，应适当推迟点火提前角；相反，用辛烷值较高的汽油代替辛烷值较低的汽油时，则应适当提前点火。

（3）高原山区条件下使用时，由于大气压力小、空气稀薄，汽油机工作时爆震倾向减小，故可以适当降低汽油的辛烷值。一般海拔每上升100 m，汽油辛烷值可降低约0.1个单位。

（4）经常在大负荷、低转速下工作的汽油机，应选择较高辛烷值汽油。

（5）发动机长期使用，由于燃烧室积炭、水套积垢等会使发动机缸压升高，导致爆震。因此，这类汽车在维护后应该燃用高一级的汽油。

（6）汽油的蒸发性受季节温度影响，差异较大，汽油的供应部门应根据季节变化，认真做好汽油供给工作。

4.1.2 车用柴油及其使用

车用柴油是中馏分的石油产品,又称轻柴油。轻柴油密度较大,易自燃,是柴油机的燃料。车用高速柴油机均使用轻柴油。

1. 柴油的使用性能

柴油机可燃混合气在燃烧室内采用压燃的着火方式,可燃混合气的形成和燃烧过程与汽油机不同,最突出的使用性能是低温流动性和燃烧性。

(1) 低温流动性。

柴油的低温流动性是指柴油在低温条件下具有一定的流动状态的性能。柴油中的烃分子一般含 16~23 个碳原子,其中一部分为石蜡,通常在柴油中呈溶解状态存在。当温度降低时,石蜡开始结晶析出,形成石蜡结晶网络,这种网络延展到全部柴油中,使液体流动阻力增加、供油减少,严重时(-18℃ ~ -20℃)甚至失去流动性,中断供油。

评定柴油低温流动性的指标是凝点、浊点和冷滤点等。对于柴油的低温流动性各国采用的指标不同,美国用冷凝点,欧洲用冷滤点,我国用冷滤点和凝点。

1) 柴油的凝点是指随温度下降柴油中的石蜡结晶析出,导致失去流动性的温度。我国柴油的牌号就是按凝点来区分的。

2) 柴油的浊点是指随温度下降柴油中开始析出石蜡晶体,使柴油失去透明时的温度。柴油达到浊点后虽未失去流动性,但在燃料供给系统中容易造成油路堵塞,使供油量减少。但浊点不是柴油使用的最低温度。

3) 柴油的冷滤点是指在测定条件下,以 1.96 kPa 压力进行抽吸试油,使其通过一个 363 目/in^2(平方英寸)的过滤器,当试油冷却到通过滤网流量小于 20 mL/min 的最高温度。由于冷滤点测定的条件近似于使用条件,所以冷滤点与柴油的实际使用最低温度有良好的对应关系,可作为根据气温选用柴油牌号的依据。

(2) 雾化和蒸发性。

为了保证动力性和燃油经济性的要求,柴油机可燃混合气的形成过程必须在活塞位于压缩行程上止点附近迅速完成。这是因为喷油持续时间极为短促,只有 15°~30° 的曲轴转角,可燃混合气形成时间只有汽油机的 1/30~1/10,在已定的燃烧室和喷油设备条件下,柴油的雾化和蒸发性决定了混合气形成的质量和速度。因此,要求柴油有较强的雾化和蒸发性。

评定柴油雾化和蒸发性的主要指标是运动黏度、馏程、闪点和密度。

1) 运动黏度是表示液体在重力作用下流动时内摩擦力的量度。其值为相同温度下液体的动力黏度与其密度之比,在国际单位制中以 m^2/s 为单位。柴油规格中要求测定 20℃ 的运动黏度。

运动黏度不仅影响柴油的流动性,更主要的是影响柴油的雾化质量。柴油通过喷油器的高压喷射,使喷入燃烧室的柴油被粉碎成数以百万计的细小雾粒。运动黏度高会降低雾化的细度,使雾化质量变差;但运动黏度又不宜过小,否则会使喷入燃烧室内的喷柱射程短,喷柱锥角大,没有足够的贯穿深度。由于局部缺乏氧气,导致燃烧不完全,柴油机功率下降。同时,黏度过小又会影响耦合件的可靠润滑,造成磨损加剧。

2) 柴油馏程采用 50% 蒸发温度、90% 蒸发温度和 95% 蒸发温度。

50% 蒸发温度越低,说明柴油轻质馏分多,蒸发速度越快,雾化质量好,柴油机就越易启动。柴油 50% 蒸发温度同启动时间的关系见表 4-4。

表 4-4 柴油 50% 蒸发温度同启动时间的关系

柴油 50% 蒸发温度/℃	200	225	250	275	285
柴油机启动时间/s	8	10	27	60	90

90% 蒸发温度和 95% 蒸发温度越低,说明柴油中重质馏分少,混合气雾化状态好,燃烧完全,不仅提高了柴油机的动力性,减少了机械磨损,还避免了柴油机过热,降低了油耗。

3) 闪点是石油产品在规定条件下加热,其蒸汽与周围空气形成的混合气接触火焰发生瞬间闪火时的最低温度。

闪点低说明柴油中轻质馏分多,蒸发性好;但也不能过低,否则,轻馏分过多,蒸发过快,将造成气缸压力突然上升,引起柴油机工作粗暴,在使用中不安全。

闪点根据测定仪器的不同有开口闪点和闭口闪点两种。用规定的闭口杯闪点测定器所测得的闪点,叫作闭口闪点。闭口闪点用于低闪点的油品,如车用轻柴油。用规定的开口杯闪点测定器所测得的闪点,叫作开口闪点。开口闪点用于高闪点的油品,如发动机油、车辆齿轮油。

4) 柴油的密度过大将使雾化质量差,不能形成良好的混合气,使燃烧条件变差,排气冒黑烟。柴油密度增大意味着芳香烃含量多,将导致柴油机在工作中产生粗暴现象。

(3) 燃烧性。

柴油的燃烧性是指其自燃能力,用十六烷值表示(燃料中正十六烷的体积百分数)。

车用柴油的十六烷值越高,燃烧性越好,其自燃点就越低。柴油喷入燃烧室,在高温高压下易于形成高密集的过氧化物,成为着火中心,使着火延迟期短,整个燃烧过程发热均匀,气缸压力升高平缓,最高压力也较低。

柴油的十六烷值应与柴油机的结构相适应。选择柴油十六烷值的主要依据是柴油机转速,转速越高,燃料在气缸中燃烧的时间越短,同时对十六烷值的要求也越高。柴油机转速为 1 500~3 000 r/min,十六烷值最好为 45~55 单位。

(4) 腐蚀性。

柴油中含的硫及硫化物、水分及酸性物质会对零件产生腐蚀作用,而且会促进柴油机沉积物的生成。

1) 柴油中包含的硫经燃烧后生成硫的氧化物,与水反应生成腐蚀性的酸性物质,在高温的工作条件下,加速了气缸壁、排气管的腐蚀磨损。

2) 车用柴油酸度太高,会使喷油器结胶、高压油泵柱塞磨损加大、燃烧室积炭增加、发动机功率下降。

柴油的腐蚀性指标包括硫含量、硫醇硫含量、酸度和铜片腐蚀试验等。评定柴油腐蚀性指标的测定标准与汽油相同。

(5) 清洁性。

柴油机的燃料供给系统的精密偶件通过柴油进行润滑,若柴油中混入坚硬的杂质,就会堵塞油路并使柴油机机件产生磨料磨损。同时,水分的存在会加剧硫化物对金属零件的腐蚀作用。评定柴油清洁性的指标是水分、灰分和机械杂质。

(6) 安定性。

柴油的安定性是指在高温及溶解氧的作用下，柴油发生变质的倾向。

夏季油箱中的温度很高，柴油进入供油系统受柴油机温度影响，温度会进一步提高，加之汽车行驶时油箱中的柴油不断地振荡，加剧了柴油与空气的混合，使柴油溶解的氧气达饱和程度。在这种条件下，柴油中的不安定组分就会在金属的催化作用下急剧地氧化，生成一氧化缩合物；在喷油器针阀上生成漆状沉积物，造成针阀黏滞，形成积炭，使喷雾恶化，甚至中断供油。而且，这些生成物会在喷油嘴上、燃烧室壁、气阀和活塞环处生成积炭，将使柴油机磨损加剧。

影响柴油安定性的主要因素是柴油中所含的不安定组分，主要是二烯烃、烯烃等不饱和烃。柴油的馏分过重，环烷芳烃和胶质含量增加，安定性也会变差。

2. 轻柴油的牌号及规格

车用柴油标准（GB/T 19147—2003）按凝点将柴油分为10号、5号、0号、-10号、-20号、-35号、-50号共7个牌号。牌号的含义为凝点。例如：10号表示该种柴油的凝点不高于10℃。其中，10号轻柴油适用于有预热设备的柴油机；其他牌号分别适用于风险率10%的最低气温8℃、4℃、-5℃、-14℃、-29℃及-44℃以上的地区使用车用柴油的标准见表4-5。

表4-5 车用柴油标准

项目	10号	5号	0号	-10号	-20号	-35号	-50号	试验方法
氧化安定性/[mg·(100mL)$^{-1}$]，不大于	2.5							SH/T-0175
硫含量(质量百分数)/%，不大于	0.05							GB/T-380
10%蒸余物残炭(质量百分数)/%，不大于	0.3							GB/T-268
灰分(质量百分数)/%，不大于	0.01							GB/T-508
铜片腐蚀(50℃,3h)/级，不大于	1							GB/T-5096
水分(体积分数)/%，不大于	痕迹							GB/T-260
机械杂质	无							GB/T-511
润滑性，痕迹直径(60℃)/μm，不大于	460							ISO-12156-1

续表

项目		10号	5号	0号	-10号	-20号	-35号	-50号	试验方法
运动黏度(60℃)/(mm²·s⁻¹),不大于			3.0~8.0			2.5~8.0	1.7~7.0		GB/T-265
凝点/℃,不大于		10	5	0	-10	-20	-35	-50	GB/T-510
冷滤点/℃,不大于		12	8	4	-5	-14	-29	-44	SH/T-0248
闭口闪点/℃,不小于		55				50	45		GB/T-261
着火性(满足要求之一即可)	十六烷值,不小于	49				46	45		GB/T-386
	十六烷指数,不小于	46				46	43		GB/T-11139
馏程	50%回收温度/℃,不大于	300							GB/T-6536
	90%回收温度/℃,不大于	355							
	95%回收温度/℃,不大于	365							
密度(20℃)/(kg·m³)			820~860				800~840		GB/T-1884 GB/T-1885

3. 车用柴油使用注意事项

(1) 柴油牌号的选用。

车用柴油牌号的选用应以使用环境的最低气温高于柴油冷滤点为原则。

1) 环境温度的划分。

为保证柴油车的安全使用,我国规定了各地区风险率为10%的最低气温,见表4-6。该表是由我国152个气象台、站,从近20年逐日记录的最低气温中分析得出的。某月风险率为10%的最低气温值,表示该月中最低气温低于该值的概率为0.1,或者说该月中最低气温高于该值的概率为0.9。

表4-6 部分地区风险率为10%的最低气温　　　　　　　　　　　℃

地区	1月	2月	3月	4月	5月	6月	7月	8月	9月	10月	11月	12月
河北省	-14	-13	-5	1	8	14	19	17	9	1	-6	-12
山西省	-17	-16	-8	-1	5	11	15	13	6	-2	-9	-16
内蒙古	-43	-42	-35	-21	-7	-1	1	1	-8	-19	-32	-41
辽宁省	-23	-21	-12	-1	6	12	18	15	6	2	-12	-20
吉林省	-29	-27	-17	-6	1	8	14	12	2	-6	-17	-26
黑龙江省	-44	-42	-35	-20	-6	1	7	1	-6	-20	-35	-43

续表

地区	1月	2月	3月	4月	5月	6月	7月	8月	9月	10月	11月	12月
山东省	-12	-12	-5	2	8	14	19	18	11	4	-4	-10
江苏省	-10	-9	-3	3	11	15	20	20	12	5	-2	-8
安徽省	-7	-7	-1	5	12	18	20	20	14	7	0	-6
浙江省	-4	-3	1	6	13	17	22	21	15	8	2	-3
江西省	-2	-2	3	9	15	20	23	23	18	12	4	0
福建省	-1	-2	3	8	14	18	21	20	15	8	1	-3
台湾省	3	0	2	8	10	16	19	19	13	10	1	2
广东省	1	2	7	12	18	21	23	23	20	13	7	2
广西	3	3	8	12	18	21	23	23	19	15	9	4
湖南省	-2	-2	3	9	14	18	22	21	16	10	4	-1
湖北省	-6	-4	0	6	12	17	21	20	14	8	1	-4
河南省	-10	-9	-2	4	10	15	20	18	11	4	-3	-8
四川省	-21	-17	-11	-7	-2	1	2	1	0	-7	-14	-19
贵州省	-6	-6	-1	3	7	9	12	11	8	4	-1	-4
云南省	-9	-8	-6	-3	1	5	7	7	5	-1	-5	-8
西藏	-29	-25	-21	-15	-9	-3	-1	0	-6	-14	-22	-29
新疆	-40	-38	-28	-12	-5	-2	0	-2	-6	-14	-25	-34
甘肃省	-23	-23	-16	-9	-1	3	5	5	0	-8	-16	-22
青海省	-33	-30	-25	-18	-10	-6	-3	-4	-6	-16	-28	-22
陕西省	-17	-15	-6	-1	5	10	15	12	6	-1	-9	-15
宁夏	-21	-20	-10	-4	2	6	9	8	3	-4	-12	-19

2）车用柴油牌号的选用。

① 10号柴油适合于有预热设备的高速柴油机使用。

② 0号柴油适合于风险率为10%的最低气温在4℃以上的地区使用。

③ -10号柴油适合于风险率为10%的最低气温在-5℃以上的地区使用。

④ -20号柴油适合于风险率为10%的最低气温在-14℃以上的地区使用。

⑤ -35号柴油适合于风险率为10%的最低气温在-29℃以上的地区使用。

⑥ -50号柴油适合于风险率为10%的最低气温在-44℃以上的地区使用。

（2）车用柴油的合理使用。

1）柴油加入油箱前，要充分沉淀（不少于48 h）。

2）不同牌号的车用柴油可以掺兑使用。在寒冷地区，缺乏低凝点柴油时，可以向高凝点轻柴油中掺入10%～40%的灯用煤油，混合均匀可降低凝点；也可以采用适当的预热措施，提高柴油的工作温度。

3）严寒的冬季车辆不能启动时，可以采用启动燃料帮助启动。如乙醚与航空煤油按体积1∶1配制，这种燃料很容易自行着火。但禁止向柴油中加入汽油进行启动的做法，因为汽油的自燃点高于柴油，不易于压缩自燃，加入后反而更难启动。

4.1.3 石油代用燃料

汽车的发展促进了经济和社会的发展，同时也加剧了石油资源的短缺和生态环境恶化，它必将对汽车使用的传统石油燃料（汽油、柴油）发起挑战。因此，石油代用燃料的重要性越来越突出。

1. 石油代用燃料研究开发的意义

20世纪70年代石油危机的出现，促使工业化国家进行汽车代用燃料的研究开发，以对付石油供应的危机及最终的石油枯竭。然而在发展中国家，由于当时能源的消耗量极少，所以能源问题并未受到足够重视。

20世纪80年代，环境保护（汽车尾气排放的限值更为严格，且采取了强制措施）和经济性这两个方面的因素进一步推动了可清洁燃烧代用燃料在工业化国家中的应用。同时，虽然大部分发展中国家已经开始注意到石油使用量的增加所造成的环境影响，但是他们对此问题的关心程度还不足以使他们使用代用燃料。不过，出于经济方面的考虑，低廉的代用燃料在一些发展中国家（如阿根廷和巴西）它得到了广泛使用。

20世纪90年代，由于执行了严格的汽车尾气排放法规及进行了技术改进，工业化国家中的汽车尾气排放得到了较好的控制。但是，持续的工业增长以及汽车的广泛使用，抵消了尾气排放控制所取得的技术进展。

使用石油代用燃料可能是解决环境污染、石油供应不足以及石油储藏最终枯竭的最有效的办法之一。代用燃料通常要比汽油和柴油便宜，这就使得代用燃料在经济上更具有吸引力。我国能源结构的特点是煤多油少，地区分布不均衡，故代用燃料的研究对改善我国能源结构有重要意义。在煤多油少的情况下，以煤为原料生产甲醇，再以甲醇代替汽油是改善能源结构的重要措施。特别是在少油地区，大力开发醇类燃料有助于改变石油分布不均衡的局面。

石油紧缺不仅带来了油价高涨，也使过去在中国能源体系中被长期边缘化的煤基醇醚燃料，如甲醇、乙醇、二甲醚等，以替代能源的身份走向舞台中央。在中国的石油消耗中，交通运输占到50%左右。此前，在山西、山东、云南、四川等地已经进行了甲醇燃料替代汽油的试验研究，在黑龙江、吉林、辽宁、河南、安徽五省的全部地区和河北、山东、江苏、湖北的部分地区推广使用了车用乙醇汽油。甲醇作为车用替代燃料在经济上可行，只要遵守操作规程，外界所担心的对人体健康的影响不会很大。二甲醚前途很好，原料应以煤为主。包括乙醇汽油在内的生物质油应"不与民争粮，不与民争地"，扩大原料来源，并合理考虑运输半径。

因此，研究和使用代用燃料对应付石油危机、在石油资源枯竭后燃料品种的平稳过渡以及减少汽车的排气污染、保护环境等都具有重要的现实意义和战略意义。由于环保问题的日益突出，各种代用燃料在减少汽车排气污染方面的作用越来越引起重视，因而代用燃料有时也被称为清洁燃料。应该注意的是，燃烧清洁燃料的汽车不等同于低排放汽车，因为专门设计的使用汽油或柴油的发动机燃烧各种清洁燃料时达不到最佳排放效果。

2. 代用燃料的选取原则

代用燃料选取的一般原则如下。

（1）资源必须丰富。汽车的保有量在逐年增加，用作汽车的替代燃料只有资源丰富、长期可靠地供应，才能满足汽车日益增加的需要。

（2）价格应比较便宜，以便于大范围推广。

（3）能量密度大，热值高，携带较少的数量时就能使汽车有足够的续驶里程。

（4）毒性低，环境污染小。

（5）安全性好，易于输送、储存和使用。

（6）对发动机的可靠性无不良影响。

根据以上选取原则，作为汽车石油代用燃料比较有前途的主要有天然气（NG）[包括压缩天然气（CNG）、液化天然气（LNG）、吸附天然气（ANG）、液化石油气（LPG）]、醇类燃料（包括甲醇、乙醇）、乳化燃料、甲烷水合物、氢气和生物柴油等。

3. 主要代用燃料的比较

主要代用燃料的比较，见表4-7。

表4-7 主要代用燃料的比较

代替石油燃料	主要优点	主要缺点	现状
氢气	1. 来源非常丰富； 2. 污染很小； 3. 辛烷值高	1. 氢气生产成本高； 2. 气态氢能量没法储存； 3. 需要开发专用发动机	仍处于基础研究阶段
天然气	1. 资源丰富； 2. 污染小； 3. 辛烷值高； 4. 价格低廉	1. 建加气站网络要求投资强度大； 2. 气态天然气的能量密度小，影响续驶里程； 3. 与汽油车比动力性低； 4. 储带有所不便	在许多国家获得广泛使用并大力推广
液化石油气	1. 来源较为丰富； 2. 污染小； 3. 辛烷值较高	面临天然气汽车的类似问题，但程度较轻	目前世界上液化石油气汽车获得广泛使用并大量推广
甲醇（乙醇）	1. 来源较为丰富； 2. 污染小； 3. 辛烷值高	1. 甲醇的毒性较大； 2. 需解决分层问题； 3. 对金属及橡胶件有腐蚀； 4. 冷启动性能较差	已获得一定程度的应用；可以作为能源的一种补充
二甲醚	1. 来源较为丰富； 2. 污染小； 3. 辛烷值高	面临与液化石油气类似的储运方面的问题	正在研究开发
生物质能	1. 来源丰富、可再生； 2. 污染小	1. 供油系统部件易堵塞； 2. 冷启动性能差	可作为能源的一种补充

4.2 汽车常用润滑材料

汽车常用润滑材料及工作液的性能受车辆运行环境的温度影响变化较大，而且现代汽车向高速、高压缩比的方向发展，车用润滑材料及工作液的工作条件越来越苛刻，品质要求越来越高，了解和掌握汽车常用润滑材料及工作液的基本知识，并能正确选择和使用，对保障汽车性能的充分发挥有着重要的作用。

车用润滑材料包括发动机润滑油（发动机油）、车辆齿轮油、汽车用润滑脂；汽车工作液包括制动液、液力传动油、发动机防冻冷却液等。

4.2.1 发动机润滑油

发动机润滑油是发动机润滑系统的工作液，简称"机油"。它是汽车发动机最重要的运行材料，发动机润滑油具有润滑、冷却、清洗、密封、防腐、降噪、减磨等七大功能。

1. 发动机润滑油的使用性能

发动机工作时，机油工作温度变化大、活塞速度变化大及工作压力高等原因使机油的工作条件非常苛刻，严重影响机油的工作性能及其稳定性。根据发动机的工作特点对发动机润滑油提出下列性能要求。

（1）润滑性。

机油的润滑性是指机油吸附在零件工作表面，形成一定强度的油膜，减小摩擦面相对运动的阻力和防止摩擦面金属靠近、接触。机油这种在零件工作表面形成吸附油膜的能力，叫作润滑性或油性。润滑性取决于机油中活性物质的多少，黏度大的机油其油膜强度较好。为改善机油的润滑性，往往在机油中加入一定比例的添加剂，以提高机油在高温、高压及高速等工作环境下的润滑减磨性能。

（2）低温操作性。

机油具有适宜的黏度和流动性，以保证发动机在低温条件下容易启动和可靠供油的性能，叫作发动机润滑油的低温操作性。

随着气温的降低，润滑油的黏度升高，流动性下降。发动机低温启动时，一方面机油的黏滞阻力增大，转动曲轴的阻力矩增加，启动转速下降，造成发动机低温启动困难；另一方面机油的流动性下降，会造成发动机主油路供油不足，总成磨损加剧。因此，改善机油的低温操作性有利于提高发动机低温启动性能、降低启动磨损。

（3）黏温性。

机油黏度随温度变化而改变的性质，叫作黏温性。

发动机工作时的温度范围很宽，自汽车启动温度到零部件摩擦表面的温度，其温差可达200℃~300℃。若黏温性不好，就会出现低温时黏度过大、高温时黏度过小，造成机件磨损和损坏，因此要求机油具有良好的黏温性，既要求机油在高温工作时能保持一定的黏度，形成足够厚度的润滑油膜，确保润滑效果；又能在低温工作时，黏度又不至于过大，以维持一定的流动性，使发动机低温时容易启动和减小总成磨损。因此，良好的黏温性是指机油的黏度受温度的变化影响小，适应的温度范围宽。

（4）清净分散性。

机油能抑制积炭、漆膜和油泥生成或将这些沉积物清除的性能，叫作发动机润滑油的清净分散性。

清净分散性良好的机油能使各种沉积物悬浮在油中,通过机油滤清器将其滤出,从而减少发动机气缸壁、活塞及活塞环等部件上的沉积物,防止出现由于机件过热烧坏活塞环,引起气缸密封不严、发动机功率下降、油耗增加等异常情况。

(5)抗氧性。

在一定的条件下,机油抵抗氧化变质的能力,叫作发动机润滑油的抗氧性。

机油在使用和储存过程中,一旦与空气接触,在条件适当情况下,会发生化学反应,产生诸如酸类、胶质等氧化物。氧化物聚集在机油中会使其颜色变暗、黏度增加、酸性增大。机油抗氧性不好,在使用中容易变质、生成沉积物,对零件造成腐蚀和破坏。

(6)抗腐性。

机油抵抗腐蚀性物质对金属腐蚀的能力,叫作发动机润滑油的抗腐性。

机油在使用过程中不可避免地被氧化而生成各种有机酸,这些有机酸虽属弱酸,但在高温、高压和有水存在的环境下,将对金属产生腐蚀作用。因此,机油应具有良好的抗腐性。

(7)抗泡性。

机油消除泡沫的性质,叫作发动机润滑油的抗泡性。

当机油受到激烈搅动,将空气混入油中时,就会产生泡沫。泡沫如果不及时消除,将会产生气阻,导致摩擦表面因供油不足出现干摩擦或半干摩擦等现象。因此,机油应具有良好的抗泡性。

2. 发动机润滑油的主要性能指标

(1)低温动力黏度。

低温动力黏度也称为表观黏度。机油的黏度在低温条件下与剪切速率有关,即在同一温度下,剪切速率不同,黏度也不同。低温条件下机油的低温动力黏度随剪切速率升高而减小。低温动力黏度是划分冬用发动机润滑油黏度级号的依据之一。

(2)边界泵送温度。

能将机油连续地、充分地供给发动机机油泵入口的最低温度,叫作边界泵送温度。它是衡量在启动阶段发动机油是否易于流到机油泵入口并提供足够压力的性能。

边界泵送温度也是划分冬用发动机润滑油黏度级号的依据之一。

(3)倾点。

机油在规定条件下冷却时,能够流动的最低温度,叫作机油的倾点。同一试油的凝点比倾点略低。发动机润滑油规格均采用倾点作为评定机油低温操作性的指标之一。

(4)黏度指数。

将试油的黏温性与标准油的黏温性进行比较所得出的相对数值,叫作黏度指数。黏度指数越高,黏温特性越好。

(5)中和值。

中和值是油品酸碱性的量度,也是油品的酸值或碱值的习惯统称,是以中和一定重量的油品(1 g试油)所需的碱或酸的相当量来表示的数值,中和值用 mgKOH/g 来表示。

(6)残炭。

油品在试验条件下,受热蒸发和燃烧后残余的炭渣,叫作残炭。

根据残炭量的大小,可以大致判断机油在发动机中结炭的倾向,一般精制深的基础油残炭量较少。

(7) 泡沫性（泡沫倾向/泡沫稳定性）。

泡沫性指油品生成泡沫的倾向和生成泡沫的稳定性能。泡沫性的表示与其测定方法有关，泡沫性测定方法是：在 1 000 mL 量筒中注入试油 190 mL，以（94±5）mL/min 的流量用特制的气体扩散头将空气通入试油中，经过 5 min 后，记下量筒中泡沫的体积，即泡沫倾向；量筒静止 5 min 后，再记下泡沫体积，即泡沫稳定性。

3. 发动机润滑油的分级、规格和牌号

发动机润滑油主要包括汽油机润滑油、柴油机润滑油和二冲程润滑油。我国发动机润滑油采用 API（美国石油学会）性能分级法和 SAE（美国工程师学会）黏度分级法。

（1）API 性能分级。

API 性能分级是根据产品特性、使用场合和使用对象确定的。机油牌号中第一个字母 S 表示汽油机油；C 表示柴油机油，并根据使用特性和使用场合分别设有若干个等级，如 SC、SD、SE、CC、CD、CE 等。具体分类见表 4-8。

表 4-8 发动机润滑油 API 性能分级法

级别	特性和使用场合
SC	具有较好的清净性、分散性、抗氧化性、抗腐蚀性和防锈性，用于中等条件下工作的载货汽车、客车和其他车辆
SD	性能比 SC 级油更高的机油，用于较苛刻条件下工作的载货汽车、客车、某些型号轿车。也可以替代 SC，可满足装有曲轴箱通风装置的汽油机要求
SE	性能比 SD 级油更高的机油，用于苛刻条件下工作的轿车和某些载货汽车，可满足装有曲轴箱通风装置和催化转化器的汽油机要求
SF	抗氧化性和抗磨损性比 SE 级油更高的机油，用于更苛刻条件下工作的轿车和某些载货汽车
SG	用于轿车和某些货车的汽油机以及要求使用 API SG 级油的汽油机。SG 级质量还可满足 CC 级或 CD 级的使用要求，此种油品改进了 SF 级油控制发动机沉积物、抗磨损和抗油品的氧化性能，并具有抗锈蚀和抗腐蚀的性能，可以代替 SF、SF/CD、SE、SE/CC
SH	用于轿车和轻型货车的汽油机以及要求使用 API SH 级油的汽油机。SH 级质量在汽油机磨损、锈蚀、腐蚀及沉积物的控制和油的氧化方面优于 SG 级，可替代 SG 级
CC	具有防止高低温沉积物、防锈和抗腐蚀的性能。适用于中等负荷条件下工作的低增压柴油机和工作条件苛刻（或热负荷高）的非增压高速柴油机
CD	具有良好的抗磨损、抗腐蚀和防止高温沉积物的性质。适用于高速高负荷条件下工作的增压发动机
CD-Ⅱ	用于要求高效控制磨损和沉积物的重负荷二冲程柴油机以及要求使用 API CD-Ⅱ级油的柴油机，同时也满足 CD 级油性能要求
CE	用于在低速高负荷和高速高负荷条件下运行的低增压和增压式重负荷柴油机以及要求使用 API CE 级油的柴油机，同时也满足 CD 级油性能要求
CF-4	用于高速四冲程柴油机以及要求使用 API CF-4 级油的柴油机。在油耗和活塞沉积物方面性能优于 CE 级并可替代 CE 级，此种油品特别使用于高速公路行驶的重负荷货车

（2）SAE 黏度分级。

按 SAE 黏度分级，冬季用发动机润滑油包括 0W、5W、10W、15W、20W 和 25W 六个黏度等级；春、秋及夏季用发动机润滑油包括 20、30、40、50 和 60 五个黏度等级。一个完整的发动机润滑油牌号应当标明机油的质量等级和黏度等级。例如 SF10W/30、CD15W/40 等。

该分级标准采用含字母 W（冬季用油，W – winter）和不含字母 W 两组黏度等级系列，前者黏度等级号以最大低温黏度、最高边界泵送温度和 100℃ 时的最小运动黏度划分，后者仅以 100℃ 时的运动黏度划分（表 4 – 9）。

表 4 – 9 发动机润滑油 SAE 黏度分级法

SAE 黏度等级	最大低温黏度		最高边界泵送温度/℃	100℃运动黏度/（mm²·s⁻¹）	
	MPa·s	℃		最小	最大
0 W	3 250	– 30	– 35	3.8	
5 W	3 500	– 25	– 30	3.8	
10 W	3 500	– 20	– 25	4.1	
15 W	3 500	– 15	– 20	5.6	
20 W	4 500	– 10	– 15	5.6	
25 W	6 000	– 5	– 10	9.3	
20				5.6	低于 9.3
30				9.3	低于 12.5
40				12.5	低于 16.3
50				16.3	低于 21.9
60				21.8	低于 26.1

黏度牌号有单级油和多级油之分。发动机润滑油的低温性能指标和 100℃ 运动黏度仅满足冬用润滑油或夏用润滑油黏度分级之一者，称为单级油；如果它的低温性能指标和 100℃ 运动黏度能同时满足冬、夏两种黏度分级要求，则称为多级油。

在单级冬季用油中，符号 W 前的数字越小，说明其低温黏度越小，低温流动性越好，适用的最低气温越低。在单级夏季用油中，数字越大，其黏度越大，适用的最高气温越高。

对于多级油来讲，其代表冬季用部分的数字越小，代表夏季部分的数字越大，说明其黏温特性越好，适用的气温范围越大，如 5 W/50。

4. 发动机润滑油使用注意事项

（1）发动机润滑油的选择。

选择发动机润滑油应兼顾使用性能级别选择和黏度级别选择两个方面。

1）汽油机润滑油的选择。

汽油机润滑油主要依据发动机的结构特点、使用条件、气候条件等选择润滑油的质量等级和黏度级别。

根据发动机的结构性能和使用条件选择相应的润滑油质量等级，再根据使用地区的气温选择润滑油黏度级别。有汽车使用说明书的用户，依据说明书要求选取；无使用说明书时，汽油车可以按照发动机设计年代、发动机的压缩比、曲轴箱是否安装正压通风装置（PCV）、是否安装废气循环装置（ECR）和催化转化器等因素选取润滑油。

一般情况下，发动机装有PCV阀，可选用SD级以上的汽油机润滑油；安装了ECR，可选用SE级润滑油；发动机装有催化转化器，可选用SF级润滑油。例如：桑塔纳2000Gsi-AT轿车（AJR型发动机）用发动机润滑油必须使用API标号SF级、SG级的机油或改良机油（VW50000），不可使用低级别的机油，也不可混合使用不同牌号的机油。

汽油机润滑油的黏度主要根据发动机工作的环境温度选择，一般常以汽车使用地区的年最高、最低气温选择润滑油的黏度等级。如我国北方温度不低于-15℃的地区，冬季用SAE20W，夏季用SAE30或全年通用SAE20W/30；低于-15℃的地区，全年通用SAE15W/30或SAE10W/30；严寒地区用SAE5W/20。南方最低气温高于-5℃的地区，全年通用SAE30，广东、广西、海南可用SAE40。表4-10列出了发动机润滑油黏度等级与使用环境温度范围的参考值。

表4-10 发动机润滑油黏度等级与使用环境温度范围的参考值　　　　　　℃

黏度等级	使用环境温度	黏度等级	使用环境温度
5W	-30~-10	5W/30	-30~30
10W	-25~-5	10W/30	-25~30
20W	-10~30	10W/40	-25~40
30	0~30	15W/40	-20~40
40	10~50	20W/40	-15~40

2）柴油机润滑油的选择。

柴油机润滑油主要依据汽车使用说明书选择，在没有使用说明书时，也可根据柴油机的强化系数确定柴油机润滑油的质量等级，然后根据汽车使用地区的气候确定润滑油的黏度级别。

柴油机强化系数代表其热负荷和机械负荷，强化系数越大，表明发动机的热负荷和机械负荷越高，而且对油品的质量要求也越高。柴油机的强化系数用K表示，计算式如下：

$$K = P_{me} C_m Z$$

式中　P_{me}——气缸平均有效压力，0.1 MPa的倍数；

　　　C_m——活塞平均速度，m/s；

　　　Z——冲程系数（四冲程取0.5）。

强化系数在30~50的柴油机，选CC级柴油润滑油；强化系数大于50时，选择CD级或CD级以上的柴油润滑油。

选好润滑油的质量等级后，还应根据汽车实际工作条件的苛刻程度，适当升降润滑油的质量等级，工作条件较缓和时可降低一级质量；反之，可升高一级质量，在无级别可提高时，应缩短换油周期。

柴油机润滑油黏度选择原则与汽油机润滑油相同，考虑到柴油机工作压力比汽油机大，但转速又较汽油机低的特点，在选择黏度时应略比汽油机高一些。

(2) 发动机润滑油的使用。

选择了合适的润滑油质量等级和黏度级别后，还要注意正确的使用方法。如果使用不恰当，同样会造成发动机磨损加剧，甚至出现拉缸、烧轴瓦的故障。因此，机油使用时应注意以下几点。

1) 同一个级别的国内外润滑油使用效果一致。国产长城牌 SJ5W/30 受到国际认可，是目前国产高品质的润滑油，适用所有高档车。

2) 级别低的润滑油不能用于高性能发动机，以防润滑不足，造成磨损加剧；级别高的润滑油可以用于稍低性能的发动机，但不可降档太多。

3) 在保证润滑条件下，优选黏度低的润滑油，可以减少机件的摩擦损失，提高功率，降低燃料消耗。如果发现所用润滑油黏度太高，切不可自行进行稀释。正确的方法是放掉发动机内所有润滑油（包括滤清器内的润滑油），换用黏度适当的润滑油。

4) 保持正常油位，常检查，勤加油。正常油位应位于油尺的满刻度标志和 1/2 刻度标志之间，不可过多或过少。

5) 不同牌号的润滑油不可混用，同一牌号不同生产厂家的润滑油也尽量不混用。

6) 注意识别伪劣润滑油，不要迷信国外品牌润滑油。选取润滑油时，切勿一味相信广告和维修人员推荐，应检查是否经权威检测单位检测，问清检测结果。买油时到信誉好的大中型汽配商店选购。

7) 定期更换润滑油，并及时更换润滑油滤芯。换油时一定要在热车时进行，油温高不仅容易使油从放油孔流出，而且油中的杂质可随缸内润滑油一起排出，加入新油后应启动车数分钟，停机 30 min 后，再检查油面。

4.2.2 车辆齿轮油

车辆齿轮油主要用于变速器、分动器、主减速器、转向机等传动机件摩擦处。与发动机润滑油的工作条件相比，齿轮油的工作温度不是很高，但油膜承受的单位压力很大，且齿轮油还在速度变化大的工作条件下工作，因而对车辆齿轮油使用性能的要求与发动机润滑油有所区别。

1. 车辆齿轮油的使用性能

车辆齿轮油在齿轮传动中的主要作用是减少摩擦、降低磨损、冷却零部件，同时还可以缓和振动、减少冲击、降低噪声、防止锈蚀以及清洗摩擦表面。基于上述工作要求，车辆齿轮油应具备如下性能。

(1) 润滑性和低温操作性。

为使车辆齿轮油的润滑性和低温操作性良好，应具有适当的黏度和良好的黏温性。黏度不能过低，以保证形成油膜，实现液体润滑状态。为带走摩擦产生的热量和在低温时迅速供油，齿轮油的黏度又不能过大，否则会加大传动负荷，使机械效率降低。

为了保证车辆齿轮油具有良好的低温操作性，规定了倾点、成沟点、黏度指数、表观黏度达 150 Pa·s 时的温度等评价指标。

成沟点是指在规定的试验条件下，试油成沟的最高温度。把容器内的试验油样在规定的温度下放置 18 h，然后用金属片把油切成一条沟，10 s 后观测油的流动情况。若 10 s 内试油流回并完全覆盖试油容器底部，则报告试样不成沟，反之则试样成沟。

试验证明,对双曲线齿轮式主减速器,齿轮油表观黏度小于 150 Pa·s,汽车起步后能在 15 s 内流进小齿轮轴承而保证其正常润滑,这个黏度是汽车低温起步的极限黏度。因此,汽车齿轮油规格中均规定了"黏度达 150 Pa·s 时的最高温度"这一指标。"黏度达 150 Pa·s 时的最高温度"是车辆齿轮油 SAE 黏度分类的依据之一。

(2) 极压性。

在正常工作条件下,齿轮处于弹性流体动力润滑状态,但当汽车在重载荷启动、爬坡或遇到冲击载荷时,齿面接触区有相当一部分处于边界润滑状态,汽车双曲线齿轮的齿面负荷高达 1.7 GPa,冲击载荷高达 2.8 GPa。因此,齿轮油要求在较高的负荷下还能保持有足够厚的油膜。齿轮油的黏度增加有利于承载能力的提高,但黏度过大会增加摩擦损失,所以汽车齿轮油中一般都加有极压抗磨添加剂。

(3) 热氧化安定性。

车辆齿轮油抵抗高温条件下氧化作用的能力,叫作热氧化安定性。由于汽车主减速器使用的齿轮油工作温度较高,齿轮油的氧化倾向增大,加之齿轮箱中金属的催化作用,容易使齿轮油的使用性能变坏。因此,要求齿轮油在较高温度下不易氧化变质,车辆齿轮油应具有良好的热氧化安定性。

(4) 抗腐性和防锈性。

在车辆齿轮传动装置的工作条件下,齿轮油防止齿轮、轴承腐蚀和生锈的能力叫作抗腐性和防锈性。

齿轮传动装置可能从外界渗入水分,工况变化、冷热交替也可能出现冷凝水分。油内的水分和氧化生成的酸性产物,是齿轮和轴承腐蚀、生锈的主要原因。此外,齿轮油内极压抗磨剂的作用实际上是一种控制性的腐蚀现象,对金属有一定的腐蚀作用。极压抗磨剂的活性越强,腐蚀作用越大。生锈和腐蚀将加速磨损,使材料强度降低。因此,齿轮油应该选择适当的极压抗磨剂和加入抗腐剂及防锈剂。

2. 车辆齿轮油的分级

与发动机润滑油一样,汽车齿轮油也是按 SAE 黏度和 API 使用性能来分级的。

(1) SAE 黏度分级。

一般齿轮油按黏度分为五个牌号,即 75W、80W、85W、90W、140W。在黏度分类中,与发动机润滑油一样,W 表示冬季用油,85 W/90 表示多级油。但数字表示的黏度大小不同,如:SAE90 齿轮油黏度大致与 SAE40、SAE50 发动机润滑油黏度相同;75W 齿轮油黏度低于发动机油 SAE30 的黏度。各种黏度牌号齿轮油适用的环境温度范围见表 4-11。

表 4-11 各种黏度牌号齿轮油适用的环境温度范围　　　　　　　　　℃

黏度牌号	环境温度	黏度牌号	环境温度	黏度牌号	环境温度
75W	-57 ~ +10	85W/90	-15 ~ +49	90	-12 ~ +49
80W/90	-25 ~ +49	85W/140	-15 ~ +49	140	-7 ~ +49

(2) API 使用性能分级。

我国汽车齿轮油 API 使用性能分级共有三级,即普通汽车齿轮油(GL-3)、中负荷汽车齿轮油(GL-4)、重负荷汽车齿轮油(GL-5),通常后两种又称为双曲线齿轮油。三种齿轮油的特点和常用部位见表4-12。

表4-12 三种齿轮油的特点和常用部位

名称	特点	常用部位	相当API级别
普通汽车齿轮油	精制矿物油加抗氧剂、防锈剂、抗泡剂和少量极压剂等	手动变速器、螺旋伞齿轮的驱动桥	GL-3
中负荷汽车齿轮油	精制矿物油加抗氧剂、防锈剂、抗泡剂和极压剂等。适合于低速高扭矩、高速低扭矩下操作的各种齿轮，特别是客车和其他各种车辆用的准双曲面齿轮	手动变速器、负荷高的螺旋伞齿轮和使用条件不苛刻的准双曲面齿轮的驱动桥	CL-4
重负荷汽车齿轮油	精制矿物油加抗氧剂、防锈剂、抗泡剂和极压剂等。适合在高速冲击负荷、低速高扭矩、高速低扭矩下操作的各种齿轮，特别是客车和其他各种车辆用的准双曲面齿轮	操作条件苛刻的准双曲面齿轮及其他各种齿轮的驱动桥，也可用于手动变速器	GL-5

3. 车辆齿轮油使用注意事项

（1）车辆齿轮油的选择。

1）使用性能级别的选择。

车辆齿轮油使用性能级别主要根据齿面压力、滑动速度和油温等工作条件进行选择，而这些工作条件又取决于传动装置的齿轮类型。例如：双曲线齿轮式主减速器工作条件苛刻，对齿轮油使用性能要求高，一般选用重负荷车辆齿轮油。

为减少用油级别，在汽车各传动装置对齿轮油使用性能级别要求相差不太大的情况下，可选用同一级使用性能的齿轮油。

2）黏度级别的选择。

车辆齿轮油黏度级别主要根据环境最低气温进行选择。例如黏度级为75W、80W和85W的双曲线齿轮油的最低使用温度分别是-40℃、-26℃和-12℃。

也就是说，车辆使用地区的最低温度不应低于所选齿轮油上述各温度。

（2）车辆齿轮油的使用。

1）性能级别低的齿轮油不可以代替高级别的齿轮油使用。例如将普通齿轮油加在双曲面齿轮驱动桥中，将使齿轮很快地磨损和损坏；性能级较高的齿轮油可以用在要求较低的车辆上，但过多降级使用，经济上不合算。

2）使用黏度牌号过高的齿轮油，将使燃料消耗显著增加，特别是对高速轿车影响更大，应尽可能使用合适的多级齿轮油。

3）齿轮油的使用寿命较长，如使用单级油，在换季维护时放出的旧油不到换油指标时，可在再次换油时加入使用。按换油周期更换新油时，应趁热将旧油放净，并清洗齿轮箱。

4.2.3 汽车用润滑脂

润滑脂俗称黄油,它是一种稠化了的润滑油。由于润滑脂具有良好的润滑轴承等部件的特殊作用,故在汽车、拖拉机和工程机械上得到广泛的应用。

1. 车用润滑脂的特点

(1) 汽车润滑脂的结构特点。

润滑脂是一种由基础油、稠化剂和添加物(添加剂和填料)组成的胶体分散体系。结构上,基础油是这种分散体系中的分散介质,稠化剂粒子或纤维构成骨架,即分散相,将基础油保持在骨架中。

1) 基础油。

基础油含量一般占润滑脂质量的 70% ~ 90%。基础油分为矿物油和合成油两大类。

以矿物油为基础油的优点是:润滑性能好;黏度范围宽。但一般矿物油不能兼备高低温性能,而以合成油为基础油可制备特殊润滑脂。例如 7014-1 高温润滑脂的基础油为合成油,使用温度范围为 -40℃ ~ 200℃。

2) 稠化剂。

稠化剂含量占润滑脂质量的 10% ~ 30%,主要有皂基稠化剂(钙皂、锂皂)和烃基稠化剂。

基础油中加入稠化剂就会失去流动性成为黏稠的半固体膏状物,即润滑脂。稠化剂的性质、含量决定润滑脂的黏稠程度、耐水性及抗热能力等使用性能。

3) 添加剂。

添加剂是添加到润滑脂中改进其使用性能的物质,含量占润滑脂质量的 5% 以下。润滑脂添加剂的主要种类有稳定剂、抗氧剂、金属纯化剂、防锈剂、抗腐剂和极压抗磨剂等。

4) 填料。

填料是润滑脂中的固体添加物。大部分填料本身可作为固体润滑剂,常用的填料有石墨、二硫化钼等。石墨钙基润滑脂含 10% 的鳞片石墨填料,起极压添加剂作用。

(2) 润滑脂的使用特点。

1) 与相似黏度的润滑油相比,润滑脂有较高的承受负荷能力和较好的阻尼性。

2) 由于稠化剂的吸附作用,润滑脂的蒸发损失小,高温、高速下的润滑性好。

3) 润滑脂易附着在金属表面,保护表面不锈蚀,并可防止滴油、溅油污染产品。

4) 由于稠化剂的毛细作用,润滑脂可在较宽温度范围和较长时间内逐步放出液体润滑油,起到润滑作用。

5) 在轴承润滑中,润滑脂还可起到密封作用。

使用润滑脂的缺点是冷却散热作用差、启动摩擦力矩大及更换润滑脂比较复杂。

2. 车用润滑脂的主要性能

由润滑脂的结构和使用特点所决定,润滑脂具有许多其他润滑剂所不具有的特殊使用性能。

(1) 稠度。

稠度是指润滑脂在受力作用时抵抗变形的能力。稠度过大会增加机械运动阻力,稠度过小会因转速过高而被甩掉。因此,润滑脂应具有适当的稠度。

润滑脂稠度的大小取决于稠化剂的含量，稠化剂的含量越多，润滑脂的稠度越大，其评定指标是锥入度。锥入度是在规定的时间和温度条件下，标准锥体沉入润滑脂的深度，以 1/10 mm 为单位。按锥入度划分润滑脂稠度级号见表 4-13。

表 4-13　按锥入度划分润滑脂稠度级号

稠度级号	000	00	0	1	2	3	4	5	6
工作锥入度 (25℃)/ (1×10^{-1} mm)	455~475	400~430	355~385	310~340	265~295	220~250	175~205	455~475	455~475
状态	液体	近于液体	极软	非常软	软	中	硬	非常硬	极硬

（2）胶体安定性。

胶体安定性是指润滑脂抵抗温度和压力的影响而保持胶体结构的能力，即基础油与稠化剂结合的稳定性。

胶体安定性的评定指标是滴点。滴点是指在规定的条件下加热，润滑脂达到一定流动性时的温度。滴点常用来粗略估计润滑脂的最高使用温度。例如：2 号钙基润滑脂滴点为 85℃，适用最高温度为 60℃；汽车通用锂基润滑脂滴点为 180℃，适用最高温度为 120℃。

（3）抗水性。

抗水性指润滑脂遇水后抵抗结构和稠度等改变的性能。润滑脂的抗水性主要取决于稠化剂的抗水性。烃基稠化剂抗水性最好；皂基稠化剂除钠皂和钠钙皂外，其他金属皂的抗水性都较好。

（4）氧化安定性。

氧化安定性是指润滑脂在储存和使用中抵抗氧化的能力。氧化安定性差，易生成有机酸，对金属构成腐蚀，同时会使润滑脂的结构及使用性能遭到破坏。因此，润滑脂应具有良好的氧化安定性。一般皂基润滑脂的氧化安定性较差。

3. 车用润滑脂的主要品种

润滑脂按其用途可分为抗磨润滑脂、防护与密封润滑脂和专用润滑脂。下面介绍一些常用润滑脂的特点和应用。

（1）钙基润滑脂。

钙基润滑脂是用动、植物油和石灰制成钙皂稠化润滑油，并以水作为胶体稳定剂制成的。它是使用最广泛的润滑脂。其特点是：具有良好的抗水性、润滑性和防护性能，但其耐热性较差，使用温度不能超过 70℃，使用寿命较短。

（2）复合钙基润滑脂。

复合钙基润滑脂是以醋酸钙做复合剂制成的钙皂稠化润滑油。它以醋酸钙作为组分，不以水做稳定剂，从而克服了钙基脂耐热性差的缺点。其特点是：耐热性好，且具有良好的抗水性和良好的低温性能。

复合钙基脂适用于高温、高湿度条件下工作的摩擦部件润滑，如汽车轮毂轴承、水泵轴承等。

（3）石墨钙基润滑脂。

石墨既是一种固体润滑剂，又是一种填充剂，具有良好的耐压抗磨性能和抗水性。

石墨钙基润滑脂主要用于高负荷、低转速的简单机械和易与水接触的工作部位。例如汽车的钢板弹簧、吊车和起重机的齿轮盘、绞车齿轮等。由于它的主要成分是钙基润滑脂，因而耐热性差，其最高使用温度不应超过60℃。

（4）钠基润滑脂。

钠基润滑脂是由脂肪酸钠皂稠化中等黏度润滑油制成的。钠基润滑脂的特点是耐热性强、耐水性差。

（5）钙钠基润滑脂。

钙钠基润滑脂是由脂肪酸钙、钠皂稠化中等黏度润滑油制成的。钙钠基润滑脂又叫轴承脂，它的性能介于钙基和钠基润滑脂之间，适用于工作温度在100℃以下而又易与水接触的条件。例如汽车的水泵轴承、轮毂轴承、传动轴中间轴承和离合器分离轴承等。

（6）汽车通用锂基润滑脂。

汽车通用锂基脂用天然脂肪酸锂皂稠化低倾点润滑油，并加抗氧、防锈剂。它具有抗水性好、工作温度范围宽（-30℃~120℃）、使用寿命长等特点，适用于汽车轮毂轴承、底盘、水泵和发电机等各部位润滑。目前进口车和国产新车型普遍采用锂基润滑脂。

4. 润滑脂的使用注意事项

（1）润滑脂的选用。

选用润滑脂应考虑的主要因素有工作温度、运动速度和承载的负荷。

汽车轮毂轴承是车用脂润滑的主要部位。一般来说，轮毂转速为300~500 r/min，轮毂轴承工作温度为70℃~80℃。但轮毂轴承温度受道路条件影响很大，在山区行驶的汽车，由于制动强度和制动次数的增加，轴承最高温度可达130℃。同时，汽车在不平路面上行驶时轮毂轴承的负荷比在沥青路面上高3~4倍。

1）工作温度越高，选用的滴点也越高；反之，应选用滴点较低的润滑脂。

2）运动速度越大，选用的稠度级别就应该越低；反之，应该选高稠度级别的润滑脂。

3）承载负荷大，应选锥入度小的润滑脂；反之，应该选用锥入度大的润滑脂。

除以上主要影响因素外，还要考虑润滑部件的周围环境。例如空气的湿度、尘埃以及是否有腐蚀气体等，特殊环境应选用特殊性能的润滑脂。

（2）润滑脂的使用。

1）润滑轮毂轴承时宜采用空毂润滑方法。采用传统的满毂润滑会增加摩擦阻力，且耗脂量大，润滑效果与空毂润滑相同。

2）推广使用锂基润滑脂。采用锂基脂润滑底盘各润滑点，可以减少用脂品种和底盘润滑作业的劳动量。

3）尽量选用低稠度级别的润滑脂。低号脂的价格便宜，摩擦损失小。

4.3 汽车用工作液

随着汽车技术的进步，各种类型的汽车工作液得到广泛应用。由于现代汽车的使用强度不断提高，汽车在使用过程中对制动系统、冷却系统及液力传动装置中的工作介质提出了更高的性能要求，汽车工作液的研制和应用得到了普遍的重视。汽车工作液主要包括制动液、液力传动油、防冻液和空调制冷剂等。

4.3.1 汽车制动液

制动液（也叫刹车油）是汽车液压制动系统中传递压力的工作介质，其性能对汽车的行驶安全性有很大的影响。

1. 对汽车制动液的技术要求

汽车制动液工作时应保持不可压缩性和良好的流动状态，具体的技术要求如下。

（1）高沸点。

现代高速汽车制动强度大，制动过程产生的摩擦热会使制动系统温度升高，有时可达150℃以上。如制动液沸点太低，高温时会蒸发成蒸汽，使制动系统管路产生气阻，导致制动失效。

（2）吸湿性小。

制动液吸收周围的水汽，由于水分的沸点低，容易使制动系统产生气阻。

（3）适宜的黏度。

黏度适宜，能保持制动液具有良好的流动性和一定的润滑能力，使系统内压力能随制动踏板的动作迅速上升或下降；使活塞能在油缸中顺利地滑动。同时，要求制动液在很宽的温度范围内（-40℃~150℃）保持适当的黏度，使制动液能四季通用。

（4）安定性好。

制动液在高温条件下长期使用不应产生热分解和缩合使黏度增加，也不允许生成胶质和油泥沉积物。

（5）皮碗膨胀率小。

制动液对橡胶零件有溶胀作用，将使皮碗的体积增加，导致制动失效。

（6）防腐性好。

要求制动液不腐蚀金属。

2. 国产制动液的品种和牌号

制动液按原料不同分类，有醇型、合成型和矿油型三种。

（1）醇型制动液。

它是用精制的蓖麻油与醇类按一定的比例调和，经沉淀和过滤而制得的制动液，外观为浅绿呈浅黄透明体。按醇类的不同，分为1号和3号两个牌号。1号醇型制动液中含有45%~55%的乙醇，3号制动液中含有48%~54%的丁醇，由于乙醇的沸点比丁醇的沸点低，所以3号制动液可在稍高的温度条件下使用。但与合成型制动液相比，适用的温度条件仍是很低的，且容易分层，性能不稳定，故逐步被合成型制动液所取代。

（2）合成型制动液。

它是以合成油为基础油，加入润滑剂和抗氧、防腐、防锈等添加剂制成的制动液，具有性能稳定的特点，适合高速、重负荷的汽车使用。

根据美国机动车辆安全标准（FMVSS），合成型制动液分为DOT-3、DOT-4、DOT-5三个规格，这是世界公认的通用标准；美国汽车工程师协会也制定了合成型制动液标准，具体有SAEJ1702、SAEJ1703e、SAEJ1703f、SAEJ1703j、SAEJ1704等规格。

我国合成制动液的标准中有HZY2、HZY3及HZY4三个规格。上述国产合成型制动液沸点分别在205℃、205℃、230℃以上，其中HZY3、HZY4吸湿后的沸点达到140℃、155℃

以上，各方面指标已接近和达到了 DOT-3、DOT-4、SAEJ1703e、SAEJ1703f、SAEJ1703j、SAEJ1704 的技术要求。

(3) 矿油型制动液。

它以精制的轻柴油馏分为原料，经深度精制后加入黏度指数改进剂、抗氧剂、防锈剂等调和制成。其具有良好的润滑性，对金属无腐蚀作用，但对天然橡胶有较强的溶胀作用，使用时必须换用耐矿油的丁腈橡胶。符合该标准的车用制动液主要有 7 号矿油制动液。

3. 制动液的选用

(1) 制动液的选择。

制动液的选择主要是推广使用合成型制动液。

1) 合成型制动液适用于高速、重负荷与制动频繁的轿车和货车。国产轿车、进口轿车及某些高性能货车，需要使用 SAEJ1703、SAEJ1704、DOT-3、DOT-4 等制动液时，可选用国产 HZY2、HZY3、HZY4 合成制动液代替使用。

2) 醇型制动液可用于车速较低、负荷不大的轻型货车。1 号醇型制动液适用于北方平原地区，3 号醇型制动液可在南方炎热地区使用。

3) 矿油制动液可在各种汽车上使用，但是制动系统需要换用耐油橡胶元件。

(2) 制动液的使用。

1) 各种制动液绝对不能混合使用，否则会因分层而导致制动失效。

2) 更换制动液时必须将制动系统清洗干净，防止混入水分、矿油及矿物杂质。制动液在行车 4 万千米左右或一年应更换一次，但在车辆检查换主泵和活塞皮碗时，最好也更换制动液。

3) 制动液属于易燃品，长期储存或更换时应注意防火安全。

4) 制动液在使用中会因吸湿而降低沸点，当沸点降至 140℃ 以下时，会严重危及行车安全。

4.3.2 液力传动油

高档轿车和重型载货汽车传动系统发展趋势之一，就是越来越多地采用自动液力变速器，其工作介质就是液力传动油，又称为汽车自动变速器油。

液力传动油主要用于自动变速器的液力变矩器和液力耦合器中，作为此类液力传动系统传递动力（扭矩）的工作介质。由于液力变矩器、液力耦合器的工作特点与液力传动油的使用性能（黏度、起泡性、热稳定性、相对密度等）有关，加之液力传动系统工作温度范围大（-40℃~170℃），传动油的流速可达 20 m/s（视传递的功率不同而变化）。因此，对液力传动油提出了更高的低温流动性能、高温性能和摩擦特性的要求。

此外，液力传动油还充当自动变速器中的操纵机构用液压油及自动变速器中齿轮、轴承等运动机件的润滑油。因此，液力传动油是一种多功能的汽车工作液，其必须具有更全面的技术性能。

1. 对液力传动油的技术要求

1) 适当的黏度和优良的黏温特性。液力传动油的黏度极限如下：

新油：$4\,000 \sim 7 \text{ mm}^2/\text{s}$（$-23.3℃ \sim 100℃$）；

旧油：$6\,000 \sim 5.5 \text{ mm}^2/\text{s}$（$-23.3℃ \sim 100℃$）。

2）良好的热氧化安定性。
3）良好的抗泡沫性。
4）良好的抗磨性。
5）对橡胶密封材料侵蚀小。
6）良好的换挡性能。
7）良好的防锈、抗腐蚀性。

2. 液力传动油的组分

液力传动油是在溶剂精制或加氢精制的基础油中，加入多种性能改善添加剂制成，其组成的复杂程度超过了一般润滑油。加入的添加剂有抗氧剂、清净分散剂、金属纯化剂、黏度指数改进剂、抗磨剂、防锈剂、防腐剂、抗泡剂、抗橡胶溶胀剂及油性剂等。

3. 液力传动油的分类、规格和选用

（1）液力传动油的分类和规格。

液力传动油又称自动传动液（ATF）。最有代表性的是美国材料试验协会（ASTM）、美国石油学会（API）的液力传动液 PTF 分类方案。该方案按传动液的应用对象和用途不同，将液力传动油分为 PTF-1、PTF-2 及 PTF-3 三大类。与汽车有关的是 PTF-1 和 PTF-2 两类。

PTF-1 分类油的特点是低温启动性好，用于轿车、轻型载货汽车。主要规格有美国通用汽车公司（CM）的 DEXRON 规格和福特汽车公司的 FORD M2CSS-F 规格。前者分 DEXRON 和 DEXRON Ⅱ 两种，DEXRON Ⅱ 又有 DEXRON Ⅱ C 型（不抗银）和 DEXRON Ⅱ D 型（抗银）的区别。抗银表示具有不腐蚀散热器中的银镀层的性能。

PTF-2 分类油的特点是可耐高负荷。因此，对抗磨性能要求高，但对低温黏度要求放宽了，适用于重型货车及越野车。主要规格有通用汽车公司（CM）Track、Coach 和阿里森（Allison）公司的 C-2、C-3 型。

目前，我国生产的自动变速器油按 100℃ 运动黏度分为 6 号和 8 号两种。其中 8 号液力传动油和国外 PTF-1 分类油中的 DEXRON 型液力传动油相当，主要用作轿车的自动变速器油；6 号液力传动油相当于国外 PTF-2 类液力传动油，主要用于内燃机车、载货汽车及工程机械的液力传动系统中。

（2）液力传动油的选用。

使用液力传动油时，一定要按汽车使用说明书的要求选用。

国产轿车和轻型货车应选用 8 号油，进口轿车若要求用 DEXRON Ⅱ 型自动变速器油的汽车均可用 8 号油代替。重型货车、工程机械的液力传动系统则应选用 6 号油。国产 6、8 号液力传动油有抗银和不抗银之分，注明用抗银液力传动油的一定要用抗银油，以免对发动机中含银机件（如散热器）产生腐蚀。

4.3.3 发动机冷却液

冷却液（又称防冻液）是在强制循环式水冷发动机冷却系统中，用于高温机件散热的一种工作介质。正确使用冷却液能够保障汽车发动机正常工作和延长发动机使用寿命。

1. 对发动机冷却液的技术要求

（1）低冰点。

通常冷却液的冰点要低于使用环境最低温度 10℃。汽车在低温条件下工作，如果冷却液冰点达不到应有的温度,汽车发动机的冷却水管和水箱就会被冻裂,造成机件损坏。

(2) 防腐蚀。

冷却液在工作中要接触多种金属材料,如果它对金属有腐蚀性,则会影响发动机冷却系统的正常工作。

(3) 不损坏汽车有机涂料。

冷却液是一种化学物质的调和物,在添加冷却液及工作过程中很容易接触到汽车的有机涂层。这就要求它对汽车的有机涂层不能有任何不良影响,如剥落、鼓泡、褪色等。

(4) 高沸点。

冷却液能在较高温度下不沸腾,可保证车辆在满载、高负荷、高速的条件下或在山区、热带夏季正常行车,更利于长途高速行车。

(5) 适宜的pH值。

冷却液添加的防腐剂一般在碱性的溶液中效果最佳。因此,冷却液的pH值要求为7.5~11.0。超出该范围将对金属腐蚀产生不利影响。

(6) 抗泡沫性好。

发动机冷却液如若产生过多泡沫,不仅会降低传热系数、加剧气蚀,而且会造成冷却液溢流。

2. 冷却液的类型

冷却液的种类主要有酒精—水型、甘油—水型及乙二醇—水型等。冷却液的冷却效果主要与酒精、甘油及乙二醇的性质及配制比例有关。冷却液的冰点与其成分比例关系见表4-14。

表4-14 冷却液的冰点与其成分比例关系

冰点/℃	酒精—水	甘油—水	乙二醇—水
	酒精含量/%	甘油含量/%	乙二醇含量/%
-5	11.27	21	—
-10	19.54	32	28.4
-15	25.46	43	32.8
-20	30.65	51	38.5
-25	30.09	58	45.3
-30	40.56	64	47.8
-35	48.15	69	50.9
-40	55.11	73	54.7
-45	62.39	76	57.0
-50	70.06	—	59.0

(1) 酒精—水型冷却液。

优点是流动性好,价格便宜,配制简单。但是酒精的沸点低,仅为78.4℃,蒸发损失大,易燃,蒸发后冰点升高。

(2) 甘油—水型冷却液。

甘油的沸点高，挥发损失小。甘油的冰点为 -17 ℃，但与水混合后冰点可以降低，最低可达 -46.5℃。但甘油降低冰点的效率低，使用时不经济。

(3) 乙二醇—水型冷却液。

这种冷却液沸点高，挥发损失小，使用周期长，使用中要及时补充蒸发掉的水。冰点低，最低可达 -68℃。缺点是乙二醇有毒，配制时须注意。乙二醇在使用中易氧化生成酸性物质，对冷却系统有腐蚀作用。因此在配制时，必须要加入一定量的防腐蚀添加剂。目前，国内外普遍采用乙二醇—水型冷却液。

根据交通行业标准 JT 225—1996《汽车发动机冷却液安全使用技术条件》规定，乙二醇—水型发动机冷却液分为 -25、-35、-45 号三种牌号，其冰点分别为 -25℃、-35℃ 及 -45℃，具有防冻、防腐、防沸及防垢等性能，属长效冷却，四季通用。

3. 冷却液的正确使用

(1) 应选择符合国家标准要求的产品，不应仅根据包装和价格确定。要认真了解产品的各项性能指标，冷却液应清亮透明，无杂质异味，并有醒目的颜色。

(2) 冷却液冰点要比使用地区的最低温度至少低 5℃。

(3) 不同品牌冷却液不可混用，以免产生沉淀，造成冷却液性能变差，影响发动机的散热效果。

(4) 发现冷却液缺少时，应及时给予补充。若无同类型的冷却液，可加蒸馏水或软水，不可随意添加未经软化处理的水。

(5) 冷却系统在灌注新冷却液时，必须把冷却系统清洗干净。

(6) 冷却液应四季使用，夏天换用水冷却的方法既不科学也不经济。

(7) 有的冷却液存放 1 年后，会出现少量絮状沉淀，这种现象多半是由添加剂析出造成的。这些沉淀会在发动机冷却系统工作温度 80℃ 左右时自行溶解，因此这样的冷却液还可使用，不必扔掉。如果出现大量颗粒沉淀，则表明产品已经变质，就不能再使用了。

4.3.4 汽车空调制冷剂

汽车制冷剂是空调装置的工作介质，通过压缩和膨胀，蒸发吸收热量，从而产生制冷效应。

1. 对汽车空调制冷剂的技术要求

(1) 无毒，对人体无害，泄漏时，能发出使人觉察的气味。

(2) 不易燃，不爆炸。

(3) 制冷剂是易于蒸发的物质，蒸发潜热要大，这样可减少其循环量，减小制冷装置的体积。

(4) 化学性质稳定，无腐蚀性，对金属零件、橡胶密封元件无侵蚀作用。

(5) 与润滑油无亲和作用，可与冷冻机油以任意比例相溶。

(6) 有利于环境保护。

2. 制冷剂的品种

目前，我国车用制冷剂尚无专门的分类。从环保无公害的角度看，汽车空调制冷剂主要分为两类，一类是对大气臭氧层有破坏作用的 R-12（CFC-12）；另一类是环保无公害的汽车制冷剂,主要有 R134a(HFC－134a)。其中的 R 是制冷剂(Refrigerant)的第一字母。

R－12 和 R134a 都是氟利昂(CFC)制冷剂,各自的特性如下。

1) R－12 制冷剂是早期广泛使用的制冷剂,具有制冷能力强、化学性质稳定、与冷冻机油相溶性好及安全性好等优点。但是,研究表明,R－12 的组成元素内含有氯,会与大气中的臭氧(O_3)结合生成 CLO^- 和 O_2,导致大气中臭氧层被破坏,太阳紫外线辐射得不到节制,强度过高,严重危害地球生态环境。

2) R134a 是 R－12 的替代产品,其分子组成中不含元素氯,是一种不破坏臭氧层的绿色环保的制冷剂。

在进行维修或加注制冷剂时,要特别注意绝对避免 R－12 与 R134a 混用。在使用新型制冷剂的汽车发动机和压缩机上必须以醒目的标志加以提示。新型空调系统的使用与维修也必须按照专门的操作规程操作。

我国有关部门对汽车空调制冷剂替代工作已有明确规定。2010 年以新的制冷剂 R134a 全面淘汰 R－12 制冷剂,新的汽车空调装置制冷剂的加注接口采用不同规格的螺纹。新制冷剂空调装置及其配件应采用绿色标志。

4.4 汽车轮胎及其使用

轮胎是汽车行驶系统的重要组成部件,也是重要的汽车运行材料。轮胎的主要功能是支撑载荷,向地面传递制动力、驱动力、转向力以及缓冲减振。它对于汽车的动力性、制动性、操纵稳定性、平顺性、通过性、燃料经济性和环境友好性等使用性能都有直接的影响。

4.4.1 汽车轮胎的分类

汽车轮胎按照不同的分类原则,可以分为不同的类型。汽车轮胎按胎体结构不同划分,通常分为普通斜交轮胎和子午线轮胎,如图 4－1 所示。

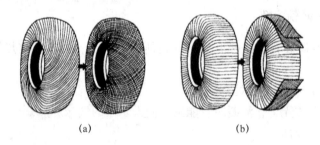

图 4－1　普通斜交轮胎和子午线轮胎胎体结构
(a) 普通斜交轮胎;(b) 子午线轮胎

1. 普通斜交轮胎

普通斜交轮胎是指胎体帘布层的帘线方向与胎面中心线呈一定角度(小于 90°)的轮胎。普通斜交轮胎的胎体坚固,胎侧不易损坏;汽车低速行驶时乘坐舒适性好;轮胎价格较低;但滚动阻力大,使用寿命短。

2. 子午线轮胎

子午线轮胎用钢丝或纤维织物做帘布层,子午线轮胎的帘布层与胎面中心线呈90°或接近90°排列,与帘布层轮胎的子午断面一致,很像地球上的子午线,所以称为子午线轮胎。

子午线轮胎的主要优点如下。

(1) 滚动阻力小,节约燃料。

由于有带束层,轮胎着地后胎面切向变形及相对滑移比普通轮胎要小很多;子午线轮胎胎侧薄,径向变形恢复快。这两个特点有利于减少轮胎内磨损,降低滚动阻力。试验证明,子午轮胎的滚动阻力比普通斜交轮胎小20%～30%,可节约燃料3%～8%。

(2) 胎面耐磨性好,使用寿命长。

车轮滚动时,轮胎接地面,既变形又滑移,变形促使滑移,滑移又加剧胎面磨损。由于子午线轮胎胎面刚度大,变形小,几乎没有滑移,此外胎面接地面积大,单位压力小并且均匀,所以使胎面磨损减小。试验证明,子午线轮胎的使用寿命比斜交轮胎长30%～40%。

(3) 缓冲性能好。

由于子午线轮胎的胎侧比较软,所以即使在充足气后,两侧壁上也会产生一个特殊的隆起,好像总是充气不足。正因为子午线轮胎有径向容易变形这个特点,所以它可以缓和不平路面的冲击,并吸收大部分冲击能量,使汽车具有良好的行驶平顺性和乘坐舒适性。普通斜交轮胎和子午线轮胎滚动中胎侧形状比较如图4-2所示。

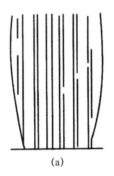 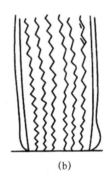

(a) (b)

图4-2 普通斜交轮胎和子午线轮胎滚动中胎侧形状比较

(a) 普通斜交轮胎;(b) 子午线轮胎

(4) 承载能力大。

由于子午线轮胎的帘线排列与轮胎的主要变形方向一致,因而其帘线强度可得到充分利用,故其承载能力比普通斜交轮胎高。

(5) 附着性能好。

由于子午线轮胎胎体弹性大,使其滚动时与地接触面积大,且由于其胎面刚度大使得胎面滑移小,所以其附着性能好。

(6) 转向行驶稳定性好。

汽车转向行驶时,轮胎承受侧向力比较大。此时,子午线轮胎的胎侧变形会较大,但胎冠接地面积基本不变。而普通斜交轮胎的胎侧变形不大,却使整个轮胎倾斜,胎冠接地面积减小,如图4-3所示。所以子午线轮胎在转向时的稳定性明显优于普通斜交轮胎。

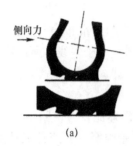 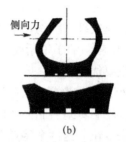

图 4-3 普通斜交轮胎和子午线轮胎在承受侧向力时的变形状况比较

(a) 普通斜交轮胎；(b) 子午线轮胎

子午线轮胎的主要缺点：

1) 胎侧较薄，变形大，胎侧与胎圈受力比普通斜交胎大，胎面与胎侧的过渡区及轮辋附近易产生裂口；
2) 胎面噪声大；
3) 制造技术要求高，成本高。

4.4.2 汽车轮胎的规格

1. 轮胎的基本尺寸

一般用轮辋的直径 d、轮胎的断面宽度 B 和断面高度 H 来表示轮胎的基本尺寸，如图 4-4 所示。基本尺寸的单位有英制、米制和米英制混合三种。

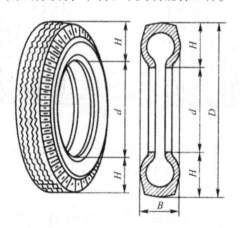

图 4-4 轮胎的主要尺寸

2. 轮胎的扁平率

对于一般汽车轮胎，$B \approx H$，断面成圆形；但扁平化轮胎，断面 $H < B$，有的甚至差别很大。

通常以轮胎断面高和宽的比值 H/B 作为一个参数标注在轮胎上，H/B 为扁平率。目前，国产轿车子午线轮胎有 80、75、70、65、60、55、50、45 等 8 个系列，数字分别表示轮胎断面高和宽的比值 H/B 是 80%、75%、70%、65%、60%、55%、50%、45%。

3. 轮胎的速度级别

将轮胎行驶最高速度（km/h）分为若干级，用字母表示，叫作速度级别符号。不同的速度级别表示轮胎能够持续的最大速度（km/h）。目前轿车常用的轮胎速度级别符号与轮胎最高行驶速度的对应关系见表4-15。

表4-15 轮胎速度级别符号与轮胎最高行驶速度的对应关系

速度级别符号	最高行驶速度/（km·h^{-1}）	速度级别符号	最高行驶速度/（km·h^{-1}）
K	110	R	170
L	120	S	180
M	130	T	190
N	140	U	200
P	150	H	210
Q	160	V	240

4. 轮胎的负荷能力

轮胎的负荷能力是指在一定行驶速度和相应充气压力时的最大承载质量。常用如下方法来表示。

（1）轮胎的层级。

轮胎的层级是表示轮胎承载能力的相对指数，主要用于区别尺寸相同但结构和承载能力不同的轮胎。轮胎的层级数与轮胎帘布层的实际层数没有直接关系，即轮胎的层级数不代表轮胎帘布层的实际层数。轮胎层级常用 PR（PLY RATING）表示。轮胎的层级数越多，表示轮胎承载能力越大。

（2）轮胎的负荷指数。

轮胎负荷指数是指在规定条件下（轮胎最高速度、最大充气压力等）轮胎负荷能力的数字符号。轮胎负荷指数目前有0，1，2，…，279，共280个。轮胎负荷指数越大，表示轮胎承载能力越大。

（3）轮胎的负荷级别。

这是美国为了避免"层级"这种表示方法容易同实际层数混淆而采用的替代方法，以拉丁字母表示。例如："G"表示同规格轮胎14层级的载质量。轮胎负荷级别与层级的对应关系见表4-16。

表4-16 轮胎负荷级别与层级的对应关系

负荷级别	对应层级	负荷级别	对应层级	负荷级别	对应层级
A	2	E	10	J	18
B	4	F	12	L	20
C	6	G	14	M	22
D	8	H	16	N	24

我国国家标准规定以"层级"表示负荷能力。但用引进技术生产的子午线轮胎，以及有的国内轮胎厂家生产的子午线轮胎，还同时标明"负荷指数"或"负荷级别"。

在这三种表示方法中，因为"负荷指数"直接代表承载质量，而且可以在轮胎上同时标明单胎和双胎的"负荷指数"，所以对用户来讲是最方便的。而要知道每一个轮胎规格的"层级"和"负荷级别"所代表的承载质量，还要查每个轮胎规格的标准规定。

5. 轮胎规格的表示方法

国外对轮胎规格的表示方法较多，其中以美国、欧洲、ISO的影响最大。依照ISO国际标准，汽车轮胎的规格按如下的排列表示：

［断面宽］/［扁平率（轮胎系列）］［轮胎结构记号］［适用轮辋直径］ ［负荷指数］［速度记号］

现在按上面的排列举一个轮胎的例子加以说明。

例：185/70 R 13 84 Q

式中　185 ——断面宽（断面宽约185 mm）；

　　　70 ——扁平率（高宽比约为70%）或轮胎系列；

　　　R——轮胎结构记号（子午线结构）；

　　　13 ——表示适用轮辋直径（轮辋直径13 in）；

　　　84 ——负荷指数（最大载荷5 000 N）；

　　　Q——速度记号（最高速度160 km/h）。

上面前四项为结构尺寸，后两项为使用条件。

我国汽车轮胎的国家标准于1982年3月首次发布，1989年3月进行了第一次修订，1997年9月进行了再次修订。载货汽车轮胎执行的国家标准为GB 9744—1997《载货汽车轮胎》、GB/T 2977—1997《载货汽车轮胎系列》，轿车轮胎执行的国家标准为GB 9743—1997《轿车轮胎》、GB/T 2978—1997《轿车轮胎系列》。

4.4.3　汽车轮胎的正确使用

随着汽车技术的发展，轮胎的规格、品种繁多，轮胎的性能日益改善。但由于使用汽车的技术水平不同，使轮胎的使用寿命在一个很大的范围内变动，如国产轮胎的使用寿命可在30 000～180 000 km变化。因此，正确使用和维护轮胎，延长轮胎的使用寿命，不仅对节约橡胶、降低车辆运输成本具有重要意义，而且极大地影响着汽车的使用性能。

1. 轮胎的选择

所选轮胎的尺寸应符合汽车使用说明书的规定，轮胎的速度等级须与汽车最高行驶速度相适应，轮胎的负荷能力要与承载质量相适应，轮胎的花纹要与道路条件相适应等。

一般说来，汽车出厂时所配备的轮胎都是经过反复测试后选择的最佳规格。如果车主想要更换轮胎尺寸，必须在专业人员的指导下进行，不能随意而为，因为这涉及很多问题，稍有疏忽就可能对行车安全造成危害。

2. 合理搭配轮胎

如果在同轴上既有子午胎又有斜交胎，则它们的静半径、旋转半径以及旋转变化规律都不同，容易导致单胎超负荷。在选配轮胎时，应当做到：同一车辆上所装的轮胎，其厂牌、型式和花纹力求一致；换新胎时，最好能全车一起更换。如不能这样，则应将新胎装于前轮，以确保行车安全；后轮安装双胎时，两胎的磨损程度要相似，或者将磨损较轻的轮胎安装于外侧，以适应拱形路面。

3. 保持正常的轮胎气压

众所周知，气压是轮胎的生命，轮胎只有充入适当压力的气体才具有一定的弹性和刚性。轮胎气压过低时，因气压不足，其径向变形增大，轮胎两侧将发生过度挠曲，胎侧内壁受拉，胎体内的帘线产生较大变形和应力，周期性的压缩变形，会加速帘线的疲劳损坏。变形也会使轮胎帘布层和轮胎与地面之间相对滑移增大，产生热量增多，致使轮胎滚动阻力增大，降低行车速度，增加燃料消耗。

轮胎气压过高时，将使轮胎的帘线受到过度伸张，胎体帘线的应力增大，帘线的"疲劳"过程加快，易引起帘线拉断，造成轮胎早期爆破。胎压过高时，轮胎与路面的接触面积减小，将加速胎面中部的磨损。

适宜气压与轮胎的使用条件有关，应根据轮胎所受的负荷、轮胎的安装位置和轮胎的类型，选择和保持适宜气压。轮胎在使用中一周内轮胎气压下降 10～30 kPa，如气门嘴有故障，轮胎气压降低更多。因此，必须经常检查轮胎气压。

4. 严禁轮胎超载

当汽车超载或货物装载不合理时，均能引起轮胎超载。轮胎超载将加速轮胎的损坏，大大缩短轮胎使用寿命。为防止轮胎超载，可采取以下措施。

(1) 严格按照车辆规定标准载质量装载，不允许超载；坏路行驶，应适当减载。
(2) 装载要分布均匀，不可重心偏移，应保持货物平均分布，避免因图省事造成货物偏载。
(3) 汽车、挂车拖载大型货物时，要固定牢靠，防止途中货物移位造成部分轮胎超载。
(4) 使用与车辆总质量相匹配的负荷级别的轮胎，以满足车辆载荷的要求。

5. 掌握车速、控制胎温

速度越高，轮胎在单位时间内的摩擦发热量越大，轮胎的温度也就越高，轮胎的磨损也越快。另外，高速时轮胎在制动和转向过程中的切向力将显著提高。

车速过快，单位时间内车胎的曲挠变形次数增加，胎体温度急剧增加，动负荷随之增大，胎体内压升高，胎体强度下降。当行驶速度达到某个值时，胎面的振动将出现波浪变形，形成所谓的"驻波"。这种"驻波"能在几分钟内导致轮胎爆破。因此高速公路上比普通公路上容易发生爆胎现象。

夏季行驶应增加停歇次数，若轮胎发热或内压增高，应停车降温，严禁采用放气降温和向轮胎上泼冷水降温的错误做法。

6. 正确驾驶汽车

正确驾驶汽车不仅是保证安全生产的必要手段，也是延长轮胎使用寿命的重要措施。

起步过猛不仅会加剧胎体变形，而且会使轮胎与地面出现强烈的摩擦；制动过猛，会使车辆出现滑行，轮胎与地面产生滑动摩擦；车速过快，胎体受热增加，易产生帘布层破裂和胎面剥落，降低轮胎使用寿命；急转弯时，地面作用于车轮的作用力会使轮胎出现偏磨，甚至造成花纹剥落。

驾驶员在行车中要严格遵守操作规程，需做到以下几点：起步平稳，加速均匀，尽量避免使用紧急制动；车辆装载时，不要超载，并注意使重量分配均匀，不得超速行驶；车辆转弯时，车速要慢，特别是转小弯和满载时，车速更应降低；遇有石头、凹凸障碍时，应及时避让或减速通过；要注意轮胎的花纹深度，接近磨平的轮胎因为和路面的摩擦减少，制动距离长，不要高速行驶。

7. 保持汽车技术状况良好

保持汽车技术状况良好，特别是保持底盘技术状况良好，其是防止轮胎早期损坏的有效措施。当汽车底盘技术状态不良，即车轮定位失常，钢板弹簧刚度不够，左右钢板不同，车轮轴承、转向节主销间隙过大及车轮不平衡等，轮胎不能平顺行驶时，都会致使轮胎磨损加剧。为使轮胎保持良好的技术状态，必须按照"防重于治，养重于修"的原则，按规定进行维护。

8. 轮胎换位

由于负荷、驱动形式和道路的影响，汽车各轮胎磨损部位和磨损程度不同。为使全车轮胎磨损均匀，充分合理地使用轮胎并延长轮胎的使用寿命，轮胎换位应根据轮胎的不同特点采用不同的换位方法。轮胎换位间隔一般新车为 15 000 km，以后每行驶 10 000 km 进行一次轮胎换位，通常应结合车辆二级维护定期换位。

轮胎换位时应注意以下事项。

（1）有些型号的车辆，其前后轮轮胎的胎压力不同，所以在轮胎换位后要调整其胎压至规定值。

（2）有旋转方向的轮胎换位时，务必使轮胎在新位置上不反方向转动，这是单向花纹轮胎的特性。相对于旋转方向而言，这种轮胎的胎面花纹具有方向性，用于改善其在湿滑路面上使用时的性能，使轮胎可以更容易地排除积水。但是如果将这种轮胎反向安装，则其在湿滑路面上使用时的性能反而变坏。所以在轮胎换位时不可以使轮胎处在与原来反方向旋转的位置。带有旋转方向性的轮胎，多数属于高性能轮胎（扁平轮胎 55/50 以下）。轮胎的扁平率越小，其接地面就越宽。为了提高排水效率，设计有专门的花纹，并决定了旋转方向。

（3）径向帘布层轮胎（子午线轮胎）。

如果换到另外一侧，由于轮胎转动方向与原来相反，噪声与左右摇摆暂时会增大。所以建议只在同侧换位。

（1）汽油的使用性能主要包括蒸发性、抗爆性、腐蚀性、清净性及化学安定性。

（2）车用汽油牌号中的数字表示辛烷值含量的高低。牌号的数字越大，其辛烷值越高。

（3）车用柴油的性能主要包括：低温流动性、雾化和蒸发性、燃烧性、腐蚀性、清洁性和安定性。

（4）车用柴油牌号的选用应以使用环境的最低气温高于柴油冷滤点为原则。

（5）发动机润滑油是发动机润滑系统的工作液，简称"机油"。它是汽车发动机最重要的运行材料，发动机润滑油具有润滑、冷却、清洗、密封、防腐、降噪、减磨等七大功能。

（6）润滑油的使用性能：润滑性、低温操作性、黏温性、清净分散性、抗氧性、抗腐性、抗泡性。

（7）发动机润滑油主要包括汽油机润滑油、柴油机润滑油和二冲程润滑油。我国发动机润滑油采用 API（美国石油学会）性能分级法和 SAE（美国工程师学会）黏度分级法。

（8）黏度牌号有单级油和多级油之分。发动机润滑油的低温性能指标和 100℃ 运动黏度仅满足冬用润滑油或夏用润滑油黏度分级之一者，称为单级油；如果它的低温性能指标和100℃运动黏度能同时满足冬、夏两种黏度分级要求，则称为多级油。

（9）选择发动机润滑油应兼顾使用性能级别选择和黏度级别选择两个方面。

（10）车辆齿轮油在齿轮传动中的主要作用是减少摩擦、降低磨损、冷却零部件，同时还具有缓和振动、减少冲击、降低噪声、防止锈蚀以及清洗摩擦表面的作用。基于上述工作要求，车辆齿轮油应具备以下性能：润滑性和低温操作性、极压性、热氧化安定性、抗腐性和防锈性。

（11）一般齿轮油按黏度分为五个牌号，即 75W、80W、85W、90W、140W。

我国汽车齿轮油 API 使用性能分级共有三级，即普通汽车齿轮油（GL－3）、中负荷汽车齿轮油（GL－4）、重负荷汽车齿轮油（GL－5）。

（12）润滑脂是一种由基础油、稠化剂和添加物（添加剂和填料）组成的胶体分散体系。结构上，基础油是这种分散体系中的分散介质，稠化剂粒子或纤维构成骨架，即分散相，将基础油保持在骨架中。

（13）润滑脂按其用途可分为抗磨润滑脂、防护与密封润滑脂和专用润滑脂。

（14）汽车通用锂基脂用天然脂肪酸锂皂稠化低倾点润滑油，并加抗氧、防锈剂。它具有抗水性好、工作温度范围宽（－30℃～120℃）、使用寿命长等特点，适用于汽车轮毂轴承、底盘、水泵和发电机等各部位润滑。目前进口车和国产新车型普遍采用锂基润滑脂。

（15）汽车制动液工作时应保持不可压缩性和良好的流动状态，具体的技术要求是：高沸点、吸湿性小、适宜的黏度、安定性好、皮碗膨胀率小、防腐性好。

（16）制动液按原料不同分类，有醇型、合成型和矿油型三种。

（17）液力传动油主要用于自动变速器的液力变矩器和液力耦合器中，作为此类液力传动系统传递动力（扭矩）的工作介质。由于液力变矩器、液力耦合器的工作特点与液力传动油的使用性能（黏度、起泡性、热稳定性、相对密度等）有关，加之液力传动系统工作温度范围大（－40℃～170℃），传动油的流速可达 20 m/s（视传递的功率不同而变化）。因此，对液力传动油提出了更高的低温流动性能、高温性能和摩擦特性的要求。

（18）对发动机冷却液的技术要求为低冰点、防腐蚀、不损坏汽车有机涂料、高沸点、适宜的 pH 值、抗泡沫性好。

（19）汽车轮胎按胎体结构不同划分，通常分为普通斜交轮胎和子午线轮胎。

（20）子午线轮胎的主要优点如下：滚动阻力小，节约燃料；胎面耐磨性好，使用寿命长；缓冲性能好；承载能力大；附着性能好；转向行驶稳定性好。

（21）所选轮胎的尺寸应符合汽车使用说明书的规定，轮胎的速度等级须与汽车最高行驶速度相适应，轮胎的负荷能力要与承载质量相适应，轮胎的花纹要与道路条件相适应等。

思考与习题

1. 如何合理选用汽油？汽油的使用有哪些注意事项？
2. 汽油的使用性能有哪些？分别有哪些评价指标？
3. 什么是汽油的辛烷值？辛烷值的测试有哪两种方法？
4. 如何合理选用柴油？
5. 柴油的主要使用性能是什么？

6. 车用柴油的牌号是根据什么来划分的?
7. 简述发动机机油的使用性能。
8. 如何正确检查发动机油?
9. 如何正确更换发动机油?
10. 使用发动机油的注意事项有哪些?
11. 简述润滑脂的使用性能。
12. 润滑脂的使用注意事项有哪些?
13. 简述润滑脂的选用原则。
14. 如何对润滑脂进行加注?
15. 简述齿轮油的使用性能。
16. 如何更换齿轮油?
17. 齿轮油的使用注意事项有哪些?
18. 轮胎的种类有哪些?
19. 怎样正确选用轮胎?如何合理地使用轮胎?

第 5 章

汽车在特殊条件下的使用

1. 能够分析汽车在各种特殊条件下的使用特点。
2. 能够说明汽车在各种特殊条件下应采取的措施。
3. 能够说明汽车运行材料的合理使用方法。

在汽车使用中，往往因某些特殊使用条件的影响，使汽车的各项性能得不到充分发挥，各部件或总成的工作状况发生变化，甚至遭到严重破坏。因此，必须根据不同使用条件的特点，采取相应的措施，以保证汽车的正常使用，并尽量使汽车的性能得到充分发挥。

本章主要介绍汽车在走合期、低温条件、高温条件、高原及山区条件、坏路和无路条件下的使用，重点分析在各种条件下的使用特点和应采取的措施。

5.1 汽车在走合期的使用

新车或大修后的车辆，在投入使用的初始阶段，汽车零部件正处于磨合状态，还不能全负荷运行，这个使用阶段称为汽车的走合期。

5.1.1 走合期的使用特点

新车或大修车虽经过生产阶段的精加工及磨合，但零件的工作表面仍残留很多刀具加工的痕迹，表面粗糙度较大。同时还存在加工时不可避免的尺寸和形位偏差，以及总成装配时的允许误差。因此，新配合件之间的实际接触面积要比理论计算面积小得多，单位压力也大得多。因此，汽车在走合期内使用时，零件摩擦表面工作温度高，磨损大，严重时可能出现膨胀咬住或表面刮伤等现象，直接造成零部件的早期损坏。此外，由于走合期内零件表面温度高，配合间隙小，也会使润滑条件变差，加之生产或装配中的缺陷，行车故障率较高。

汽车走合期工作过程就是一个零件工作表面趋于完善、故障率逐渐下降并趋于稳定的工作过程。因此，走合期实质是一个实现氧化磨合的走合加工工艺过程。在走合期内，零件摩擦表面不平的部分被磨去，逐渐形成比较光滑的工作表面。随着行驶里程的延长，零件工作表面形成一层坚韧耐磨的氧化膜，这使得零件的工作表面趋于完善，故障率逐渐下降，汽车的使用寿命延长。

汽车走合期通常为 1 000 ~ 1 500 km，有的车型为 2 000 ~ 3 000 km，相当于 40 ~ 60 h。

根据使用特点的不同，走合期通常分为以下三个阶段。

（1）第一阶段为走合初的 50~70 km。在此阶段，因为零件工作表面较粗糙，几何形状和装配位置都存在一定偏差，配合间隙也较小，因此零件磨损和机械损失很大，零件表面和润滑油的温度也很高。这一阶段最好空驶。

（2）第二阶段为走合 100~200 km。与第一阶段相比，零件工作表面比较光滑，摩擦的机械损失和产生的热量减少，但零件表面的氧化磨合时间还不足够，应当小负荷运行。

（3）第三阶段为第二阶段后到走合期结束。随着走合里程的增长，零件工作表面逐渐完善，并形成了一层防止配合表面金属直接接触的氧化膜，进入氧化磨耗过程。行车故障率趋于稳定，汽车的各项使用性能逐渐达到正常。由于氧化膜的形成，需要借助一定的温度和压力环境，故这一阶段适合于小负荷运行。

5.1.2 走合期应采取的措施

为减小走合期内零件的磨损，延长汽车的使用寿命，在走合期内必须对汽车采取限载、限速等措施。

1. 限载

汽车装载质量的大小，直接影响机件使用寿命。装载质量越大，发动机和底盘受力也越大，将引起润滑条件变坏，影响磨合质量，所以走合期内必须适当地减载，一般装载质量不应超过额定装载质量的 75%。走合期内汽车不允许拖挂或牵引其他机械和车辆。为保证走合质量，车辆在走合期的加载应随着走合里程的增加而逐步增加，最终在走合期结束时，达到额定装载质量。

2. 限速

车速与载荷对汽车负荷的影响是一样的。装载质量一定，车速越高，发动机和传动件的负荷也越大，因此走合期内应限制发动机转速和汽车行驶速度，不允许发动机转速过高。汽车维修技术标准中规定，车速一般应为 35~45 km/h。

3. 预热保温

走合期内，发动机启动后应低速运转一定时间，待发动机预热（水温升到 50℃~60℃）后再起步。行驶中，冷却水温应控制在 80℃~90℃，良好的热工况有利于润滑条件的形成，减少磨损，促进走合期磨合的正常进行。

4. 选择好路

走合期应注意选择路面，在恶劣的道路上行驶会因振动而产生冲击载荷，使零件磨损加剧，汽车使用寿命下降。因此，应选择良好的路面完成汽车的走合期。

5. 选择优质燃料和润滑油

汽车在走合期应选择抗爆性好的优质燃油，以防止汽油机爆燃；同时应选择黏度较低的优质润滑油或加有添加剂的专用润滑油。润滑油的加注量应略多于规定量，并应按走合期维护的规定及时更换。

6. 正确驾驶

走合期内不要猛踏加速踏板，以免汽车突然加速引起发动机超负荷，并产生较大的冲击载荷。汽车行驶时要适时换挡,换挡要平顺,尽量减小换挡冲击,避免高挡低速或低挡高速行驶的现象。汽车行驶中要避免紧急制动和长时间制动,或使用发动机辅助制动。

此外,在走合期内,对汽车各部件技术状况要及时检查,排除故障,减小故障磨损。

7. 加强维护

走合期内,应认真做好车辆日常维护工作,经常检查、紧固各外露螺纹连接件,注意各总成在运行中的声响和温度变化,及时进行调整。走合期结束后,结合一级维护,对汽车进行全面的检查、紧固、调整和润滑作业。

走合期结束后的前 3 000~4 000 km,仍应避免发动机高速运转,车速不宜过高,载荷不宜过大,也不宜在很差的道路上运行。

5.2 汽车在低温条件下的使用

5.2.1 低温条件下的使用特点

我国北方地区,冬季气候寒冷,一般在 -25℃ ~ -5℃,最低气温可达 -40℃以下。低温给汽车的运行带来了严重的危害,尤其是在汽车冷启动过程中,会出现启动困难、总成磨损严重、燃料经济性下降、机件易损坏、冷启动排气污染严重等问题。

1. 启动困难

发动机在低温条件下的启动过程可分为以下四个阶段。

(1) 曲轴自静止状态旋转到发动机启动所必要的启动转速。
(2) 保持这一转速至发动机启动开始。
(3) 润滑油自油底壳进入机油泵,并经油道到达工作表面,形成良好的润滑条件。
(4) 发动机冷却水温达到正常工作温度。

前两个阶段历时较短,称为启动阶段。启动阶段的长短与发动机的启动性能有关,而发动机的启动性能与曲轴旋转阻力有关。曲轴旋转阻力主要包括:气缸内压缩可燃混合气的阻力、运动件惯性力、摩擦副的摩擦力和曲轴搅动润滑油的阻力。曲轴旋转阻力越小,发动机启动所需的最低转速越低,则发动机的启动性能越好,启动阶段需要的时间也越短。由于启动阶段润滑条件还未形成,各摩擦副之间的干摩擦现象比较严重,所以提高发动机的启动性能、缩短启动阶段所用时间,对减小零件磨损有重要意义。

后两个阶段历时较长,称为预热升温阶段。由于预热升温阶段机体温度及润滑油温度较低,故零件工作表面难以形成良好的润滑油膜,对发动机的磨损影响也很大。

使用过程中,发动机在气温低于 -20℃时,启动比较困难,而当气温低于 -40℃时,不经预热就完全不能启动。影响发动机低温启动性能的主要因素包括:润滑油黏度、燃料的蒸发性和蓄电池的工作能力。

发动机低温启动性能通常用能启动发动机的最低温度来表示。如图 5-1 所示,曲线 1 与曲线 2 的交点对应的温度即该发动机能启动的最低温度。从图中 5-1 可以看出,随着温度的下降,发动机能启动的最低转速上升,其主要原因是低温使润滑油黏度增加,导致摩擦阻力和搅油阻力增大所致。

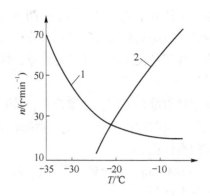

图 5-1 发动机的最低启动温度
1—发动机启动所需的最低转速；2—启动系统带动发动机能达到的转速

随着温度的降低，燃料的黏度和相对密度均增大，以汽油为例，温度从 40℃ 降到 -10℃，其黏度提高 76%，相对密度提高 6%。因此，在低温条件下，燃料蒸发性变差，混合气形成困难，也会导致发动机启动困难。

试验证明，气温在 -30℃ 和进气流速为 40 m/s（相当于最大功率转速）时，汽油蒸发量为 59.5%；气温为 0℃ 和进气流速为 10 m/s 时，汽油蒸发量为 31%。在气温一定时，进气流速提高 8~9 倍，汽油的蒸发量仅增加 3~4 倍，为改善汽油机的启动性能、增加汽油的蒸发量，应提高进气温度。

柴油机在低温条件下使用时，不仅因柴油蒸发性变差而导致发动机启动困难，而且随着温度的降低，柴油中的石蜡成分析出，会使柴油的流动性逐渐丧失，影响正常供油，严重时发动机将因供油中断而不能工作。

低温条件下蓄电池工作能力下降，使起动机带动发动机转动的转速不足，火花塞的跳火能量下降，也是导致发动机启动困难的重要原因。低温条件下蓄电池工作能力下降，主要体现为端电压降低，蓄电池电压为：

$$U = E - IR$$

式中　U——蓄电池端电压，V；
　　　E——蓄电池电动势，V；
　　　R——蓄电池内阻，Ω；
　　　I——蓄电池输出电流，A。

蓄电池电动势 E 随温度变化不大，从 20℃ 降到 -70℃ 时，蓄电池电动势仅从 2.12 V 下降到 2.08 V。但是，随温度的降低，蓄电池的电解液黏度增大，流动性变差，向极板的渗透能力下降，内阻增加较快，所以蓄电池的电压降低。蓄电池的电压过低，启动时起动机的输出功率就会减小，带动发动机的转速下降。此外，蓄电池电压低，汽油机火花塞的点火能量减小，点燃混合气困难，这都不利于发动机的顺利启动。

2. 总成磨损严重

汽车在低温条件下使用时，各总成磨损都比较大，尤其是发动机的磨损更严重。在发动机的使用周期内，50% 的气缸磨损发生在启动过程中，而低温条件下的启动磨损占总启动磨损的 60%~70%。气缸磨损量与气缸壁温度的关系如图 5-2 所示。试验表明，在 -18℃ 的气温下，发动机启动过程中的磨损量相当于汽车正常行驶 210 km 的磨损量。

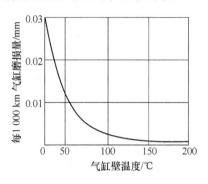

图 5-2 气缸磨损量与气缸壁温度的关系

发动机低温启动过程中磨损严重的主要原因有以下几种。

（1）在启动过程中，曲轴转速低，靠飞溅润滑的气缸壁得不到良好的润滑。

（2）冷启动时，大部分燃料以液态进入气缸，冲刷了气缸壁的油膜。

（3）汽油中含有少量的硫元素，燃烧后生成的氧化硫与因低温凝结在气缸壁上的水蒸气合成酸，引起腐蚀磨损。

（4）低温启动时，润滑油黏度大，流动性差，机油泵不能及时地将润滑油压入各工作表面，使润滑条件恶化。

（5）低温条件下，由于燃料不易蒸发，液体燃料沿气缸壁进入曲轴箱，稀释润滑油；同时，由于混合气形成不好，燃料不完全燃烧的产物窜入曲轴箱，对润滑油造成污染。这都会使润滑油的润滑性能变差，使磨损加剧。

（6）由于配合零件的材料不同，膨胀系数不同，导致低温条件下各配合间隙不能保持在正常范围，也会加速运动件的磨损。

在低温条件下使用时，除发动机外，传动系各总成（变速器、主传动器和差速器等）的磨损也比较严重。这是因为传动系各总成的正常工作温度是靠零件摩擦和搅油产生的热量维持的，而在低温条件下使用时，传动系各总成一般不进行预热，升温速度缓慢，而且保温条件差，所以在达到正常工作温度前，因润滑油黏度大，使各传动齿轮和轴承不能得到良好的润滑，搅油阻力增加使传动负荷增大，因膨胀系数不同使配合间隙也不正常，这些因素均会造成传动系零件的磨损增大。

3. 燃料经济性下降

试验表明，发动机冷却水温度从 80℃ 下降到 60℃ 时，油耗增加 3%；温度下降到 40℃ 时，油耗增加 12%。在低温条件下，造成燃料经济性下降的主要原因有以下几种。

（1）发动机启动后的暖车时间增长，燃料消耗增加。

（2）低温使燃料蒸发性变差，混合气形成不良，燃烧不完全。

（3）低温造成各总成磨损加剧的同时，摩擦损失也会增加，传动效率下降。

4. 机件易损坏

在低温条件下，材料的物理机械性能将变差。在 -30℃ 以下时，碳钢的冲击韧性会急剧下降，铸件变脆，塑料和橡胶变硬、变脆，从而使由这些材料制成的零件容易损坏。此外，在低温条件下，发动机冷却水和蓄电池电解液易结冰，体积膨胀也容易使散热器、缸体和蓄电池损坏。

5. 冷启动排气污染严重

发动机在冷启动阶段空气温度低，燃油雾化不好，HC 和 CO 排气污染严重，在低温条件下更加突出。冷启动一般指发动机从冷态启动到暖车前这段过程。据测算，汽油机 HC 排放量有 80% 是在冷启动阶段排放产生的。现在车辆使用无铅汽油、采用闭环控制燃油喷射技术、装配三元催化转化系统等方法来降低有害物质的排放。但在冷启动阶段，闭环控制燃油喷射系统中的氧传感器不能起作用，无法提供反馈信号对燃油量进行有效控制；三元催化转化剂在温度没达到要求时也不能使 HC 得到有效转化。

除上述特点外，低温还会使行车条件变坏，如路面结冰、积雪等，也将影响汽车行驶的安全性和操纵稳定性；在低温条件下，电解液也容易冰冻而造成蓄电池不能正常工作。

5.2.2 低温条件下应采取的措施

在低温条件下，主要应对发动机等总成采取预热、保温等措施，以改善发动机的低温启动性能和降低零件磨损。

1. 预热

在低温条件下使用时，发动机启动前预热的目的是改善混合气形成条件，提高燃料的蒸发性和雾化性，改善发动机的润滑条件，降低启动阻力，以保证发动机在低温条件下顺利启动，并减小启动过程中的零件磨损。发动机启动前预热方法可分为热水预热、热蒸汽预热、热空气预热、红外线辐射预热、电加热预热和燃油加热器预热。

热水预热和热蒸汽预热方法简单，成本低廉，是比较常用的方法。热水预热是将水加热到 90℃～95℃后，从散热器加水口注入冷却系，注满后打开放水阀，边注边放，直到从放水阀流出的水温达到 30℃～40℃时，再关闭放水阀，同时停止加注热水；若能将热水直接注入气缸体水套内，预热效果会更好。热蒸汽预热与热水预热方法基本类似，它是将热蒸汽由散热器下水管导入发动机冷却系，再从放水阀处排出，直到发动机温度达到 50℃～60℃时，才可启动发动机，并给冷却系加注热水。

燃油加热器预热，以车用燃油为能源，适合随车装备，简便易行，在汽车发动机上有推广应用的趋势。燃油加热器的工作由电脑控制，驾驶员可以通过定时器来预选加热时间。燃油加热器不仅可以与发动机冷却系相连，以便在低温启动前对发动机进行预热，而且还可以与汽车供暖系统相连，在发动机不工作时，也可用来对车内供暖。

目前，为改善发动机的低温启动性能，除启动前对发动机进行预热外，尤其在柴油机上应用比较广泛的一种方法是采用进气预热装置。进气预热装置能通过提高进气温度改善混合气的形成条件，从而提高发动机的冷启动性能，它可使发动机能顺利启动的最低温度降低约 20℃。根据对进气进行加热的热源不同，进气预热装置可分为电预热装置和火焰预热装置两大类。其中电预热装置应用更为广泛，如法国的 GBD6X6 型军用越野车、日本五十铃货车等发动机，均装有电热塞进气预热装置，它是利用安装在进气系统中的电热塞对进气流进行加热的；在柴油机电控系统中，电热塞的工作由电脑控制，在柴油机冷启动时，电脑根据进气温度或冷却水温度来控制电热塞是否通电以及通电持续时间，并在柴油机启动后或启动温度较高时，自动切断电加热装置电源。火焰预热装置是在进气管内利用火焰来加热进气流（一般不应用于汽油机），如德国道依茨 FL 系列风冷发动机、奔驰 OM 系列发动机、国产

495 和 4115 型柴油机等，均装有火焰进气预热装置。

2. 保温

汽车在严寒地区使用时，应采取保温措施，其目的是使汽车在一定的热工况下工作，并随时可以出车。在低温条件下使用时，应特别注意对发动机和蓄电池进行保温，其次是驾驶室和油箱保温。

发动机保温可采用关闭百叶窗、改变风扇参数、降低风扇转速等，以减小对发动机冷却强度，但这些措施需要对结构进行改进。

在使用中，汽车发动机罩采用保温套，是简单且有效的措施。汽车在 -30℃ 的气温下行驶时，采用保温套，可使发动机罩内温度保持在 20℃ ~ 35℃；停车后，发动机主要部位的冷却速度是无保温套时的 1/6。保温材料可以是棉质的或毡质的，棉质的保温性能好。用薄乙烯基带密封发动机罩有良好的保温效果。

蓄电池在低温条件下，不仅电压降低，而且存在电解液结冰造成蓄电池损坏的危险，因此蓄电池是低温条件下需要保温的重点对象之一。提高蓄电池在低温条件下输出功率的方法一般有两种：一是使用低温蓄电池，二是蓄电池保温。常用的保温方法是将蓄电池装入木制保温箱内，若保温箱有夹层，并在夹层内充填一些保温材料，则保温效果会更好。

采用双层油底壳可以对油底壳及润滑油保温。在油底壳的内表面用一层玻璃纤维密封效果会更好。

驾驶室或车身内部保温的目的主要是提高乘坐舒适性。驾驶室与车内保温的方法，根据热源的不同，可分为三种形式：独立燃烧式、发动机尾气余热式和发动机冷却液余热式。

3. 合理选用燃料和润滑油

低温条件下使用的燃料，应具有良好的挥发性、流动性、低含硫量，以利于低温启动和减少磨损。汽车在严寒地区使用，最好选用专门牌号的冬季汽油和柴油。

在低温条件下，发动机、变速器、主减速器等应选用冬季润滑油，因为冬季润滑油具有良好的黏温特性，随温度降低，黏度增大不显著，可使零件的润滑条件得到改善，并减小启动阻力。

4. 正确使用防冻液

使用防冻液可在低温条件下改善发动机的低温启动性，防止机体或散热器冻坏，即使行车之后车辆露天停放，防冻液也不易结冰，所以不必每天收车后都要及时放出或出车前加注防冻液，能大大减少启动前的准备时间，有利于减轻驾驶员的劳动强度。使用防冻液时应注意以下几点。

（1）选用的防冻液冰点应比使用地区的最低温度低 5℃。

（2）防冻液表面张力比较小，比水更容易泄漏，所以加注前应仔细检查冷却系的密封性。

（3）由于防冻液的膨胀系数大，所以使用防冻液时只能加注到冷却系总容量的 95%，以免升温后防冻液溢出。

（4）不同类型的防冻液不能混用。

5. 其他应注意的问题

在低温条件下，零件材料的物理机械性能将发生变化。橡胶轮胎硬化、变脆，受冲击载荷的作用时容易破裂。因此，在冬季行驶时，为了减轻冲击，汽车起步后至行驶数千米内应低速行驶，要缓慢起步并注意越过障碍物；路面结冰和积雪时，应注意轮胎防滑，如装用防滑链等。

5.3 汽车在高温条件下的使用

5.3.1 高温条件下的使用特点

在高温条件下，发动机冷却系的散热温差小，散热能力下降，发动机容易过热。发动机过热会导致发动机实际充气量下降、燃烧不正常（爆燃、早燃）、润滑油易变质、供油系统产生气阻等现象，使发动机的动力性、燃料经济性和可靠性变坏。

1. 实际充气量下降

由于高温条件下发动机罩内温度升高，空气密度减小，使发动机的实际充气量减少，从而导致发动机功率下降。试验表明：在外界气温为32℃~35℃时，若冷却系不沸腾，则发动机输出的最大功率仅是在该转速下发动机能发出最大功率的34%~48%；气温下降到25℃时，由发动机罩外吸入空气，可使发动机最大功率提高10%。

2. 燃烧不正常

汽车在高温条件下使用时，易产生发动机爆燃和早燃等不正常燃烧情况。不正常燃烧不仅会导致发动机的动力性、燃料经济性下降，而且会使机件的热负荷和机械负荷增大，容易造成机件变形甚至裂纹，也会使磨损加剧。

3. 润滑油易变质

在高温条件下，发动机的燃烧室、活塞和活塞环区域，以及油底壳是引起润滑油各种性质变化的主要区域。由于发动机过热，使这些区域的温度升高，故加剧了润滑油的热分解、氧化和聚合过程。发动机的工作温度越高，润滑油的变质越快。

在干旱地区的炎热夏季，空气湿度小，但空气中的灰尘多；而在湿热地区的夏季，空气的湿度很大，空气中的灰尘和水蒸气通过进气系统或曲轴箱通风口进入发动机，会对润滑油造成污染，加速润滑油的变质。

4. 磨损加剧

在高温条件下，尽管可使各总成达到正常工作温度之前的磨损减小，但在大多数工作时间内，由于不正常燃烧使机件热负荷和机械负荷增大、润滑油变质和黏度下降使润滑条件变差、灰尘或水分使机件产生磨粒磨损或腐蚀磨损等，均会导致发动机、传动系各总成的磨损加剧。

5. 供油系统产生气阻

在高温条件下，汽油在供油管路中容易蒸发成气体状态，积存在油路中的汽油蒸汽阻碍汽油流动，在汽油泵中的汽油蒸汽使油泵吸油真空度下降，造成发动机供油不足或中断，这种现象称气阻。影响气阻倾向的因素主要有以下几种。

（1）汽油的蒸发性。蒸发性越好，产生气阻的倾向越大。

（2）供油系统在发动机上的布置。汽油管路和汽油泵的安装位置，靠近热源（如排气管）或不易通风散热，会增大产生气阻的倾向。

（3）发动机罩内的温度和大气压力。发动机罩内的温度越高，大气压力越低，产生气阻的倾向越大。

(4) 汽油泵的工作能力。采用输油压力较高的汽油泵（如电动汽油泵），抗气阻能力较强，不易发生因气阻导致供油不足或中断的现象。

6. 制动效能下降

汽车在高温条件下工作时，制动器制动产生的热量不能及时扩散，使制动鼓和摩擦片的工作温度上升，二者间的摩擦系数下降，使汽车制动效能下降。液压制动的汽车，制动液高温时可能发生气阻现象，导致制动效能下降，影响行车安全。

7. 其他

在高温条件下行车，蓄电池电解液蒸发快，蓄电池电化学反应加快，极板容易损坏，同时容易产生过度充电现象，影响蓄电池的使用寿命。

汽车在高温环境中行驶，可能由于点火线圈过热而使高压火花减弱，容易产生发动机高速断火现象。

外界温度较高时，轮胎散热较慢，轮胎内的温度升高而使内部气压增大；同时，也会加快橡胶的老化速度，使得轮胎强度降低，容易产生爆胎现象。

5.3.2 高温条件下应采取的措施

1. 提高发动机冷却系的冷却强度

每种汽车的冷却系只能适应一定的使用条件。在高温条件下使用时，可以在结构方面进行某些改进来增强冷却系的冷却强度。例如：增加风扇叶片数、直径或叶片角度，提高风扇转速，采用形状过渡圆滑的护风圈等；尽量使气流畅通、分布均匀、阻力小、消除热风回流现象并尽量避免散热器正面无风区；增大风扇对散热器的覆盖面积；采用通风良好的发动机罩、罩外吸气、供油系冷却等办法，减小吸入的空气及燃料的温度变化。

2. 加强维护

在炎热夏季进行的日常维护中，应特别注意检查冷却系的密封性、冷却液是否充足、散热器盖上的通气阀和排气阀是否通畅、风扇技术状况、水温表和水温传感器是否正常等。

在汽车进入夏季使用前，应结合二级维护，对全车进行必要的季节性维护，主要维护内容包括以下几方面。

(1) 冷却系的维护。主要是检查调整风扇皮带松紧度，检查节温器和水温表等的工作性能，视需要清除冷却系水垢。

(2) 润滑系的维护。换用黏度较高的夏季用润滑油，并在使用中注意检查机油液位，适当缩短换油周期。在条件允许的情况下，对于在酷热天连续行驶的车辆，要加装机油散热器，并选用优质机油。

(3) 点火系的维护。对汽油机适当推迟点火正时，以减小爆震燃烧倾向。

(4) 电源系的维护。在高温条件下行驶，汽车蓄电池的电化学反应剧烈，电解液蒸发快，极板易损坏，所用要注意检查蓄电池电解液密度和液面高度，电解液的密度应比冬季使用时适当减小；高温条件下，易出现蓄电池过度充电、电解液蒸发快、极板损坏等故障，需经常加注蒸馏水，并保持通气孔畅通；应适当调整发电机调节器，减小发电机的充电电流。

3. 防止爆燃

由于发动机爆燃与发动机的进气温度有很大关系，故汽车在高温条件下使用时，可适当推迟点火正时和降低进气温度，来防止发动机爆燃。降低进气温度，可以通过改进进气方式来实现，如采用发动机罩外进气或前吸式空气滤清器，使进气不受发动机热辐射的影响。

4. 防止气阻

在高温条件下，防止气阻的措施主要是改善发动机的通风和散热条件，并尽量减少供油系的受热，或采用结构和性能良好汽油泵等。采用电动汽油泵时，由于不需要发动机驱动，所以可将其安装在远离发动机的位置上，电动汽油泵的输油压力也比较高，可有效减小产生气阻的倾向。

5. 防止爆胎

环境温度越高，轮胎的散热就越差，特别是高速行驶的汽车，由于车速高，轮胎发热，故容易爆胎。

轮胎的最高行驶速度有统一规定，同一规格轮胎可能生产适应几种速度的产品，使用中不应超速行驶。

汽车超载也是爆胎的重要原因之一。在炎热的夏季，地面温度高，轮胎升温快，使得胎体强度下降，如果超载行驶，容易产生胎面脱胶和胎体爆裂。轮胎的负荷能力是以速度为基础的，行驶速度提高，负荷能力应相应减小。轮胎负荷也用胎侧的相应标记标明，例如桑塔纳2000型轿车的轮胎型号为195/60R1485H，其中H为速度符号，表示最高行驶速度为210 km/h；负荷指数为85，表示承载能力为515 kg。

轮胎的规定气压是常温下的轮胎气压。轮胎气压与环境温度有关，在汽车行驶过程中，轮胎气压随轮胎温度的提高而相应增高，轮胎气压过高，容易爆胎。

6. 注意车身维修

汽车在湿热带地区进行的漆涂层和电镀层的试验结果表明：漆涂层的主要损坏是老化、褪色、失光、粉化、开裂和起泡等；电镀层的主要损坏是锈斑、脱皮以及不耐汗手触摸而引起锈蚀等。高温条件大大加快了漆涂层和电镀层的损坏过程，因此，汽车在夏季使用和维修过程中，应加强车辆外表养护作业，注意喷漆前的除锈，并采用耐腐蚀、耐磨性高的涂层。

5.4 汽车在高原和山区条件下的使用

5.4.1 高原和山区条件下的使用特点

汽车在高原和山区行驶时，由于海拔高、气压低、空气稀薄，使发动机的实际充气量减小，从而导致发动机的动力性和燃料经济性下降。此外，由于山区道路条件复杂，发动机大负荷工作的时间和使用制动的次数都会增加。

1. 对发动机动力性的影响

汽车在高原地区行驶时，随着海拔升高，大气压力逐渐降低，空气密度逐渐减小，充气量逐渐降低，会由于进气不足而导致发动机动力性下降。海拔高度对发动机动力性的影响如图5-3所示。

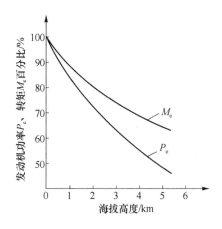

图 5-3　海拔高度对发动机动力性的影响

试验表明：海拔高度每增高 1 km，加速时间和加速距离增长约 50%，最高车速下降约 9%。随着海拔高度的增加，由于怠速时进气量不足，发动机的怠速转速也下降，海拔每增高 1 km，怠速约降低 50 r/min。因此，在高原和山区使用的汽车，应适当提高怠速转速，避免发生怠速不稳甚至熄火的故障。

2. 对发动机燃料经济性的影响

在高原地区和山区行驶的汽车，由于发动机实际进气量减少，容易导致混合气过浓，燃烧不完全，使燃油消耗增加。此外，由于发动机动力性下降，且高原和山区的坡道多而大，汽车经常需以低挡大负荷行驶，也会增加燃油消耗。随着大气压力降低，燃料的蒸发性提高，在加注和使用过程中，燃料的蒸发损失也必然增加。

海拔高度对发动机燃料经济性的影响如图 5-4 所示。

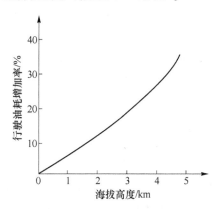

图 5-4　海拔高度对发动机燃料经济性的影响

3. 对润滑的影响

汽车在高原和山区条件下使用时，由于道路条件复杂，故发动机在大负荷、全负荷工况下工作的时间增长，不仅使机件的平均负荷（热负荷和机械负荷）增加，而且由于发动机易过热，润滑油温度高，导致机油变稀，氧化变质加快，润滑条件变差，所以发动机的磨损加剧。

4. 对汽车制动效能的影响

在山区使用的汽车，由于制动频繁，而且下长坡时经常进行长时间的连续制动，制动器工作温度明显上升，常可达到300℃以上。由于温度升高造成的热衰退以及制动器摩擦片的严重磨损，将导致汽车的制动效能下降。

采用液压制动系统的汽车，在高原和山区使用时，由于制动液工作温度升高和大气压力降低，制动液在制动管路中蒸发而产生"气阻"现象，容易导致制动失灵故障。

5.4.2 高原和山区条件下应采取的措施

在高原和山区行驶的汽车，常采用改善发动机性能和辅助制动等措施，提高发动机的动力性、经济性，确保行车安全。

1. 改善发动机性能的措施

（1）正确选购汽车。若汽车需经常在高原地区使用时，应选购制造厂为高原地区专门设计、制造的高原型汽车。

（2）提高发动机的压缩比。由于高原地区空气稀薄，发动机实际充气量减小，压缩行程终了时气缸内的压力和温度均下降，使汽油机爆震倾向减小，为增大压缩比提供了条件。在汽油机不发生爆震的前提下，适当提高压缩比是改善发动机动力性和燃料经济性的有效措施。

在高原地区，提高汽油机压缩比的方法通常是采用高压缩比的气缸盖。高压缩比气缸盖可以是专门设计的，也可以在原气缸盖上进行加工，用缩小燃烧室容积的方法使压缩比有所提高；也可以采用较薄气缸垫，使压缩比有所提高。

（3）适当减少供油量。在高海拔地区，发动机的实际进气量减小，若不适当减少供油量，会使混合气变浓，燃料燃烧不完全故对柴油机应减小最大供油量。

（4）适当提前点火或喷油。海拔高度增大后，发动机压缩终了的压力和温度降低，着火落后期延长，燃烧时火焰的传播速度减慢，将汽油机的点火提前角或柴油机的喷油提前角适当增大，可使发动机的动力性和燃料经济性得到改善。

（5）采用含氧燃料。含氧燃料是指掺有酒精、丙酮及其他含氧化合物的燃料；采用含氧燃料，在燃烧过程中，理论上所需的空气量减小，可补偿高原和山区进气量不足带来的影响。

（6）采用进气增压技术。采用进气增压技术提高进气量，无疑是解决高原地区发动机进气不足问题的有效措施。尤其是车用柴油机，由于受不正常燃烧和安装布置等问题的限制较小，故采用增压技术改善发动机的动力性和经济性的效果显著。

（7）改善润滑条件。在高原山区使用的汽车，所使用的发动机润滑油应具有良好的黏温特性，以保证发动机在低温时启动性能良好，高温时具有良好的润滑性能。为防止润滑油变质，应保持良好的曲轴箱通风，并采用机油散热器散热。

（8）改进配气相位。在平原使用的车辆，为了适应山区和高原地区，还可将气门间隙调大，即增加气门的开启期，以增加发动机的充气量，改善发动机的使用性能。

（9）在高原地区使用的汽车，由于大气压力低，冷却系的冷却液和蓄电池的电解液蒸发损失较大，故应注意经常检查，及时加注。

2. 提高行车安全性能的措施

在高原和山区使用的汽车,由于地形复杂,经常遇到上坡、下坡、窄路、弯多等问题,在行驶过程中制动频繁,造成制动器磨损和热衰退,使汽车的制动效能下降,直接影响行车安全。因此,为确保行车安全,应采取以下措施。

(1) 改进制动摩擦片材料。目前,国产石棉摩擦片所能耐的最高温度为250℃,工作温度高于该值后,摩擦系数会大幅度下降,使制动距离增长。采用耐高温制动摩擦片、提高汽车制动器的抗热衰退性能,是提高汽车在高原山区条件下行驶安全性的有效措施。

耐高温制动摩擦片采用耐高温的黏合剂,如环氧树脂、三聚氰胺树脂等改进的酚醛树脂作为黏合剂或无机黏合剂,并在石棉摩擦材料中加入适量的金属添加剂,摩擦片能耐的最高温度可达400℃以上,且耐磨性较好。

(2) 利用发动机制动。汽车在下长坡时,需要长时间连续制动,制动器温度会不断升高。例如:总质量为16 t的汽车、列车沿坡度为8%的坡道下行,如使用车轮制动器保持下坡速度为20~30 km/h,则在行驶6~8 km之后,制动蹄片温度可以高达300℃~350℃,轮辋温度可达110℃~130℃。这样高的温度不仅对制动器不利,而且还有损于轮胎。所以下长坡时应利用发动机制动。此时,变速器挡位越低,发动机转速越高,产生的制动力越大。一般下长坡利用发动机制动时,将变速器挂在上坡所用的挡位较为合适。

(3) 采用辅助制动装置。汽车下长坡时,为控制汽车的行驶速度经常需要制动,利用辅助制动装置可减轻车轮制动器的工作强度,从而降低车轮制动器的工作温度,避免由于制动器热衰退对行车安全造成的影响。

常用的辅助制动装置有电涡流式制动器、液涡流式制动器和发动机辅助制动。前两种的体积较大,结构较复杂,多用于重型汽车上。发动机辅助制动是指利用发动机的运转阻力来消耗汽车的惯性能量,以达到制动的效果。在采用发动机辅助制动时,应放松加速踏板(一般不允许熄火),并将变速器挂入较低的挡位。如果在发动机排气管内设有阀门,则根据需要可关闭阀门,增大发动机的排气阻力,以提高发动机辅助制动的效果。

(4) 采用对制动器降温措施。为降低制动器工作温度,防止制动器产生过大的热衰退,常用的方法是制动鼓淋水。必须注意:对制动鼓淋水应在汽车下长坡前开始,也可在制动过程中连续不断地对制动鼓淋水,决不允许在长时间制动而使制动鼓温度很高后再淋水降温。

(5) 防止制动系气阻。国产汽车的液压制动系统多采用醇型制动液,由于醇型制动液容易蒸发,所以制动系产生气阻的倾向较大。选用不易蒸发的矿物油型制动液,是防止制动系气阻的有效方法。但注意:换用矿物油型制动液时,必须换用耐矿物油的橡胶皮碗。

(6) 保持正常的轮胎气压。海拔高度升高时,轮胎气压也会升高;同时,由于在高原和山区行车时,轮胎经常传递较大的驱动力和制动力,使轮胎的工作温度较高,而随轮胎工作温度的升高,橡胶强度变差,轮胎气压升高。因此,在高原和山区行车时,应保持轮胎正常的气压,并注意轮胎的工作温度,以防止轮胎爆裂而损坏。

此外,在高原和山区使用的汽车,为提高行车安全性能,还应特别注意转向系统、照明装置的检查和维护。

5.5 汽车在坏路和无路条件下的使用

坏路或恶劣道路是指泥泞的土路、冬季的冰雪道路和覆盖砂土的道路等；无路是指松软土路、耕地、草地和沼泽地等。

5.5.1 坏路和无路条件下的使用特点

汽车在坏路或无路条件下使用时，主要会因附着条件差、滚动阻力大或障碍物的影响等，而导致牵引—附着条件恶化，使汽车正常行驶困难甚至无法行驶。

汽车在松软的土路上行驶时，由于路面的变形而形成车辙，车轮的滚动阻力增大，甚至无法行驶。尤其在泥泞而松软的土路上，常因附着系数低，引起驱动轮打滑，使汽车通过性变差，因而无法行驶。

汽车在松软的砂地上行驶时，由于松软的砂地表面松散，受压后变形大，车轮的滚动阻力大，且松软的砂地附着系数低，所以汽车的通过能力下降。尤其是在流沙地上，车轮的滚动阻力系数比一般的砂路更大，驱动轮的附着系数更小，汽车通过更困难。

雪路对汽车通过性的影响主要取决于雪层的密度和硬度。雪层密度与气温和压实的程度有关，随气温降低，雪层密度减小。雪层硬度也与气温有关，随气温降低，雪层的硬度增大。雪层密度和硬度越小，车轮的滚动阻力越大，而附着系数越低，汽车的行驶条件越差。

汽车在冰路上行驶时，由于轮胎与冰面的附着系数非常低，且车轮滚动阻力比刚性路面相对增加，导致汽车行驶困难。为了保证行车安全，汽车在冰路上行驶时，车速要适当降低，行车间隔要适当增大，汽车在通过河流或湖泊的冰面时，还需要检查冰层厚度和坚实情况。

5.5.2 坏路和无路条件下应采取的措施

汽车在坏路或无路条件下使用时，改善驱动轮的附着条件和减少车轮的滚动阻力，是提高汽车的通过能力的关键。常用措施包括车轮防滑措施、自救措施和轮胎使用措施等。

1. 车轮防滑措施

在汽车驱动轮上安装防滑链是改善驱动轮附着条件的有效措施，已得到广泛应用。

常用的防滑链有普通防滑链和履带式防滑链。普通防滑链是带齿的链条，用专用的锁环装在轮胎上，这种防滑链在冰雪路面和松软层不厚的土路上有良好的通过性，而在松软层厚的土路上效果明显下降。履带式防滑链有菱形和直线形两种，能保证汽车在坏路上甚至驱动轮陷入土壤或雪内仍可以通过，菱形履带式防滑链还具有防侧滑能力。

此外，防滑链的链条较重，拆装不方便，且装有防滑链的汽车，其动力性和燃料经济性均下降；在硬路面上行驶时的冲击使轮胎和后桥磨损增大。为此，仅在坏路或无路条件下为保证汽车安全行驶时，才装防滑链。

2. 自救措施

汽车克服局部障碍或陷住时，通常可采用自救措施。如去掉松软泥土或雪层，在驶出的路面上撒砂、铺石块或木板等，然后将汽车开出，也可以用绳索绑在树干（或木桩）和驱动轮上，如同绞盘那样驶出汽车。

3. 轮胎使用措施

冰雪路面摩擦系数小，用一般轮胎行驶较困难，国外多使用具有特殊胎面花纹的雪地轮胎，雪地轮胎在冰雪道路上具有良好的制动性能。

在松软路面上适当减小轮胎气压，可增大轮胎与路面的接触面积，减小轮胎的接地压强，从而减小滚动阻力并改善附着条件，提高汽车的通过性能。但轮胎气压降低后，轮胎变形加大，使用寿命降低，因此不能长期使轮胎在低压下工作。

轮胎胎面花纹可分为普通花纹、越野花纹和混合花纹，其中越野花纹的轮胎，其花纹横向排列，花纹沟槽深，凸出面积小，与地面抓着力大，抗刺扎和耐磨性好，适合在坏路和无路条件下使用。

此外，在坏路或无路条件下，正确的驾驶操作对提高汽车通过能力也有很大作用。如汽车通过砂地、泥泞土路或雪地等松软路面时，应采用低速挡位，并保持低速稳定行驶，以保证汽车具有较大的牵引力，防止车轮打滑和下陷，提高汽车的通过能力。

(1) 新车、大修车以及装用大修发动机的汽车需要经过走合期。汽车走合期的目的是提高汽车工作的可靠性、经济性和延长其使用寿命，走合期的使用特点是：各配合副零件磨损速度快，行车中故障较多，所用的润滑剂容易变质等。走合期采取的主要措施是：限载、限速、预热保温、选择好路、正确驾驶和加强维护作业。

(2) 汽车在低温条件下的使用特点是：低温启动困难、总成磨损严重、燃油经济性下降和机件易损坏。在这些特点中，发动机启动困难是重点，而启动前的预热又是解决启动困难的有效措施。预热温度高，则发动机启动阻力小，燃油容易蒸发，发动机容易着火，容易启动，且启动后进入怠速工况期也短，因而发动机磨损较小，燃油消耗量较少。对低温条件下运行的汽车，常常采取保温措施，使其随时可以行驶，参加运输生产，保温的对象主要是发动机，其次是蓄电池、散热器、燃油箱和驾驶室等。保温的方法很多，对发动机用保温套保温是最简单易行而且保温效果较显著的措施，应该积极推广和采用。及时调整供油系统和点火系统，合理正确选用燃料、润滑油、特种液以及换季维护也很重要。

(3) 高温条件下使用的汽车，发动机容易过热，实际充气量下降，燃烧不正常，机油容易变质，磨损加剧，供油系统产生气阻等，致使其动力性、燃料经济性和行驶可靠性变坏。在高温条件下，汽油机供油系的气阻现象经常发生，尤其是汽车满载爬坡或长时间低速行驶时最容易出现。其原因主要是供油管路中汽油的轻质馏分受高温影响所致。防止产生气阻的措施是：加强发动机冷却系统的维护，提高其冷却散热效率；安装供油系通风降温装置，隔离供油系统的受热部分；增加汽油泵的抗气阻能力或采用电动汽油泵等。在炎热的季节，汽车满载高速行驶时轮胎容易爆胎。在行车途中，要经常检查其温度和气压，为保证行车安全，应采取必要的防爆胎措施。

(4) 汽车在高原和山区条件下行驶，发动机的充气量小，而且容易过热，从而导致其动力性、燃料经济性下降；汽车行驶不安全，机件易损坏；制动效能下降。其中发动机的动力性下降和行车安全性下降尤其应高度重视。汽车在高原和山区条件下行驶采取的措施主要有：提高发动机压缩比、适当减少供油量、适当提前点火或喷油、采用含氧燃料、采用进气增压技术、及时检查蓄电池电解液及冷却系冷却液等，采用这些措施的目的都是解决高原空气稀薄对发动机使用性能带来不良影响的问题。汽车在高原和山区行驶，其安全问题主要决定于制动系，一般采取的措施是：改进制动摩擦片材料；采用辅助制动装置；采取对制动器降温的措施；保证正常的轮胎气压；防止制动系产生气阻；加强制动系和转向系的检查与维护工作，确保这些系统的安全可靠和正常工作。

（5）汽车在坏路和无路等恶劣道路上行驶时，其平均技术速度和装载质量明显下降，影响汽车运输生产率；同时，汽车驱动轮与路面的附着力减小，汽车滚动阻力增大，并严重影响汽车的通过性。在坏路和无路条件下使用时，改善汽车使用性能的主要措施是，通过采用车轮防滑装置、采取自救措施、合理使用轮胎以及保持正确的驾驶方式等，设法增大驱动轮与路面之间的附着系数和减少滚动阻力系数。

（6）需要特别说明的是经常在特殊条件下使用的汽车，为了提高车辆的性能，最根本的措施是在结构上进行改进。

思考与习题

1. 什么是汽车的走合期？汽车在走合期有哪些使用特点？应采取哪些措施？
2. 汽车在低温条件下有何使用特点？应采取哪些措施？
3. 发动机低温启动困难的原因是什么？
4. 汽车在低温条件下使用时，其总成磨损大的原因是什么？
5. 改善汽车低温使用性能的主要措施有哪些？
6. 汽车在高温条件下有哪些使用特点？应采取哪些措施？
7. 高温条件下汽车的技术维护应注意哪些方面？
8. 高温条件下供油系统和液压制动系统的气阻现象是如何形成的？应采取哪些预防措施？
9. 汽车高温条件下行驶时容易爆胎的原因是什么？应采取哪些措施防止爆胎？
10. 海拔高度对发动机的动力性和经济性有何影响？
11. 在高原地区改善发动机使用性能的主要措施有哪些？
12. 汽车制动系在高原及山区条件下有哪些使用特点？应采取哪些措施？
13. 汽车在坏路和无路条件下的使用特点是什么？应采取哪些措施？
14. 汽车轮胎在土路上的附着系数与哪些因素有关？提高附着系数的主要措施是什么？

第6章

汽车公害与环保

本章知识点

1. 简单叙述汽车排放污染物、噪声及电波的形成、危害及主要影响因素。
2. 了解我国目前汽车排放及噪声的限值标准。
3. 能够检测汽车排放污染物和汽车噪声。
4. 能够提出控制汽车排放污染物、汽车噪声和汽车电波的有效措施。
5. 能根据汽车排放污染物及汽车噪声的检测结果提出合理有效的治理措施并能够实施。

汽车在道路上行驶而产生的损害人体健康和影响人类生活的污染现象称为汽车公害。汽车公害主要包括：汽车排气对大气的污染，即排放公害；噪声对环境的危害，即噪声公害；汽车电气设备对无线电通信及电视广播等信号的电波干扰，即电波公害；制动蹄片、离合器摩擦片、轮胎的磨损物和车轮扬起的粉尘对环境的危害，即粉尘公害等。其中，汽车排放公害对环境和生活影响最大，被一致认为是第一汽车公害；噪声公害其次；电波公害由于不直接影响人体健康，并且是局部性问题，所以没有前两个公害影响大，粉尘公害也会引起环境污染，但这种影响只是在交通密度大的车流附近较为突出。

大气污染已成为世界性的问题，尤其是在一些大中城市，随着汽车保有量的增加，汽车的生产、销售、使用、报废等带来了环境大气危害和城市的空气污染。例如，在某城市，汽车排放的 CO 量占 CO 总排放量的 63%，排放的 NO_x 和 HC 分别占 22% 和 73%，汽车排放已成为城市大气污染的主要污染源，直接危害人类的健康并破坏着自然界的生态平衡。此外，汽车行驶过程产生的噪声和驻车防盗器的误鸣不仅会引起人体的生理改变和损伤，还会使人的听力减弱、视觉功能下降、神经衰弱、血压变化和胃肠道出现消化功能障碍，影响人的睡眠、学习、工作和情绪等。汽车公害造成的环境污染情况将日趋严重，所以对汽车公害的监控与防治，已到了刻不容缓的地步。

6.1 汽车排放污染物的形成及影响因素

从目前来看，汽车排气公害不仅是环境保护问题，本身也会造成能源的浪费。汽车排气中的 CO、HC 化合物越多，燃料燃烧越不充分，不但会造成对环境的污染，同时也使得燃料消耗较大。因此，降低汽车排放污染物对减轻大气环境污染和节约能源都有重要意义。

现代汽车发动机主要是内燃机，其中以汽油、柴油为燃料的内燃机应用仍然最为广泛。汽车发动机燃料燃烧后的排放物中有 H_2O、O_2、H_2、CO_2、CO、HC、NO_x、SO_2、铅化物、

微粒物、油污等，排出的废气也不都是有害的，如 N_2、CO_2、O_2、H_2 和水蒸气等就是属于不会对人体和生物造成直接危害的物质（CO_2 仅对全球气候变暖有影响）。研究汽车的排气公害问题，实质上是研究内燃机的排气污染问题。

6.1.1 汽车排放污染物来源

汽车的排放污染物是指汽车排放物中污染环境的各种物质，主要有一氧化碳（CO）、碳氢化合物（HC）、氮氧化合物（NO_x）与微粒物（PM）等。汽车排放污染物主要通过汽车尾气排放、燃料蒸发、曲轴箱窜气三个主要途径进入到大气中，造成对大气的污染。

1. 尾气排放

发动机排气管排除的发动机燃烧废气俗称尾气。尾气排放是汽车最主要的大气污染源。汽油机尾气排放的主要污染物有 CO、HC、NO_x，柴油机尾气排放的主要污染物除了 CO、HC、NO_x 外，还有大量的微粒物（PM）排出。

2. 燃料蒸发

燃料蒸发排放主要是由燃料供给系的燃料蒸发产生的。例如油箱中的燃料，由于温度升降产生呼吸作用，使得燃料蒸汽中 HC 向大气中排放；油管接头处的燃料产生渗漏蒸发也会向大气中排放 HC 等，都会对自然环境和人造成危害。

3. 曲轴箱窜气

曲轴箱窜气是指在发动机工作的压缩行程和做功行程，燃烧室内的气体由活塞与气缸之间的间隙窜入曲轴箱内，再由曲轴箱通风过程进入大气，其主要污染物是 HC，也有部分 CO、NO_x 等。

6.1.2 汽车排放污染物的形成与危害

汽车排放污染物是目前增长较快的大气污染源，它对人体的健康造成威胁，特别是对儿童、老人、孕妇以及患有心脏病和呼吸系统疾病的人群伤害更大。

1. 一氧化碳（CO）的形成与危害

一氧化碳是发动机燃料在燃烧过程中，由于空气不足导致缺氧，使得燃料不能完全燃烧而产生的一种无色、无味、无刺激性的窒息性易燃有毒气体。

当混合气过浓，即在理论空燃比以下时，随着空燃比的减小，CO 的浓度上升很快。理论上，当混合气空燃比大于理论空燃比时，空气量充分，汽油机排气中就不会产生 CO。实际上，由于各缸混合气不一定均匀一致，燃烧室各处的混合气也不均匀，故会出现局部的浓混合气，使得混合气燃烧之后仍有少量的 CO 产生。即使燃料与空气混合很均匀，由于燃烧后的高温，已经生成 CO_2 也会有一小部分被分解成 CO 和 O_2。另外，排气中的 H_2 和 HC 也可能将排气中的一部分 CO_2 还原成 CO。

因 CO 是一种无色、无味、无刺激性的气体，不易被人察觉，故人们往往在不知不觉中因过量吸入 CO 而中毒。CO 吸入肺部，被血液吸收后，与人体血红蛋白（血红素 Hb）结合成一氧化碳—血红蛋白（CO—Hb）。血红素的作用是把氧气从肺部输入人体的各功能器官，以维持正常的新陈代谢，但由于 CO 与血红素的亲和力要比氧与血红素的亲和力大 300 倍，所以当 CO 存在时，血红素首先与 CO 结合，且解离很慢，使其失去与氧亲和并输送氧气的能力，导致人体氧缺乏，当心脏、头脑等器官严重缺氧时，会引起恶心、头晕、头痛等症状,甚至使人窒息、死亡。当大气中 CO 的浓度达 0.007% 以上,几小时以后,当人体内 CO-Hb 浓度达 10% 时,便会导致头痛、心跳加速等症状;浓度达 20% 左右时,就会引起中毒;当含量达 60% 时,人便会因窒息而死亡。

2. 碳氢化合物(HC)的形成与危害

汽车排放的碳氢化合物,除了发动机中排出的未燃燃料分解后产生的气体外,还包括燃料供给系中的燃料蒸发以及燃烧室内气体泄漏而排放出的碳氢化合物,碳氢化合物的成分非常复杂,有 200 多种各类烃化合物。

汽油机的 HC 排放量远大于柴油机。不论发动机在何种工况下运转,排气中总会有一定数量的碳氢化合物 HC,其中由排气管排出的 HC 占 55%~65%,曲轴箱通风泄漏的占 20%~25%,油箱蒸发的占 15%~20%。由汽车排气管排入大气中的 HC 是在气缸内形成的,主要是不完全燃烧、燃烧室壁面激冷效应、缝隙效应、壁面油膜和积炭吸附等多种原因。

HC 中的大部分成分对人体健康的直接影响并不明显,但化合物中含有少量的醛(甲醛、丙烯醛)、醇、酮、酯、酸和多环芳香烃(苯并芘)等,其中甲醛与丙烯醛对鼻、眼和呼吸道黏膜有刺激作用,可引起结膜炎、鼻炎、支气管炎等症状,且还有难闻的臭味。苯并芘是一种致癌物质,在 1gHC 中含三四苯并芘约 75.4 μg,每辆汽车每小时约排 300 μg 三四苯并芘,人体吸入较多易得癌症。HC 也是光化学烟雾形成的主要成分。

3. 氮氧化合物(NO_X)的形成与危害

汽车排放的氮氧化合物 NO_X 是在高温富氧、大负荷状态下燃料燃烧后生成的产物。NO_X 是复杂氮氧化合物的总称,它是 NO、NO_2、N_2O、N_2O_3、N_2O_4、N_2O_5 等多种氮氧化合物的总称,其主要成分是 NO 和 NO_2,其中 NO 占绝大部分,大约占 99%;NO_2 的含量相对较少,约占 1%。

NO 毒性不大,但高浓度的 NO 能引起神经中枢的障碍,NO 排入大气后,很易氧化成剧毒的 NO_2。NO_2 是棕色气体,有特殊的刺激性臭味,被人体吸入后,能与肺部的水分结合生成可溶性硝酸,严重时会引起肺水肿、肺气肿,同时还会刺激眼、鼻黏膜,降低嗅觉能力。如大气中 NO_2 的含量为 0.0005% 就会对哮喘病患者有影响;若在 0.01%~0.015% 的高浓度下连续呼吸 30~60 min,就会使人陷入危险状态。

NO_X 是生成光化学烟雾的组成部分。光化学烟雾属于二次污染物,是 NO_X 和 HC 在太阳光的照射下生成的一种黄色烟雾,其主要成分是臭氧(O_3),还含有许多过氧化合物。这些物质对眼睛、咽喉有很大刺激作用,使人流泪,引发红眼病、咽喉肿痛、呼吸困难等症状,严重时还会造成呼吸困难、四肢痉挛、神志不清,致人死亡。同时,光化学烟雾对植物的生长也会造成严重危害。

4. 微粒物(PM)的形成与危害

微粒物通常用 PM(Particulate Matter)表示,所谓微粒物是指发动机排出的全部废气,在接近大气条件下,除去非化合形态的凝聚水以外,收集到的全部固体状和液体状的微颗粒包括炭烟(Dry Soot,DS)、可溶性有机物(Soluble Organic Fraction,SOF)、硫酸盐等物质。柴油机排出的微粒物一般要比汽油机高 30~80 倍。

微粒与炭烟的关系是包含与被包含的关系,炭烟是微粒的主要组成部分,主要是柴油机燃料不完全燃烧的产物,是一种含有大量直径为 0.5~1 μm 的黑色炭颗粒。炭烟排放的变化会导致微粒排放的变化，但两者升高和降低未必成比例。柴油机在高负荷工作时，炭烟在微粒中所占比例升高，而在部分负荷时则有所降低。由于重馏分的未燃烃、硫酸盐以及水分等在炭粒上吸附凝聚，很多情况下炭烟即指微粒物。炭烟孔隙中往往吸附 SO_2 及有致癌作用的苯并芘等。

近年来，国内外采取了许多有效措施，使柴油机的炭烟排放大幅度下降，加上低硫和无硫燃料的使用，硫酸盐的排放也得到了控制，这就使可溶有机成分微粒所占比例明显上升。可溶有机成分在微粒中的比例一方面与燃烧质量有重要关系，另一方面与润滑油窜入有关，并且随着燃烧质量的提高，这部分窜入的润滑油所占的比例也会随之增大。

部分汽车尾气排放中产生的微粒物还包括铅化合物。铅化合物是含铅汽油在燃烧之后从排气管中排除的污染物。汽车尾气中的铅化合物微粒散入大气中，对人体健康十分有害。铅化合物可随呼吸进入血液，并迅速地蓄积到人体的骨骼和牙齿中，它们会干扰血红素的合成，侵袭红细胞，引起贫血；损害神经系统，严重时损害脑细胞，引起脑损伤。当儿童血中铅浓度达 $0.6 \sim 0.8$ ppm 时，会影响儿童的生长和智力发育，甚至出现痴呆症状。铅还能透过母体进入胎盘，危及胎儿。

微粒物悬浮于离地面高 $1 \sim 2$ m 的空气中，容易被人体吸入，对人体健康产生危害，引起头痛、眩晕等症状。微粒物越小，悬浮于空气中时间越长，越容易被人吸入肺部，对人体健康造成的危害越大。同时，微粒物也能造成能见度变差，严重的炭烟形成的黑雾，会妨碍驾驶员的视线，极易引起交通事故。

5. 硫化物的形成与危害

硫化物的主要成分是二氧化硫（SO_2），是燃料中的硫（S）在燃烧后生成的产物。SO_2 有强烈的刺激性气味，进入人体后遇到水形成具有腐蚀性作用的亚硫酸。当 SO_2 的浓度达 0.001% 时，咽喉和眼睛能明显感觉到有刺激性；浓度达到 0.004% 时，能使人在几分钟内中毒。此外，若大气中含有过多的 SO_2，还会形成"酸雨"，对土壤及农作物产生危害。

6. 二氧化碳（CO_2）的形成与危害

CO_2 是汽车尾气排放的主要成分之一，当 CO_2 气体积累到一定程度时，会使地球表面的温度上升，产生"温室效应"，进而破坏生态平衡，影响全球气候变化。CO_2 气体对人体健康也存在一定的影响。据科学家预测，如果人类对二氧化碳的排放不加限制，到 2100 年，全球气温将上升 $2℃ \sim 5℃$，海平面将升高 $30 \sim 100$ cm，由此会带来灾难性后果，海拔低的岛屿和沿海大陆就会葬身海底，如上海、纽约、曼谷、威尼斯等许多大城市可能被海水淹没而成为海底城市。

7. 光化学烟雾的形成与危害

汽车排气污染最严重的危害是生成"光化学烟雾"，空气中的二氧化氮和碳氢化合物是造成光化学烟雾的主要因素。光化学烟雾是汽车排放到大气中的 HC 和 NO_X 在太阳光紫外线照射下产生光化学反应而生成的。由汽车排出的氮氧化合物，在强烈的太阳光照射下会发生光化学分解，生成游离氧原子。游离氧原子的活性很高，在大气中经催化作用，会与普通的氧分子结合生成臭氧。臭氧的氧化性极强，能将汽车排气中的碳氢化合物氧化成甲醛、乙醛和酮类等，并进一步与氮的氧化物反应，生成过氧酰基硝酸酯（PAN）等一系列强氧化剂。光化学烟雾是具有刺激性的浅蓝色烟雾，包含有臭氧、醛类、过氧酰基硝酸酯等强氧化剂，这些都是通过光化学反应二次生成的，所以叫作二次污染物。

光化学烟雾积聚不散，会刺激人的眼睛、鼻腔和咽喉，诱发各种呼吸道炎症，最突出的危害是刺激眼睛和上呼吸道黏膜，引起眼睛红肿和喉炎。发生光化学烟雾现象时，空气中的臭氧含量会迅速上升，当大气中臭氧浓度达到 200～300 g/m³ 时，会引发哮喘导致上呼吸道疾患恶化，使视觉敏感度和视力降低；浓度在 400～1 600 g/m³ 时，只要接触两小时就会出现气管刺激症状，引起胸骨下疼痛和肺通透性降低，使肌体缺氧；浓度再高，就会出现头痛，并使肺部气道变窄，出现肺气肿等。这些都会对人类的健康造成危害。

另外，光化学烟雾还能使大气的能见度降低，视程变短，对交通安全产生影响。另外，光化学烟雾对植物、农作物以及建筑物也会产生影响。

6.1.3 影响汽车排放污染物的因素

影响汽车排放污染物的因素涉及汽车发动机的结构因素和使用因素等多方面。

1. 结构因素

在结构方面，汽车污染物的排放量主要取决于汽车类型和汽车的技术水平。汽车发动机采用液化石油气和天然气作为燃料，产生的污染较小；采用电子控制的汽油喷射系统、排放控制系统、电子点火系统的发动机产生的排放污染小；装用柴油发动机的汽车其污染物排放量比装用汽油发动机的汽车污染物小。

2. 使用因素

在使用方面，除了发动机本身的技术状况会直接影响汽车污染物的排放量外，其他影响汽油发动机和柴油发动机污染物排放量的使用因素各不相同。

（1）汽油机排放污染物的主要影响因素。

1）混合气浓度。

混合气浓度常用空燃比或过量空气系数来表示。空燃比是指可燃混合气中空气质量与燃油质量的比值，表示空气和燃料的混合比。从理论上说，每克燃料完全燃烧所需的最少的空气克数，叫作理论空燃比。汽油机的理论空燃比为 14.7。过量空气系数是指燃烧 1 kg 汽油实际供给的空气质量与理论上燃烧 1 kg 汽油所需的空气质量之比。如空燃比大于 14.7 或过量空气系数大于 1，则称混合气较稀或混合气过稀；反之，则称较浓或混合气过浓。空燃比对汽油机排放污染物中 CO、HC、NO_x 的影响如图 6-1 所示。从图 6-1 中可以看出，CO 的排放量随着空燃比的增加在逐渐下降；HC 的排放量两头高中间低；NO_x 的排放量却是两头低中间高。

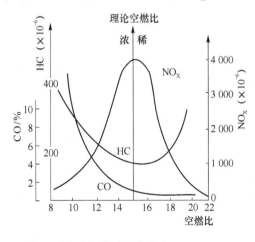

图 6-1 空燃比对汽油机排放污染物中 CO、HC、NO_x 的影响

对于 CO 的排放，很明显随着空燃比的增加而降低，主要原因是空燃比越大，空气量越充足，燃料的燃烧越充分，CO 的排放量就会相应降低。当实际空燃比大于理论空燃比时，CO 的排放仍保持一定的浓度，这主要是由于燃烧室内混合气的空燃比分布不均、高温分解等造成的。当空燃比进一步增加时，混合气变稀，使得燃料燃烧之后的温度降低，减少了高温分解，因此 CO 的排放浓度得到进一步下降。就 CO 而言，其排放量主要受空燃比的影响，受其他因素的影响不大。一切影响空燃比的因素都将影响 CO 的排放。

对于 HC 的排放，空燃比对 HC 的影响与 CO 有类似的倾向，即随着空燃比的增加，混合气由浓变稀的过程中，HC 的排放量是一直下降的。当空燃比大于 17 时，由于混合气过稀，传统的均质燃烧方式已不能保证正常燃烧，极易发生火焰不完全传播以致断火，进而使得未燃 HC 排放量迅速增加。

对于 NO_x 的排放，当空燃比在 16 左右时，为稀混合气，由于燃烧之后的温度较高，混合气中氧的含量充分，故此时 NO_x 的生成量达到最大。当空燃比低于此值时，随着混合气越来越浓，混合气燃烧后的温度和氧的浓度较低，NO_x 生成量减少。当空燃比高于此值时，随着混合气越来越稀，虽然氧的浓度增加，但是火焰传播速度减慢，混合气燃气之后的温度较低，所以 NO_x 的生成量相对减少。

2) 发动机温度。

当发动机的工作温度较低时，燃油供给系统供给的燃油雾化不良，进入气缸的混合气遇到温度低的气缸壁产生冷凝，所以此时提供浓混合气，由于空气量不足，使得 CO 的生成量增加，但此时混合气燃烧的温度较低，使得 NO_x 的生成量减少而未燃 HC 生成量增多。当发动机温度过高时，由于发动机过热，易产生爆燃或早燃等非正常燃烧现象，故此时使得混合气燃烧之后的温度异常升高，从而导致 NO_x 的生成量增加。

3) 发动机负荷。

发动机的负荷一般根据不同工况、车辆装载质量决定。

汽油发动机在怠速和小负荷工况运行时，燃油供给系统提供的混合气较浓，而此时气缸内的混合气燃烧速度慢，燃烧室温度低，易引起不完全燃烧，使 CO 的排放量增加、NO_x 的排放量减少；由于此时燃烧室的温度较低，燃烧室壁面激冷现象严重，激冷面上的燃油不可能燃烧，形成 HC 排出，使 HC 的排放量增加。由此可见，汽油机怠速工况下的排放污染物较多。

汽油发动机在中等负荷工况运行时，燃油供给系统提供的经济混合气易于燃烧，燃烧室的温度较高，所以此时 CO、HC 的排放量较少，NO_x 的排放量较多。

汽油发动机在大负荷工况下运行时，燃油供给系统提供的是浓混合气，氧含量较少，故使得 CO 的排放量增大；由于排气温度高，排气后的反应对 HC 排放的消除作用加强，导致 HC 的排放量变化不大；由于混合气燃烧之后温度升高较大，故使得 NO_x 的排放量增大。

4) 发动机转速。

发动机转速对污染物的排放影响是多方面、多角度的，因为汽油机转速的变化将引起充气系数、点火提前角、空燃比、发动机温度以及排气在排气管中停留的时间等的变化，而这些因素都会引起排放污染物的不同变化。

当发动机转速升高时，缸内气体流动性增强，混合气紊流扰动强度增大，燃油的雾化质量及均匀性得到改善，火焰传播速度加快，燃料燃烧比较完善，燃烧室温度升高快，这些都有利于改善燃烧，降低 CO 及 HC 的排放。

汽油发动机在怠速运转时，由于发动机转速较低，燃油的雾化效果差，混合气较浓，残余废气系数较大，使得 CO 和 HC 的排放量较大。发动机怠速转速与 CO、HC 的关系如图 6-2 所示。由图可以看出：适当提高怠速转速可以使 CO 和 HC 的排放量有所下降。主要原因是随着怠速转速的提高，进气节流度将减小，进入气缸的新鲜空气量有所增加，使得混合气的燃烧效果得到改善，进而使 CO 和 HC 的排放量降低。

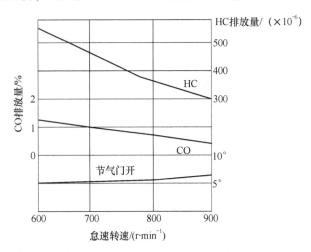

图 6-2　发动机怠速转速与 CO、HC 的关系

发动机转速对 NO_X 的排放量也会产生影响。当发动机混合气为浓混合气时，火焰传播速度随转速的提高而加快，散热损失减少，缸内气体温度升高，使 NO_X 的排放量增大。当发动机混合物为稀混合气时，火焰传播速度随转速的提高而变化不大，由于燃烧过程相对的曲轴转角增大，燃烧峰值温度反而下降，故使 NO_X 的排放量减少。

5）点火提前角。

点火提前角的大小，由节气门开度、发动机转速和汽油质量等决定。

如果减小点火提前角，即在活塞接近上止点时点火，可以使排气时间延长、排气温度增高，而此时点火气缸内容积相对较小，促进 CO 和 HC 的氧化与激冷面积较小，使 HC 排放量减少，对 CO 排量影响不大；如果点火过迟，会使 CO 来不及完全氧化，从而使 CO 排放量增加，但适度推迟点火可减小 CO 排放。

点火提前角的减小，使得混合气燃烧的最高温度降低，会 NO_X 排放量减少。

点火提前角的减小，使补燃增加，延长了混合气的燃烧时间，在做功行程后期，未燃的 HC 会继续燃烧，使 HC 排放量降低。但如果点火过迟，因燃烧速度慢，故 HC 排放浓度将有所提高。

如果增大点火提前角，使点火提前，则气缸壁的激冷面积较大，混合气燃烧之后温度上升大，都会导致 HC、NO_X 的排放量迅速上升，对 CO 排放量的影响不大。

6）火花质量、火花塞间隙及分电器触点。

火花质量决定点燃混合气的能力。当点燃稀薄混合气时，火花越弱，出现失火的现象越多，而失火将会造成大量的 HC 生成。现代发动机普遍采用高能点火系统，将点火初级电流从 3A 提高到 5A，增加了点火强度，延长了火花持续时间，从而改善了混合气燃烧质量，使

HC 排放量降低。

使用经验表明，火花塞电极之间间隙大于最佳值，则 HC 排放量将增加 12%～14%，对于四缸发动机，若一个火花塞不工作，则 HC 排放量将增加 0.5～1 倍。

分电器触点间隙过大或过小，对最佳点火提前角有明显影响，若间隙变化 0.1 mm 将使点火提前角偏离 6°，则 HC 排放量可增加 3%。

7）工况。

① 冷启动工况。

汽油发动机在进行冷启动时，由于进气系统和气缸温度都很低，汽油很难完全蒸发，较多的汽油沉积在进气系统和气缸壁面上，形成油膜，同时由于发动机转速很低，气体流速很低，燃油蒸汽与空气混合也不均匀，为了使气缸点火时能在火花塞附近形成一定浓度可点燃的混合气，电控燃油喷射系统中的 ECU 会控制喷油器延长喷油时间，以提供较浓的混合气，即额外加大供油量。形成油膜的汽油有些在燃烧结束后才从壁面上蒸发，没有来得及完全燃烧就被排出气缸，造成冷启动时 HC 的排放量大大增多。较浓的混合气导致 CO 的排放量也较高。由于温度较低以及过浓的混合气，冷启动时 NO_x 的排放量很低。

② 暖机工况。

汽油发动机启动以后，气缸燃烧室的主要零件以及润滑系、冷却系不能立即达到正常的工作温度，需要一个暖机过程。这时仍需要供给过量空气系数小于 1 的浓混合气，以弥补汽油在进气道和燃烧室壁面上的冷凝，保证燃烧的稳定，此时 CO 和 HC 的排放量仍然很大。在使用电控燃油喷射系统的汽油机中，一般是随着冷却液温度的提高而自动减小喷油量，逐渐向发动机正常工况过渡。在缸内直接喷射的汽油机中，由于喷油压力高，且直接向气缸内的纯净空气喷油，所以冷凝和壁面油膜等多个问题基本被消除，暖机极为迅速。这是缸内直喷汽油机的主要优点之一。

暖机工况中，NO_x 的排放量仍然不大，因为暖机属于怠速运转，燃烧温度不高。

③ 加速工况。

加速就是发动机在部分负荷状态下迅速增加负荷，从而提高发动机转速，使得汽车车速加快。汽油机加速运转时，通常供给较浓的混合气，造成较高的 CO 和 HC 排放。

④ 减速工况。

减速就是节气门迅速关闭，离合器不分离，发动机由汽车倒拖，在较高转速下空转。由于发动机进气管中突然的高真空度状态，使壁面上的液态油膜急剧蒸发，形成瞬时过浓混合气，致使燃烧状态恶化而导致较高的 CO 和 HC 排放。

（2）柴油机排放污染物的主要影响因素。

柴油发动机混合气的形成是在燃烧室内进行的，新鲜空气通过进气道进入气缸，柴油高压喷入燃烧室，压缩着火后进行边喷边燃烧的扩散燃烧方式。这种工作方式决定了柴油与空气的混合是不均匀的，不可避免地存在局部缺氧或局部富氧情况。燃烧室内混合气在高温缺氧时，易炭化形成炭烟；高温富氧时，易形成 NO_x，而 CO 和 HC 则不容易形成，因此，柴油发动机的主要排放污染物是炭烟和 NO_x，而 CO 和 HC 的排放量较少。此外，柴油燃烧后会生成一些有臭味的有机气体，因此，柴油机排放中还有臭味。

1）过量空气系数。

柴油发动机的混合气始终处于比较稀的状态下，过量空气系数较大，虽然混合气不均匀，会有局部过浓区，但是由于氧气比较充分，能对生成的 CO 在缸内进行氧化，因而 CO 的生产量一般较少，只是在接近冒烟界限时急剧增加；HC 的生成量也较少，过量空气系数增加时，将随之上升。在过量空气系数稍大于 1 的区域，虽然总体是富氧燃烧，但由于混合气不均匀，当局部高温缺氧时，就会急剧产生大量炭烟；随着过量空气系数增加，炭烟排放将迅速下降。柴油 NO_X 排放量随混合气变稀、温度下降而减少。

2）喷油提前角与喷油压力。

提前喷油，燃油在较低的温度和压力下喷入气缸，使着火延迟期延长，因此着火前喷入气缸的燃油量较多，燃油与空气混合得更充分，燃烧程度增大，有利于抑制炭烟生成。而且由于燃烧初期放热率升高，燃烧最高温度高，使燃烧过程结束较早，有利于已经生成的炭烟和颗粒物在缸内局部温度下降到炭反应温度之前的氧化反应。

喷油提前会使 NO_X 排放增加。喷油推迟，可降低 NO_X 排放。但是喷油过迟，炭烟排放会增加，对 CO 和 HC 的排放也有不利影响。

喷油压力提高，使得燃油喷雾颗粒进一步细化，贯穿力加大，喷雾锥角加大，再加上紊流的增强，直接促进了燃油与空气的混合，颗粒物排放降低。

3）负荷。

柴油机负荷的变化就是混合气浓度的变化。柴油机炭烟的排放量在中、低负荷时较低，而大负荷时急剧增长。因为负荷增加时，喷入气缸内的燃油量增加，燃烧温度也随之提高，使得炭烟的生成量急剧上升。由于高温富氧是生成 NO_X 的有利条件，使得 NO_X 的排放量随着负荷的增大、燃烧温度的升高而增大。

4）燃料。

柴油燃料的十六烷值高，则着火延迟期缩短，燃烧过程更加柔和，缸内温度和压力下降，从而减少 NO_X 的排放。实验表明：十六烷值从 40 提高到 50 时，NO_X 排放量可降低 11%。十六烷值过高，燃油稳定性差，在燃烧过程中易于裂解，也会使喷入气缸中的燃油来不及与空气充分混合就着火燃烧，有较大的冒烟倾向，引起炭烟的排放增加。

5）转速。

对于柴油机而言，转速改变时，HC 和 NO_X 的排放量变化不大；CO 的生成量由于高速运转时充气量和燃烧时间短而上升；低转速时，缸内的温度和喷油压力较低也会使 CO 排放量上升。炭烟的生成量随着转速的提高而增加，这是因为转速提高时，充气量下降，不易于混合气的形成且燃料燃烧不及时，使未燃烧的燃油和局部混合气的浓度增加，导致炭烟生成量增加。

6）冷启动和加、减速工况。

柴油机冷启动时，缸内的温度很低，燃油的雾化条件很差，一部分燃油会附着于燃烧室的壁面，使得混合气燃烧不完全，燃烧效果差。因此，炭烟、CO 和 HC 的排放必然会增多。

柴油机的加速过程就是加大供油量的过程，由于加速迅猛，供油量迅速增大，过快增大的供油量往往会造成过高的使炭烟、CO 和 HC 的排放。柴油机的减速过程就是减小供油量，

使炭烟、CO 和 HC 的排放量下降。

6.1.4 汽车排放污染物的限制标准与控制措施

目前我国机动车保有量持续迅速增长，某些交通路口每小时车流量已超过 2 000 辆，加上车况不是很理想，排放污染超标较多，污染日益严重。为了人民健康和交通安全，我国已制定了机动车污染物检测方法、排放标准等，并作为机动车安全检测站的一项重要检测项目。

1. 汽车排放污染物限制标准

（1）汽油车排放污染物限制标准。

根据《中华人民共和国环境保护法》和《中华人民共和国大气污染防治法》，我国于 1993 年重新修订和颁布了《汽油车怠速污染物排放标准》（GB 14761.5）和《车用汽油车排放污染物排放标准》（GB 14761.2），详见表 6-1。

表 6-1 汽油车怠速污染物排放标准值

车别 项目	CO/%		HC/($\times 10^{-6}$)			
			四冲程		二冲程	
	轻型车	重型车	轻型车	重型车	轻型车	重型车
1995 年 7 月 1 日以前的定型汽车	3.5	4.0	900	1 200	6 500	7 000
1995 年 7 月 1 日以前的新生产汽车	4.0	4.5	1 000	1 500	7 000	7 800
1995 年 7 月 1 日以前生产的在用汽车	4.5	5.0	1 200	2 000	8 000	9 000
1995 年 7 月 1 日起的定型汽车	3.0	3.5	600	900	6 000	6 500
1995 年 7 月 1 日起的新生产汽车	3.5	4.0	700	1 000	6 500	7 000
1995 年 7 月 1 日起生产的在用汽车	4.5	4.5	900	1 200	7 500	8 000

注：HC 容积浓度值按正己烷当量。

（2）柴油机排放污染物限制标准。

我国于 1982 年由原农机部颁布了第一个限制各类柴油车排气烟度的部颁标准 NJ 263—1982。之后于 1983 年颁布了《汽油车怠速污染物排放标准》GB 3842—1983，并于 1993 年对上述标准进行了补充和修订，重新颁布了《柴油车自由加速烟度排放标准》GB 14761.6—1993 和《车用柴油机全负荷烟度排放标准》GB 14761.7—1993，以强化对柴油机烟度排放的监督与管理。详见表 6-2。

表 6-2　我国柴油车烟度值排放限值

试验规程	车型/机型	烟度值/Rb
自由加速	1995年7月1日以前的定型汽车	4.0
	1995年7月1日以前的新生产汽车	4.5
	1995年7月1日以前生产的在用汽车	5.0
	1995年7月1日起的定型汽车	3.5
	1995年7月1日起的新生产汽车	4.0
	1995年7月1日起生产的在用汽车	4.5
全负荷	定型柴油机	4.0
	新生产柴油机	4.5

2. 汽车排放污染物的控制措施

为了控制汽车排放物对环境的污染，各国根据大气污染的具体情况制定了关于环境保护的法律，对各种排放污染物规定限值和测量方法。对一定时期内汽车排放污染物的限值和测量方法的规定，就是汽车排放标准。目前全球汽车排放标准已形成三大体系，即美国体系、欧洲体系和日本体系。我国采用的是欧洲排放标准体系。为了使汽车排放污染物达到一定的排放水平，必须对汽车采取一定的控制措施。汽车排放污染物的控制措施主要从两个角度出发：一是能有效降低汽车排放污染物的生成量的措施；二是汽车污染物产生之后对污染物的排放量能有效控制的措施。

(1) 使用清洁能源型交通工具进行替代。

1) 使用环保、节能的交通工具。

2) 在大城市建设地铁，施行电力牵引行驶等地下通道。

3) 提高人们的环保意识，尽量坐公共交通工具出行。

4) 加大对购买小排量、混合动力、新型能源汽车用户的政策支持力度。

(2) 加强行政管理。

1) 提高汽车排放标准，强化新车准入制度。对不符合排放标准的新车采取"三不"措施：不准出厂、不准销售和不准上牌，促使各汽车企业加紧对节能减排汽车的研发力度。

2) 完善机动车尾气检测体系。

3) 加强汽车维护，保持汽车良好技术状态。

(3) 提高燃油品质。

燃油品质是影响汽车排气污染的主要因素之一，应对燃油生产、加工、运输等环节加强管理。

(4) 汽车燃油的改用。

1) 采用无铅汽油代替有铅汽油。无铅汽油是一种在提炼过程中没有添加四乙基铅作为抗爆添加剂的汽油，无铅汽油中只含有来源于原油的微量的铅，含量为 0.01g/L。它的辛烷值为 95，比现有其他级别含铅汽油的辛烷值（97）略低。使用无铅汽油能有效控制汽车废气中的有害物质，减少碳氢化合物、一氧化碳及氮氧化合物的生成量。

2) 掺入添加剂，改变燃料成分。汽油中掺入 15% 以下的甲醇燃料，或者采用含 10% 水分的水—汽油燃料，都能在一定程度上减少或者消除碳氢化合物、一氧化碳及氮氧化合物和铅尘的污染。

3）选用恰当的润滑添加剂。在机油中添加一定量石墨、二硫化钼、聚四氟乙烯粉末等固体添加剂，加入到发动机的机油箱中，可节约发动机燃油5%左右。此外，采用上述固体润滑剂可使汽车发动机气缸密封性能大大改善、气缸压力增加，令燃油燃烧完全。尾气排放中，一氧化碳和碳氢化合物含量随之下降，可减轻对大气环境的污染。

4）采用绿色燃料同样可减少汽车尾气有毒气体排放量。

5）采用多种燃料作为汽车燃料来源。汽车中可广泛使用新的配方汽油、电力、压缩的天然气体、太阳能以及生态燃料的蓄电池等。

6）大力推广车用乙醇汽油。开发乙醇代替汽油，既节约能源，又可使汽车排出的有害气体减少，是一项有利于保护环境和资源的措施。

（5）改善汽车发动机工作状况。

1）减小喷油提前角。减小喷油提前角，可降低发动机工作的最高温度，使NO_x的生成量减少。

2）改善喷油器的质量，控制燃烧条件，可使燃料燃烧完全，从而减少CO、HC和炭烟的生成。

3）调整喷油泵的供油量，可降低发动机的功率，使雾化的燃料有足够的氧气进行完全燃烧，从而减少CO、HC和炭烟的生成。

（6）采用汽车尾气净化措施。

发动机尾气净化措施是指将汽车尾气由原有害气体变成为无（少）害气体，再排放到大气中，从而减少对大气环境的污染。主要措施有：改进发动机燃烧过程的机内净化措施、在排气系统中采用化学或物理的方法对已生成的有害排放物进行净化的排放后处理措施以及对来自曲轴箱和供油系统的有害排放物进行净化的非排气污染控制措施。后两类也统称为机外净化措施。

1）机内净化措施。

机内净化措施主要对发动机本身改进来提高车辆技术降低汽车污染物的生产量，主要有电控多点燃油喷射技术、高能电子点火和控制、稀薄燃烧发动机、多气门、可变配气相位、进气旋流、优化燃烧系统设计、废气涡轮增压与中冷、电控高压共轨等多种方法。

从有害气体的生成机理出发，对发动机的燃烧方式本身进行改进，抑制其有害气体成分的产生，使排出的废气尽可能变得无害。采取这种措施，被认为是治理汽车发动机排气公害的根本方法。如采用汽油直接喷射实现分层燃烧的方法，不但可以减少排气污染，而且能提高燃料经济性，因此是汽油机中一种最有前途的净化方法。

鉴于混合气形成与燃烧的控制和进行情况，对排放中有害气体的生成有着直接的联系，因此对那些混合气形成与燃烧影响大的因素进行最佳的调节与控制，亦是一种机内净化的有效方法。其中包括对空燃比、点火时刻、进气温度随工况变化进行最佳调节与控制等。

此外，通过改变燃烧室的形状、减少燃烧室的面容比、提高燃烧室的壁面温度、减少点火提前角、增大点火能量等，都能减少有害气体的排放。

从有害气体生成机理的研究中发现，降低NO_x和降低HC、CO所采取的措施往往是相互矛盾的，因而要求针对不同机型的主要矛盾，提出适当的治理措施。一般来讲，在汽油机上采取的措施,要兼顾各种有害成分的全面净化和发动机的性能。

2) 机外净化措施。

如果对机内进行净化处理,改进发动机本身,尚不能符合排放规定时,就要采用附加的净化处理装置,将汽车排放污染物中有害物质尽可能转化成无害物质,再排放到大气中,从而减少对大气环境的污染。净化处理装置的种类比较多,有的是单独使用的;有的为达到满意的净化效果,是两个装置同时结合起来使用的。机外净化的措施主要有:二次空气供给装置、热反应器、三元催化转化器、废气再循环系统、曲轴箱强制通风装置、燃油蒸发控制、微粒捕集器等。

二次空气供给装置:二次空气供给装置用于降低从燃烧室排到排气管中未完全燃烧的 HC 和 CO 的排放量。它是利用燃烧后的高温,使废气中残留的 HC 和 CO 与空气相混合后再燃烧,达到排气净化的目的。

热反应器:热反应器也是一种用于降低 HC 和 CO 排放量的后处理装置。它安装在发动机排气道的出口处,通常与二次空气供给装置一起使用。二次空气与废气相混合初步氧化燃烧后,进入热反应器,使其利用本身的余热而保持反应所需要的高温,在热反应器中再进行氧化和燃烧,从而进一步降低这 HC 和 CO 的排放量。

三元催化转化器:当汽车废气通过转化器时,三元催化器中的催化剂将增强 CO、HC 和 NO_x 三种气体的活性,促使其进行一定的氧化—还原化学反应。其中,CO 在高温下氧化成为无色、无毒的 CO_2;HC 化合物在高温下氧化成 H_2O 和 CO_2;NO_x 还原成 N_2 和 O_2。最终,三种有害气体变成了无害气体。三元催化转化器的转化效率很高,可以转化 90% 以上的有害物质,大大减少了汽车尾气对环境的污染。三元催化反应器的净化效率在空燃比为某一范围时,同时还具有氧化—还原作用,其对 CO、HC 和 NO_x 净化率较高。因此使用三元催化反应器时,必须装氧传感器和空燃比反馈控制系统,通常与 ECU 控制系统结合在一起使用。

废气再循环系统:废气再循环系统是目前用于降低 NO_x 排放的一种有效措施。它是将一部分废气引入进气管与新混合气混合后进入气缸燃烧,从而实现再循环,并对送入进气系统的废气进行最佳控制。它净化 NO_x 的基本原理是:排气中的主要成分是 H_2O、CO 和 N_2,这三种气体的热容量较高,当新混合气和部分排气混合后,热容量也随之增大。在进行相同发热量的燃烧时,与不混入时相比,可使燃烧温度下降,这就抑制了 NO_x 的生成。采用废气再循环系统,会使混合气的着火性能和发动机输出功率下降,因此应选择 NO_x 排放量多的发动机工作范围,进行适量的控制。

曲轴箱强制通风装置:曲轴箱强制通风装置的作用是将窜入曲轴箱内的混合气再循环进入进气歧管,使其再次燃烧,改变了过去将其直接排入大气造成污染的状况。

燃油蒸发控制系统:由油箱蒸发出来的燃油蒸气,经储气罐流入活性炭罐被活性炭吸附。当发动机工作时,在进气管真空度作用下控制阀开启,被活性炭吸附的燃油蒸气与从炭罐下部进入的空气一起被吸入进气管,最后进入气缸被燃烧掉,同时活性炭得到再生。

微粒捕集器:也称为柴油机排气微粒过滤器,简称 DPF。作为微粒捕集器的过滤材料可以是陶瓷蜂窝载体、陶瓷纤维编织物、金属蜂窝载体、金属纤维编织物等,目前应用较多的是美国康宁公司和日本 NCK 公司生产的壁流式蜂窝陶瓷微粒捕集器。与一般催化剂载体不同的是,这种微粒捕集器的壁面是多孔陶瓷,相邻的两个通道中,一个通道的出口侧被堵住，而另一个通道的入口侧被堵住。这就迫使排气由入口侧敞开的通道进入，穿过多孔陶瓷壁面进入相邻的出口侧相邻通道，而微粒就被过滤在通道壁面上。这种微粒捕集器对炭烟的过滤效率可达90%以上，可溶性有机成分SOF（主要是高沸点HC）也能部分被捕集。

6.2 汽车噪声的危害

噪声是指人们不需要并希望设法加以控制和消除掉的声音的总称。汽车是一个综合噪声源，汽车噪声是汽车产生的不同振幅和频率组成的杂乱、令人厌恶并有害于身心健康的综合声辐射的总称。

噪声的危害是多方面的。噪声可以使人的听力下降，甚至耳聋，也可能诱发一些其他疾病。噪声作用于人的中枢神经系统，使大脑皮层兴奋、抑制失调，产生头痛、脑涨、昏晕、耳鸣、失眠、心慌等症状。噪声也可以影响人的各个系统，如消化系统、内分泌系统等。近年来，人们发现，在一定强度的噪声影响下，人们会出现心跳过速、心律不齐、血压增高等症状。汽车噪声一般是中强度噪声，一般达60～90 dB，由于车辆多，影响面广，所以对人体和环境的危害很大。汽车的高噪声不仅影响环境，还会使驾驶员工作效率下降、反应迟钝，影响行车安全。汽车噪声被称为安全行车的隐形杀手。

随着现代交通运输的发展，城市交通工具越来越多，运行的速度越来越快，运输工具的功率越来越大，交通运输噪声已成为现代城市环境的最主要的噪声源之一。据一些大城市统计，交通运输噪声均占城市噪声的75%，其中以汽车噪声影响最大。为了给人们创造良好的学习、工作和生活环境，尽量减少噪声的干扰和对人体的危害，应减少或控制汽车的噪声。因此，采取有效的措施降低汽车本身的噪声是非常必要的。

6.2.1 声学基本知识

1. 声波

当物体振动时，会激励周围的空气产生周期性的压缩和膨胀，并逐渐向外传播，这一传播过程即声波。液体和固体也能传播声波。当声波传播到人耳时，人就听到了声音。人耳能听到的声频为20～20 000 Hz，低于20 Hz的声波称为次声波，高于20 000 Hz的声波称为超声波。

2. 声压

在静止时，空气中存在着均匀的大气压强，当声波传播时，空气由于产生压缩和膨胀过程，使大气压强增加或降低，这一变化部分的压强，即总压强与静止时大气压强的差值称为声压，单位为帕（Pa）。

正常人耳朵在声波频率为1 000 Hz时能听到的最低声压为2×10^{-5}Pa，这个值称为人耳的听阈，也叫基准声压。人耳能承受的最高声压是20 Pa，这个值称为人耳的痛阈，也叫极限声压。最高声压与最低声压相差达1 000 000倍。因此，用声压数值来表示声音的强弱极为不便，另外也不符合人耳对声音强弱变化的感觉。为此，建立了声压级的概念。

3. 声压级

声压级是声音的实际声压和基准声压之比，取以10为底的对数再乘以20，单位为分贝（dB）。

$$声压级 = 20\lg \frac{声压}{基准声压} \text{ (dB)}$$

一般取参考声压为 2×10^{-5} Pa。根据声压级公式可以得出：听阈的声压级为 0 dB，而痛阈的声压级为 120 dB。由于采用了声压级，就将相差 100 万倍的可听声压范围简化成了 0~120 dB 的声压级变化，它既符合人耳对声音的主观感觉，也便于表示。

4. 噪声

噪声是由各种不同频率和不同声压级的声音无规律地组合起来，形成声响较大，声色不悦耳，使人感觉不舒适、不喜欢或无好感的综合声音的总和。噪声并非单独的物理量，其包含主观与心理上的一些因素。如声响很大的迪斯科乐曲，有人感觉是激情的音乐，也有人感觉是烦恼的噪声；身处寂静的深山，听到远处公路上的汽车喇叭声，不觉得是噪声，反而有舒服的感觉。

一些典型环境中的噪声级见表 6-3。

表 6-3 典型环境中的噪声级

声源	位置	声压级/dB
飞机起飞时	机场跑道	130~140
汽车喇叭	2 m	90~110
公共汽车内	人耳处	80~90
交通噪声	人行道	65~75
较安静的白天		40~50
静夜		30~40

6.2.2 汽车噪声源和控制措施

汽车在行驶中受到发动机和传动系的影响以及来自路面的冲击，所有零部件都会产生振动和噪声。噪声大小因汽车的类型不同而异，还与车辆的技术状况和车辆的使用情况有关。当汽车加速行驶、制动减速和在非良好路面上行驶时噪声较大。汽车噪声主要包括发动机噪声、传动系噪声、高速行驶时产生的轮胎噪声以及车体振动噪声，有时喇叭噪声和制动噪声也是汽车的主要噪声源。

1. 发动机噪声

直接从发动机机体及附件向空间传播的噪声称为发动机噪声。发动机是一个包括各种不同性质噪声的综合噪声源，是汽车的主要噪声源。发动机噪声随机型、运行工况的不同而有很大差异。在相同转速下，柴油机噪声较汽油机噪声高 5~10 dB（A）。发动机噪声主要包括燃烧噪声、机械噪声、进气噪声、排气噪声和风扇噪声等。按照噪声的辐射方式来分类，燃烧噪声和机械噪声是通过发动机表面向外辐射的，故称为发动机表面噪声；进、排气噪声和风扇噪声则是直接向大气辐射的噪声，是空气动力噪声。

（1）燃烧噪声。

燃烧噪声是燃料在发动机的气缸内燃烧而产生的声音，指燃烧时气缸内压力急剧上升冲击活塞、连杆、曲轴、缸体及气缸盖等引起发动机壳体表面振动而辐射出来的噪声。燃烧噪声是发动机的主要噪声源。一般地，柴油机的燃烧噪声高于汽油机的燃烧噪声。

压力升高率是影响燃烧噪声的根本因素。因而，燃烧噪声主要集中在速燃期，其次是缓燃期。在使用过程中，汽油机主要是通过根据压缩比选择合适牌号的燃料、适当推迟点火提前角、及时清除燃烧室积炭来减少爆燃和表面点火的产生，即可控制燃烧噪声。柴油机控制燃烧噪声的根本措施是降低燃烧时的压力增长率。由于压力增长率取决于着火延迟期和着火延迟期内形成的可燃混合气的数量和质量，因此可以通过选用十六烷值高的燃料，合理组织喷射和选用低噪燃烧室等实现。

（2）机械噪声。

由于相互运动的零件之间存在间隙，发动机运转时零件在气体压力和机件惯性力的作用下产生撞击及周期性作用使零部件产生弹性变形导致发动机壳体表面振动所引起的噪声称为机械噪声。机械噪声主要包括活塞敲缸噪声、配气机构噪声、齿轮啮合噪声、供油系噪声、不平衡力引起的噪声等。

活塞敲缸噪声，通常是发动机最大的机械噪声源。敲缸的强度主要取决于气缸的最大爆发压力和活塞与气缸之间的间隙。控制活塞敲缸噪声的措施主要有：在满足使用与装配的前提下，尽量减少活塞与气缸之间的间隙。

配气机构噪声是由于气门开启和关闭时产生的撞击以及系统振动而形成的噪声。影响配气机构噪声的主要因素有凸轮形线、气门间隙和配气机构的刚度等。配气机构噪声的控制应从减少气门间隙、优化凸轮形线、提高配气机构刚度、减轻驱动元件质量等方面着手。

（3）进、排气噪声。

进、排气噪声是由于发动机在进、排气过程中的气体压力波动和气体流动所引起的振动而产生的噪声，按照噪声形成的机理，其都属于空气动力噪声。其中，排气噪声是仅次于发动机机体噪声的噪声源，其强弱与风扇噪声类似，有时甚至比发动机机体噪声高 10～15 dB（A）。进气噪声比排气噪声小，但所特有的低频成分可使车身发生共振，是产生车内噪声的原因之一。

发动机进、排气噪声包括：进、排气管中流动气流的压力脉动所产生的低、中频噪声；气流以高速流过气门的进气截面时，形成涡流，产生高频噪声；在气缸内气体产生动力振动的过程中，气门迅速关闭时，进、排气系统也会产生气体振动，并通过进排气门表面传播噪声。

进气噪声主要频率为 0.05～0.5 kHz，其主要成分为低频噪声。进气噪声随转速的提高而增强。转速提高，吸入空气的流速提高，同时在进气管入口处空气脉动强度和频率随之提高。进气噪声随负荷增大而略有增加。

排气噪声的主要频率为 0.05～5 kHz。对非增压发动机来说，排气噪声可高达 110～120 dB（A）（距离排气口 1 m 处）。排气噪声与发动机排量、有效功率、有效转矩、平均有效压力、排气口面积有关。

降低进、排气噪声的主要措施是使用消声效果好的消声器。由于消声器的阻抗大，会使发动机的性能恶化，因此要选用阻抗小而消声效果好的消声器。此外，在使用过程中，要注意检查进、排气系统紧固作业和接头的密封状况，以减小表面辐射噪声和漏气噪声。

（4）风扇噪声。

风扇噪声是汽车的最大噪声源之一。目前，由于车内普遍装设空调系统和排气净化装置等，使发动机罩内温度升高，冷却风扇负荷加大，风扇噪声相应增大。风扇噪声主要是空气动力噪声，它由旋转噪声和涡流噪声组成。此外，还有因风扇机械零件（如轴承松旷等）机械振动引起的噪声。旋转噪声是由风扇旋转的叶片周期性地切割空气，引起空气的压力脉动而激发出的噪声。涡流噪声是由于风扇旋转时叶片周围产生的空气涡流而造成的。控制风扇噪声的措施有合理布置风扇与散热器之间的距离、改进叶片形状、选择能减少噪声的叶片材料等。

2. 传动系噪声

传动系噪声包括变速器噪声、传动轴噪声及驱动桥噪声。其中变速器是主要噪声源。

（1）变速器噪声。

变速器噪声主要有齿轮噪声、轴承噪声、润滑油搅动噪声、发动机通过离合器传至变速器箱体的振动噪声等。在使用维修中，应注意及时更换齿面剥落、缺损、磨损严重的齿轮，防止齿轮与轴上的花键配合松旷、轴向间隙过大、轴弯曲或轴承松旷等，保证齿轮正常的啮合间隙，以减少齿轮噪声；及时更换钢珠碎裂或有疲劳麻点的轴承，消除轴承磨损严重引起的轴向或径向间隙过大和轴承内、外圈配合松动，均可以减少轴承运转噪声；润滑油黏度要合适且油量足够，及时清除变速器中的异物，经常检查紧固螺母以免松动。此外，提高齿轮加工精度，选择合适的齿轮材料，设计固有振动频率高、密封性好、隔声性强的齿轮箱等均可减少变速器噪声。

（2）传动轴噪声。

传动轴噪声是由于发动机转矩波动、变速器及驱动桥等振动输入、万向节输入和输出的转速和转矩不均衡以及传动轴本身的不平衡引起的。传动轴噪声的扩散主要有两个途径，其一是经传动轴的中间支承、变速器和后桥传至车身及其部件，引起广泛的振动和噪声；其二是直接向外辐射噪声。传动轴噪声的能量一般很小，在传动系噪声中不占主要地位。

传动轴噪声主要表现为汽车行驶中传动轴发出周期性响声，且车速越高响声越严重，甚至引起车身发生抖动、驾驶员握转向盘的手有麻木感，这是由于传动轴变形、轴承松旷及装配不良等原因造成的。因而在装配传动轴时，应注意传动轴花键槽和伸缩节的装配记号；万向节凸缘叉接合平面清洁平整；避免中间轴承装配歪斜、支架螺栓松动或松紧不一；传动轴应进行动平衡试验，使用中经常检查平衡片有无脱落，避免超速行驶，以减少不平衡现象。

（3）驱动桥噪声。

驱动桥噪声在汽车行驶时车后部发出较大的响声，且车速越高响声越大，主要是齿隙不合适、齿轮装配不当、轴承调整不当等原因造成的。在使用维修中，要注意主减速器中锥形齿轮的啮合面及间隙调整适当，保证足够的齿轮轴承预紧度及轴承座孔的同轴度等。

3. 轮胎噪声

轮胎噪声包括轮胎花纹噪声、道路噪声、弹性振动噪声以及轮胎旋转时搅动空气引起的风噪声。

（1）花纹噪声。

花纹噪声在轮胎噪声中占主要地位。汽车在行驶时，因轮胎胎面花纹槽内的空气在接地时被挤压，并有规则地排出，引起周围压力变化而引起噪声。

（2）道路噪声。

轮胎花纹噪声是由胎面凹凸而引起的，而道路噪声是由于路面凹凸不平而产生的噪声。

当汽车通过凸凹路面时,轮胎胎面使凹凸内的空气因受挤压和排放,类似于泵的作用而形成噪声。

轮胎花纹噪声和道路噪声都是轮胎和路面相互作用而产生的噪声。

(3) 弹性振动噪声。

弹性振动噪声是由于轮胎不平衡、胎面花纹刚度变化或路面凹凸不平等原因激发轮胎振动而产生的噪声,其振动频率一般在 200 Hz 以下。弹性振动噪声是轮胎本身的弹性引起的,由于振动频率低,不在人的听觉敏感范围内,所以影响不大。

(4) 风噪声。

风噪声与路面无关,它是轮胎在前进和旋转时搅动周围空气而产生的空气振动声。

影响轮胎噪声的因素主要有轮胎花纹、车速、负荷、轮胎气压、轮胎磨损程度以及路面状况等。

轮胎噪声随车速提高而增大的原因:一是轮胎花纹内的空气容积变化速度加快,"气泵"声增大;二是胎面花纹承受的激振力增大,振动声也随之增大。

当车辆的负荷不同时,轮胎花纹的挤压作用也产生变化。随着载荷的增加,胎面花纹的变形增大,轮胎的胎肩逐渐接触地面,横向花纹便容易造成"空腔的封闭"而使噪声增大,而对纵向花纹轮胎则影响不大。

轮胎气压增加,轮胎变形小,反之则变形增大。因此,对于齿形花纹轮胎来说,当气压高时,噪声小;而气压低时,噪声大。

对于齿形花纹轮胎,胎冠尺寸增大,花纹的接地状态产生变化,使噪声增大。当进一步磨损时,花纹逐渐磨平,槽内空气量减少,噪声降低。

路面状况对轮胎噪声的影响主要取决于路面的粗糙度和潮湿程度。随路面的粗糙度和潮湿程度的增大,其轮胎噪声随之增大。

使用中适当提高轮胎气压,可使轮胎变形减小,降低噪声。装配轮胎时应对轮胎进行动平衡试验,若不平衡会增加弹性振动,导致噪声增加。在汽车行驶过程中,应避免急起步、转弯、急制动,以减少轮胎自振噪声。

6.3 汽车电波危害

在汽车电气设备中,有很多导线、线圈等电气元件,它们具有不同的电容和电感,而任何一个具有电感、电容的闭合回路都会形成振荡。因此,在汽车电气设备中有很多振荡回路。当火花放电时,就会产生高频振荡并以电磁波的形式放射到空中,切割无线电或电视天线,从而引起干扰。在汽车的电气设备中,点火系的干扰最为严重。此外,还有发电机、调节器以及灯开关等。

当汽车上的电气设备工作时,经常发出的无线电电波,其作用半径可达几百米,使汽车上的收音机产生杂音或失真及无线电通信等被干扰,以致无法正常工作,甚至附近的收音机、电视机也会受到影响。

汽车电波公害尚没有像汽车排出的废气公害和噪声公害对人们生活环境造成那么严重的影响,所以关于汽车对电视和无线电通信等的电波干扰,我国目前尚未纳入规范和标准要求。

目前通常采用的防无线电干扰装置有以下几种。

1. 加装阻尼电阻

在汽车点火装置的高压电路中适当串入阻尼电阻或采用特制高压阻尼导线，以削弱电火花产生的高频振荡放电。

2. 加装电容器

在汽车电气中凡是产生火花的部件上并联适当容量的电容器，以便吸收火花能量，减弱高频振荡电磁波的发射，如发电机的"电枢"接柱与搭铁之间以及调节器"电池"与搭铁之间并联 0.2～0.8 μF 的电容器，在水温表、油压表传感器的触点处并联一个 0.1～0.2 μF 的电容器等。

3. 加装屏蔽遮掩

在容易产生火花的电器外，用金属网遮掩起来，导线也用密织的金属网或金属套管套起来，并将金属网搭铁。这样就使这些电器因火花而发射的电磁波在金属屏蔽内产生寄生电流变成热能消失，使电磁波不能发射出去，从而起到防干扰作用。

为了获得更好的防干扰效果，往往多种方法综合使用。

6.4 汽车车内空气污染

自 20 世纪 80 年代开始，很多国家开始关注车内空气污染。研究发现，车内空气污染有时会高于车外 10 倍以上。为此，不少国家的环保机构制定了汽车车内环境标准，使得汽车车内各种有害气体的含量有了明确的限值，以确保车内空气污染没有达到对驾乘人员健康产生影响的程度。

6.4.1 汽车车内空气污染分析

1. 汽车车内空气污染的概念

由于汽车车内引入能释放有害物质的污染源或汽车车内环境通风不佳而导致汽车车内空气中有害物质的含量和种类均不断增加，并影响汽车车内人员的健康，称为汽车车内空气污染。

2. 汽车车内空气污染的特点

（1）累加性。

汽车车内各种物品，包括装饰材料、地毯、空调等都可能释放出一定的化学物质，若不采取有效措施，它们将在车内逐渐累加，导致污染物浓度增大，对人体构成危害。

（2）多样性。

汽车车内空气污染的多样性既包括污染物种类的多样性，如生物性污染物（细菌）、化学性污染物（甲醛、苯、一氧化碳、二氧化碳等）；又包括汽车车内污染物来源的多样性，如车外污染源（道路上浓度较高污染物）、车内污染源（装饰材料在车内释放的污染物）等。

（3）多变性。

汽车车内空气污染程度随汽车使用条件而变化，如汽车运行工况、汽车技术状况、环境状况（气温与环境的污染状况等）等都影响车内污染。

(4) 长期性。

即使浓度很低的污染物，若长时间作用于驾乘人员，也会影响健康。

3. 汽车车内空气污染物种类

汽车车内空气污染物主要有甲醛、甲苯及二甲苯、氮氧化物、二氧化硫、二氧化碳、一氧化碳、甲苯二异氰酸酯、总挥发性有机物、可吸入微粒物及细菌等。

4. 汽车车内空气污染主要来源

(1) 汽车本身。

目前国内汽车市场需求很大，许多未经有害气体释放期的汽车直接进入市场。由于安装在车内的塑料材质的配件、地毯、车顶毡、沙发等都含有可释放的有害气体，故会造成汽车车内空气污染。

(2) 汽车车内装饰。

多数消费者买车后都要进行车内装饰，还有的经销商以买车送装饰为优惠条件，使一些含有有害物质的坐套垫、胶黏剂进入车内。这些装饰材料多含有苯、甲醛、丙酮、二甲苯等有毒气体，从而造成汽车车内污染。豪华车内部装饰选用的真皮、桃木、电镀、金属、油漆、工程塑料等如果处理不当，也会挥产生有害物质。

(3) 汽车车内驾乘人员活动。

人体新陈代谢物（皮屑、毛发、口鼻分泌物、排泄物等）、吸烟时的烟雾、不清洁的汽车车内环境等造成的污染都属于人为污染。

(4) 其他。

汽车发动机产生的尾气、汽油挥发、空调蒸发器产生的细菌等有害物质进入汽车车内，均会造成汽车车内空气污染。

5. 汽车车内空气污染形成原因

汽车车内封闭空间空气污染的形成原因主要有以下四种：

(1) 汽车车内装饰物含有一些有害物质。

(2) 汽车车内驾乘人员呼吸出来或物品散发出来的气体长时间得不到散发。

(3) 汽车发动机产生的一些污染物。

(4) 汽车车内空调蒸发器未及时维护。

6.4.2 汽车车内空气污染控制

1. 汽车车内空气污染控制措施

(1) 臭氧法。

采用产生大量臭氧的汽车专用消毒机进行消毒。臭氧是一种具有广泛性的、高效的快速杀菌剂，可以杀灭多种病菌、病毒及微生物。利用臭氧消毒一般不残存有害物质，不会对车内造成二次污染。

(2) 离子法。

通过车载氧吧释放离子达到车内空气清新的目的。事实上其是一种空气清新和净化的方式，具有使用简单、操作方便的优点，但缺点是净化过程缓慢。

(3) 光触媒法。

光触媒是一种光催化型纳米材料，构成光触媒的关键材料是纳米级二氧化钛。这种二氧化钛光催化剂见光产生正、负电子，其中正电子与空气中的水分子结合产生具有氧化分解能力的氢氧自由基，而负电子则与空气中的氧结合成活性氧，两者均具有强大的降低车内空气污染的能力。氢氧自由基能对于汽车车内常见的污染物进行氧化还原反应，将其转化为无害的水和二氧化碳，同时还可清除汽车车内的浮游细菌，从而降低车内空气污染。

2. 常用汽车车内空气污染控制设备

目前常用的汽车车内空气污染控制设备有以下几种。

（1）车用空气清新剂。

清新剂由于携带方便、使用简单及价格便宜，是控制车内空气污染的常用物品。其原理是在发出恶臭的物质中加入少量药剂，通过化学反应除臭，或使用强烈的芳香物质隐蔽臭气。空气清新剂常见的香型有单花香型（茉莉花、玫瑰花、桂花、铃兰花、栀子花、百合花等）、复合香型、瓜果香型（苹果、菠萝、柠檬、哈密瓜等）、青草香型、"海岸"香型、"香水"香型（素心兰）等。

（2）车载氧吧。

车载氧吧是利用活性氧发生技术，通过高频振荡，快速生成负离子，其除了可以消除车内的空气异味外，还具有消毒、杀菌、防霉和提神等功效。与传统的空气清新剂相比，车载氧吧能彻底清除车内有害气体，达到净化空气质量的目的。

（3）光源车用空气除臭器。

光源车用空气除臭器是最新推出的空气净化方式，是利用活性炭加光催化达到净化空气的目的，采用先进的光催化材料及技术有效去除汽车内饰异味。

本章小结

（1）汽车公害包括排放、噪声、电波干扰与车内汽车污染。

（2）汽车排放的污染物主要有一氧化碳（CO）、碳氢化合物（HC）、氮氧化物（NO_x）、微粒物（PM）等，国标规定一系列限值标准。每种污染物的形成条件不完全相同，但是对人体和环境都会产生严重危害。

（3）污染物的生成量取决于混合气的空燃比，一切影响空燃比的因素都将影响到污染物的排放浓度。使用过程中，随负荷、发动机转速、车速、点火及喷油时刻的变化，CO、HC、NO_x 的排放浓度变化很大。要特别注意，汽油机怠速工况 CO、HC 排放量较多，柴油机满负荷工况排放的炭烟量较多。此外，保持良好的发动机技术状况（如供油系、点火系等）、提高驾驶技术，采用排气净化装置等是减少排放污染物的有效措施。

（4）影响汽车排放污染物的因素涉及汽车发动机的结构因素、使用因素等多方面。

（5）噪声公害对人和环境的危害也很大。汽车在行驶中受到发动机和传动系的影响以及来自路面的冲击，所有零部件都会产生振动和噪声。噪声大小因汽车的类型不同而异，还与车辆的技术状况和车辆的使用情况有关。当汽车加速行驶、制动减速和在非良好路面上行驶时噪声较大。汽车噪声主要包括发动机噪声、传动系噪声、高速行驶时产生的轮胎噪声以及车体振动噪声，有时喇叭噪声和制动噪声也是汽车主要噪声源。

（6）为了降低发动机噪声，应采取以下措施：

1）从使用和设计方面采取措施，降低压力升高率，以减少燃烧噪声。

2）使用维修中注意活塞连杆组、配气机构、齿轮机构、柴油机供给系等各零部件间的配合间隙、装配要求、修复质量等；设计中应注意各零部件的刚度、材料、加工精度等，以减少机械噪声。

3）采用消声效果好的消声器，以减少进、排气噪声。

4）风扇噪声不容忽视，特别是车内装有空调系统和排气净化装置的汽车更应从设计和使用维修方面采取措施，降低风扇噪声。

传动系噪声大小取决于变速器噪声、传动轴噪声及驱动桥噪声，传动轴噪声在某一车速时，由于共振而达到最大，严重时影响驾驶员的操作。因而，应特别注意对修复的传动轴进行动平衡，并使传动系各部齿轮装配正确，轴承预紧度合适，润滑油足够，以减少传动系噪声。随着汽车行驶中制动频繁程度的提高，制动噪声越来越引起人们的重视。设计低噪声制动系统、合理修复制动器各部件，是降低噪声的主要措施。轮胎噪声主要取决于轮胎花纹样式、车速及负荷、胎压及轮胎装配情况、轮胎磨损程度以及路面状况等。

（7）由于汽车车内引入能释放有害物质的污染源或汽车车内环境通风不佳而导致汽车车内空气中有害物质的含量和种类均不断增加，并影响汽车车内人员的健康，称为汽车车内空气污染。汽车车内空气污染具有累加性、多样性、多变性、长期性等特点。汽车车内空气污染物主要来自汽车本身、汽车车内装饰、汽车车内驾乘人员活动等。汽车车内空气污染控制措施主要有臭氧法、离子法、光触媒法。

（8）随着人们生活水平的提高，对汽车的乘坐舒适性和城市环境提出了更高的要求，因而研制环境友好性汽车和在使用中限制汽车污染物的生成量、降低汽车噪声、控制汽车车内空气污染，是现代汽车技术发展的主要方向之一。

思考与习题

1. 解释光化学烟雾、汽车噪声、车内空气污染。
2. 简述 CO、HC、NO_X、炭烟等排放污染物的形成原因。
3. 简述空燃比对排放浓度的影响。
4. 分析使用因素中负荷对 CO、HC、NO_X、炭烟等的影响。
5. 为什么柴油机排出的 CO 和 HC 浓度远低于汽油机？简述柴油机炭烟的形成机理。
6. 分析降低汽车排放污染物的主要措施有哪些方面。
7. 简述汽车噪声的主要噪声源。
8. 分析燃烧噪声、机械噪声、轮胎噪声的产生原因。
9. 汽车电波的公害有哪些？如何预防和控制？
10. 简述汽车车内空气污染的来源与控制措施。

第 7 章 汽车使用寿命

1. 汽车使用寿命。
2. 汽车损耗。
3. 汽车更新及其原则。
4. 汽车报废标准。

对于使用的汽车，为了更好地发挥其经济效益与社会效益，必须了解汽车的使用寿命，适时更新和报废。

本章主要介绍汽车的使用寿命及其评价指标，汽车损耗的相关知识，汽车经济使用寿命的确定方法与汽车更新和报废标准。通过本章的学习，应熟练掌握汽车使用寿命的概念以及汽车使用寿命的分类，掌握汽车损耗的基本知识，了解汽车经济使用寿命的计算方法，了解汽车更新的原则，了解有关汽车报废标准。

7.1 汽车使用寿命概述

7.1.1 汽车使用寿命

汽车使用寿命是指汽车从开始使用到不能使用所经历的时间或里程，常用累计使用年数或累计行驶里程数表示。汽车使用寿命的长短直接影响汽车的使用效益，其实质是指从技术和经济上达到汽车使用极限。

汽车在正常使用过程中，其使用性能随着使用年限或行驶里程的增加而逐渐下降，过早地报废汽车和无限制地延长汽车使用寿命，都将给汽车的使用带来严重的问题。如果无限制地延长汽车的使用寿命，车辆老旧，其动力性能、经济性能、环境友好性能及行驶安全性能会大幅度下降，直接地造成燃料消耗增加和维修频繁，维修费用剧增；间接地造成严重的汽车公害和车辆平均技术速度下降，运输效率下降，运输成本增高等。相反，如果过早地报废汽车，会造成大量资源的浪费。

国际范围内汽车产量逐年增长，汽车作为一种重要的商品，需要更大的市场，多数国家采用缩短汽车使用年限的方法，刺激汽车销售，无形中造成过早地报废汽车。这样一方面大量资源被浪费；另一方面报废汽车的再处理会产生大量有害物质。

因此，研究汽车使用寿命的意义在于合理地确定汽车的使用寿命，确保在用车辆具有良好的技术状况及使用性能，保持安全环保、节约能源与运输高效，充分发挥汽车的社会效益和经济效益。

7.1.2 汽车使用寿命分类

根据汽车终止使用的原则不同，汽车使用寿命一般分为自然使用寿命、技术使用寿命、经济使用寿命和折旧使用寿命。

1. 汽车自然使用寿命

汽车自然使用寿命，又称为物理使用寿命，是指汽车从全新状态投入使用开始，直到不能用维修的方法恢复其主要使用性能为止所经历的时间或行驶里程。汽车自然使用寿命取决于汽车的设计水平、制造品质、使用技术与维修质量等。通过恢复性修理，可延长车辆设备的自然使用寿命，汽车维修工作做得越好，汽车自然使用寿命就越长。

2. 汽车技术使用寿命

汽车技术使用寿命是指汽车从全新状态投入使用开始，直到汽车生产成本的降低或汽车新技术的出现使原有设备丧失其使用价值为止所经历的时间或行驶里程。汽车技术进步越快，汽车技术使用寿命就越短。

3. 汽车经济使用寿命

汽车经济使用寿命是指汽车从全新状态投入使用开始，到年平均总费用最低的使用年限。

年平均费用是车辆所使用年限内，每年平均折旧费用与该车的经营费用之和。汽车使用时间越长，每年分摊的折旧费越少。同时，由于汽车有形磨损增加，汽车的技术性能逐渐下降，使汽车运行所需要的经营费用（材料费用、工时费用和维修费用）随之增加。延长汽车使用年限而使折旧费用的下降，会被经营费用的增加逐渐抵销，虽然汽车在技术上仍可以继续使用，但年平均总费用上升，在经济上不宜继续使用。

汽车使用寿命的确定，应以汽车经济使用寿命为基础，从国家经济发展的实际情况出发，随着国家经济的发展和汽车技术的进步，合理的汽车使用寿命趋近于汽车经济使用寿命。

4. 汽车折旧使用寿命

汽车折旧使用寿命是指按照国家或企业规定的折旧率，将汽车的原值扣除残值后的余额折旧到接近于零为止所经历的时间或里程。汽车的折旧使用寿命一般介于汽车自然使用寿命与汽车技术使用寿命之间。值得注意的是：汽车的折旧使用寿命是提取汽车折旧费的依据，不是汽车报废的标准，二者不可混淆。

7.2 汽车损耗与更新

汽车的损耗分为有形损耗和无形损耗两种。在汽车整个使用寿命期内，汽车的使用性能及经济指标会逐渐下降，出现下降的原因主要来自汽车的损耗。汽车的损耗到一定程度，就需要汽车更新。所谓汽车更新，是指以同类型新车或者高效率、低消耗、性能先进的汽车替换在用汽车。

7.2.1 汽车有形损耗

汽车有形损耗是指由于载荷和周围介质的作用，汽车在使用或闲置过程中发生的实体损耗，这种损耗又称为物质损耗。有形损耗将导致产生汽车故障和汽车性能下降，如汽车动力性下降、油耗增加、振动加大等都是汽车有形损耗的具体表现。

汽车的有形损耗主要发生在使用过程中，称为第一种有形损耗。产生原因主要是机械零部件磨损、零件变形、疲劳破坏等，如零件配合副的机械磨损、基础零件的变形、零件的疲劳破坏等。有形损耗发展到一定程度就会出现故障，使汽车经营费用增高、运输效率降低，其变化一般与使用时间和使用强度成正比。

汽车有形损耗发生在汽车闲置过程中，称为第二种损耗。汽车长期闲置不用或管理不善，造成部分零部件老化、破损，是这类损耗产生的主要原因，如金属部件锈蚀、非金属部件老化变形等。第二种磨损一定程度上与闲置时间成正比，管理不善或缺乏必要的维护，会使汽车闲置过程有形损耗加快。

汽车的有形损耗发展到完全损耗的期限，受到很多因素影响：一方面，技术进步可大大推迟有形损耗的期限。这是因为材料的抗磨性、零部件加工精度的提高和表面粗糙度值的降低，以及结构可行性的改善，可使汽车的耐久性得到提高，同时采用正确的预防维护与计划修理，可避免零件出现过度磨损。另一方面，与现代科学技术有关的一系列措施，又会加快有形损耗的速度，提早发展到完全损耗的期限。这是因为采用车辆高度的自动化管理系统和机械化装卸设备，都将大大减少车辆的停歇时间，提高行程利用率，因而在提高车辆使用效率的同时，加大了车辆的使用强度，促使车辆的有形损耗加快。

汽车有形损耗发展到一定程度，就会呈现故障，使维修费、运行材料费增加，运输效率降低。汽车有形损耗反映其使用价值降低，当有形损耗使车辆的技术状况变坏而不能继续作为运输工具使用时，可以认为车辆已到了完全磨损的程度，这就要用同样用途的新车来替代。

7.2.2 汽车无形损耗

汽车无形损耗是指车辆在使用（或闲置）过程中，由于汽车生产成本降低或者新型汽车的出现而引起在用汽车价值贬值，促使在用汽车提前更新而引起的损耗。

车辆价值并不取决于最初的生产耗费，而是取决于再生产所用的生产耗费，在技术进步的同时，这种耗费也是不断下降的。因此，无形损耗又可分为两种形式：第一种无形损耗和第二种无形损耗。

汽车第一种无形损耗是指由于科技进步，使生产同样结构、性能汽车（同型汽车）的再生产价值降低，导致在用汽车的价值贬值而引起的损耗。

发生第一种无形损耗时，车辆的各项技术性能不受影响，但技术进步，使生产该车辆的社会必要劳动耗费降低，相应地就使车辆原始价值发生贬值。虽然车辆遭到第一种无形损耗

时，汽车的使用寿命没有受到实质性影响，但技术进步既影响生产部门，也影响修理部门，而且对这两个部门的影响往往前者大于后者。在实际运用过程中，车辆本身价值降低的速度，比修理价值降低速度快，可能出现修理费用超过合理限度的情况，这样从修理角度分析，有可能使车辆的使用寿命缩短。

汽车第二种无形损耗是指由于科技进步，出现结构更为完善、性能更先进的新型汽车，导致在用汽车的价值贬值而引起的损耗。新型汽车的出现，相对地使旧车型运输生产的经济效果下降。发生第二种无形损耗时，往往在完全磨损之前，就有必要用新车型更新。这种更新的合理性，取决于现有车型的贬值程度和社会及国民经济发展的实际需求。

例如：某单位5年前购进一批普通桑塔纳轿车，由于生产厂家技术进步和生产规模扩大，使该型汽车再生产成本下降，价格下调，使在用普通桑塔纳轿车价值贬值，这属于汽车第一种无形损耗；由于桑塔纳2000型轿车的问世，轿车性能发生了改善，使普通桑塔纳轿车价值严重贬值，这又属于汽车第二种无形损耗。

汽车第一种无形损耗反映了在用汽车的部分贬值，但是汽车本身的技术特性和运输效能并不受到影响。

汽车第二种无形损耗，使得旧型在用汽车在有形损耗发展到完全损耗之前，就出现用新型汽车代替较陈旧的在用汽车的必要性，即产生汽车更新问题。

7.2.3 汽车综合损耗

汽车综合损耗是指汽车使用寿命期内发生的汽车有形损耗和汽车无形损耗的综合。

汽车有形损耗和汽车无形损耗在经济后果上均引起汽车原始价值的降低。汽车有形损耗严重时常会使汽车在修复之前不能正常运行而被迫停驶，而任何汽车无形损耗均不影响汽车的正常运行。

汽车综合损耗的补偿方式有局部补偿和全部补偿两种。汽车有形损耗的局部补偿方式是维修；汽车无形损耗的局部补偿方式是技术改造，但由于汽车技术的进步，这种补偿方式已经很少采用。汽车有形损耗和汽车无形损耗的完全补偿形式就是更换或更新汽车。

7.2.4 汽车更新

汽车更新是汽车有形损耗与无形损耗共同作用的结果。完全的有形损耗往往表现为汽车的大修或报废。完全的无形损耗发生时，与汽车的技术状况无关。汽车更新取决于有形损耗期与无形损耗期的长短及其相互关系，这存在三种情况。

1. "无维修设计"方案

"无维修设计"方案，即通过汽车设计使汽车设备的有形损耗期与无形损耗期相互接近。当车辆达到应该大修的时刻，也同时达到了应该更换的时刻，而这时正好出现效率更高的新设备，无须对车辆进行大修，可用新车型更换旧车。这种"无维修设计"的理想方案，由于存在技术上的问题，实际上难以做到。

2. 汽车已达到完全有形损耗，而汽车无形损耗期尚未到来

汽车已达到完全有形损耗，而汽车无形损耗期尚未到来，这时应研究分析对该汽车进行大修还是更换同车型新车。

3. 汽车无形损耗期早于汽车有形损耗期

汽车无形损耗期早于汽车有形损耗期，应根据经济效益和可能性进行分析比较，或是继续使用原有车辆，或是用更先进的新型车更新未折旧完的在用车辆。科技越进步，完全的有形磨损期就越长，而完全的无形磨损期就越短，随着科技水平的不断提高，无形磨损对于汽车更新起到的作用将会更加明显。

汽车经济使用寿命是确定汽车是否更新的主要依据。汽车行驶到汽车经济使用寿命时，及时更新，可取得最佳经济效果；提前或者推迟更新，都会在一定程度上造成经济损失。

7.3 汽车报废

汽车工业是当代社会拉动国民经济增长的主导性产业。随着我国经济的增长和汽车工业的迅猛发展，客观要求必须制定一套完善的政策措施，对汽车生产、流通、使用和报废等所有环节进行全过程管理。汽车的更新报废就是其中一项重要内容，它关系到国计民生，涉及面广、政策性强、协调难度大。如果汽车不能及时报废，将直接影响我国汽车工业的总体规划和发展，阻碍汽车消费及运输市场的正常发育，还会造成环境污染、资源浪费和严重的交通安全隐患。因此，制定适合我国国情的汽车报废标准并加以实施是非常必要的。

7.3.1 汽车报废

汽车报废是指汽车达到国家报废标准或者虽然未达到国家报废标准，但发动机或者底盘严重损坏，经检验不符合国家机动车运行安全技术条件，或者不符合国家机动车污染物排放标准的机动车，均需报废处理。

7.3.2 汽车折旧制度

自新中国成立以来，我国交通系统一直实行的是汽车折旧制度。规定在汽车达到折旧期后，需要经过技术鉴定，才允许车辆报废。由于折旧率过低，车辆得不到及时更新，老旧车的比重大，使企业的技术经济指标落后，造成越破越修、越修越破的局面。

7.3.3 汽车报废标准

1. 1986 年制定的汽车报废标准

凡属下列情况之一者，汽车都应报废：

(1) 汽车累计行驶里程：载重汽车 50 万千米、矿山特种车 40 万千米、大客车 70 万千米、其他车辆 55 万千米。

(2) 使用年限：载重汽车 12 年、矿山特种车 10 年、大客车 14 年、其他车辆 13 年。虽未超过以上使用年限，但经二次大修，技术状况下降，已无修复价值的。

(3) 汽车经过长期使用，虽经检修或更换零部件，在正常路面条件下行驶，耗油量仍超过国家定型车出厂标准规定值15%的。

（4）由于各种原因造成车辆严重损坏，无法修复，或一次大修理费用为新车价格50%以上的。

（5）车型老旧，使用多年的进口汽车或国产非定型杂牌车，已无配件来源，技术状况低劣，又不宜修复的。

（6）排污量、噪声都已超过国家规定标准的。

2. 1997年修订的汽车报废标准及标准调整情况

进入20世纪90年代中期以后，由于汽车工业的发展，汽车的保有量迅速增加（1997年已达1 219万辆），为了适应汽车生产和交通运输发展以及安全、环保和节能的需要，1997年，国家经贸委等六部（局）重新修订并颁布了新的国家《汽车报废标准》（国经贸经〔1997〕456号）。

凡在我国境内注册的民用汽车，属下列情况之一的应当报废：

（1）轻、微型载货汽车（含越野型）、矿山作业专用车累计行驶30万千米，重、中型载货汽车（含越野型）累计行驶40万千米，特大、大、中、轻、微型客车（含越野型）、轿车累计行驶50万千米，其他车辆累计行驶45万千米；

（2）轻、微型载货汽车（含越野型）、带拖挂的载货汽车、矿山作业专用车及各类出租汽车使用8年，其他车辆使用10年；

（3）因各种原因造成车辆严重损坏或技术状况低劣，无法修复的；

（4）车型淘汰，已无配件来源的；

（5）汽车经长期使用，耗油量超过国家定型车出厂标准规定值15%的；

（6）经修理和调整仍达不到国家对机动车运行安全技术条件要求的；

（7）经修理和调整或采用排气污染控制技术后，排放污染物仍超过国家规定的汽车排放标准的；

（8）除19座以下出租车和轻、微型载货汽车（含越野型）外，对达到上述使用年限的客、货车辆，经公安车辆管理部门依据国家机动车安全排放有关规定严格检验，性能符合规定的，可延缓报废，但延期不得超过本标准第二条规定年限的一半。对于吊车、消防车、钻探车等从事专门作业的车辆，还可根据实际使用和检验情况，再延长使用年限。所有延长使用年限的车辆，都需按公安部规定增加检验次数，不符合国家有关汽车安全排放规定的应当强制报废。

3. 2001年，对汽车报废标准有关问题的规定

（1）旅游载客汽车和9座以上非营运载客汽车达到报废标准后要求继续使用的，按照公安部《关于实施〈汽车报废标准〉有关事项的通知》（公交管〔1997〕261号）第二条规定审批。旅游载客汽车每年定期检验4次；9座以上非营运载客汽车每年定期检验2次；超过15年的，从第16年起每年定期检验4次。

（2）9座（含9座）以下非营运载客汽车达到报废标准后要求继续使用的，不需要审批，每年定期检验2次；超过20年的，从第21年起每年定期检验4次。

(3) 上述车辆定期检验时，连续 3 次检验都不符合国家标准《机动车运行安全技术条件》规定的，公安交通管理部门应当收回机动车号牌和《机动车行驶证》，通知机动车所有人办理注销登记。

(4) 上述车辆达到报废标准后，公安机关交通管理部门不得办理注册登记和转籍过户登记。

4. 2012 年第 12 号《机动车强制报废标准规定》

《机动车强制报废标准规定》自 2013 年 5 月 1 日起施行，所有关于汽车报废相关规定按《机动车强制报废标准规定》中相关要求执行，对汽车报废相关规定如下：

(1) 已注册机动车有下列情形之一的应当强制报废，其所有人应当将机动车交售给报废机动车回收拆解企业，由报废机动车回收拆解企业按规定进行登记、拆解、销毁等处理，并将报废机动车登记证书、号牌、行驶证交公安机关交通管理部门注销：

1) 达到本规定规定使用年限的；

2) 经修理和调整仍不符合机动车安全技术国家标准对在用车有关要求的；

3) 经修理和调整或者采用控制技术后，向大气排放污染物或者噪声仍不符合国家标准对在用车有关要求的；

4) 在检验有效期届满后连续 3 个机动车检验周期内未取得机动车检验合格标志的。

(2) 各类机动车使用年限分别如下：

1) 小、微型出租客运汽车使用 8 年，中型出租客运汽车使用 10 年，大型出租客运汽车使用 12 年；

2) 租赁载客汽车使用 15 年；

3) 小型教练载客汽车使用 10 年，中型教练载客汽车使用 12 年，大型教练载客汽车使用 15 年；

4) 公交客运汽车使用 13 年；

5) 其他小、微型营运载客汽车使用 10 年，大、中型营运载客汽车使用 15 年；

6) 专用校车使用 15 年；

7) 大、中型非营运载客汽车（大型轿车除外）使用 20 年；

8) 三轮汽车、装用单缸发动机的低速货车使用 9 年，装用多缸发动机的低速货车以及微型载货汽车使用 12 年，危险品运输载货汽车使用 10 年，其他载货汽车（包括半挂牵引车和全挂牵引车）使用 15 年；

9) 有载货功能的专项作业车使用 15 年，无载货功能的专项作业车使用 30 年；

10) 全挂车、危险品运输半挂车使用 10 年，集装箱半挂车 20 年，其他半挂车使用 15 年；

11) 正三轮摩托车使用 12 年，其他摩托车使用 13 年。

对小、微型出租客运汽车（纯电动汽车除外）和摩托车，省、自治区、直辖市人民政府有关部门可结合本地实际情况，制定严于上述使用年限的规定，但小、微型出租客运汽车不得低于 6 年，正三轮摩托车不得低于 10 年，其他摩托车不得低于 11 年。

小、微型非营运载客汽车、大型非营运轿车、轮式专用机械车无使用年限限制。

机动车使用年限起始日期按照注册登记日期计算，但自出厂之日起超过2年未办理注册登记手续的，按照出厂日期计算。

(3) 变更使用性质或者转移登记的机动车应当按照下列有关要求确定使用年限和报废：

1) 营运载客汽车与非营运载客汽车相互转换的，按照营运载客汽车的规定报废，但小、微型非营运载客汽车和大型非营运轿车转为营运载客汽车的，应按相关规定核算累计使用年限，且不得超过15年；

2) 不同类型的营运载客汽车相互转换，按照使用年限较严的规定报废；

3) 小、微型出租客运汽车和摩托车需要转出登记所属地省、自治区、直辖市范围的，按照使用年限较严的规定报废；

4) 危险品运输载货汽车、半挂车与其他载货汽车、半挂车相互转换的，按照危险品运输载货汽车、半挂车的规定报废。

距本规定要求使用年限1年以内（含1年）的机动车，不得变更使用性质、转移所有权或者转出登记地所属地市级行政区域。

(4) 国家对达到一定行驶里程的机动车引导报废。

达到下列行驶里程的机动车，其所有人可以将机动车交售给报废机动车回收拆解企业，由报废机动车回收拆解企业按规定进行登记、拆解、销毁等处理，并将报废的机动车登记证书、号牌、行驶证交公安机关交通管理部门注销：

1) 小、微型出租客运汽车行驶60万千米，中型出租客运汽车行驶50万千米，大型出租客运汽车行驶60万千米；

2) 租赁载客汽车行驶60万千米；

3) 小型和中型教练载客汽车行驶50万千米，大型教练载客汽车行驶60万千米；

4) 公交客运汽车行驶40万千米；

5) 其他小、微型营运载客汽车行驶60万千米，中型营运载客汽车行驶50万千米，大型营运载客汽车行驶80万千米；

6) 专用校车行驶40万千米；

7) 小、微型非营运载客汽车和大型非营运轿车行驶60万千米，中型非营运载客汽车行驶50万千米，大型非营运载客汽车行驶60万千米；

8) 微型载货汽车行驶50万千米，中、轻型载货汽车行驶60万千米，重型载货汽车（包括半挂牵引车和全挂牵引车）行驶70万千米，危险品运输载货汽车行驶40万千米，装用多缸发动机的低速货车行驶30万千米；

9) 专项作业车、轮式专用机械车行驶50万千米；

10) 正三轮摩托车行驶10万千米，其他摩托车行驶12万千米。

各类机动车使用年限及行驶里程数参考值汇总见表7-1。

表 7-1 机动车使用年限及行驶里程数参考值汇总

车辆类型与用途				使用年限/年	行驶里程数参考值/万千米
汽车	载客	营运	出租客运 小、微型	8	60
			出租客运 中型	10	50
			出租客运 大型	12	60
			租赁	15	60
			教练 小型	10	50
			教练 中型	12	50
			教练 大型	15	60
			公交客运	13	40
			其他 小、微型	10	60
			其他 中型	15	50
			其他 大型	15	80
			专用校车	15	40
		非营运	小、微型客车、大型轿车*	无	60
			中型客车	20	50
			大型客车	20	60
	载货		微型	12	50
			中、轻型	15	60
			重型	15	70
			危险品运输	10	40
			三轮汽车、装用单缸发动机的低速货车	9	无
			装用多缸发动机的低速货车	12	30
	专项作业		有载货功能	15	50
			无载货功能	30	50
挂车	挂车		集装箱	20	无
			危险品运输	10	无
			其他	15	无
	全挂车			10	无
摩托车			正三轮	12	10
			其他	13	12
轮式专用机械车				无	50

注：表中机动车主要依据《机动车类型、术语和定义》（GA 802—2008）进行分类；
标注 * 车辆为乘用车

本章小结

（1）汽车使用寿命是指汽车从开始使用到不能使用所经历的时间或里程，常用累计使用年数或累计行驶里程数表示。汽车使用寿命的长短直接影响汽车的使用效益。工业发达国家汽车的使用寿命一般为 7～12 年。

（2）根据汽车终止使用的原则不同，汽车使用寿命一般分为自然使用寿命、技术使用寿命、经济使用寿命和折旧使用寿命。

（3）在汽车整个使用寿命期内，汽车使用性能及经济指标会逐渐下降，下降的原因主要受到汽车损耗的影响。汽车损耗分为汽车有形损耗和汽车无形损耗两种。

（4）以新车或高效率、低消耗、性能先进的汽车替换在用汽车，称为汽车更新。汽车更新是汽车有形损耗和汽车无形损耗共同作用的结果，取决于汽车有形损耗期和汽车无形损耗期长短及其相互关系。

（5）汽车经济使用寿命是确定汽车是否更新的主要依据。汽车行驶到汽车经济使用寿命时，及时更新，可取得最佳经济效果；提前或者推迟更新都会在一定程度上造成经济损失。

（6）汽车经长期使用，会出现车型老旧、性能低劣、燃料和材料超耗严重、维修费用过高等现象。假如继续使用，在经济上已不合算，在安全上得不到保障，这样的汽车应该予以报废，具体按 2013 年 5 月 1 日开始执行的《机动车强制报废标准规定》对老旧汽车进行报废处理。报废汽车应按规定送交车管部门指定的报废机动车回收拆解企业报废，不得转让或移作他用。严禁用报废汽车的总成和零部件拼装汽车。

1. 什么是汽车的使用寿命？研究汽车使用寿命有何意义？
2. 汽车使用寿命如何分类？
3. 什么是汽车有形损耗？什么是汽车无形损耗？
4. 汽车的更新与汽车有形损耗和无形损耗有何关系？
5. 汽车报废的相关规定有哪些？

第 8 章 汽车安全技术

1. 汽车碰撞的形式与汽车抗撞性的设计理念。
2. 汽车主动安全技术及其影响因素。
3. 汽车被动安全技术及相关设备。
4. 汽车安全行驶的方法。

8.1 汽车车身碰撞损伤概况和防碰撞理念

8.1.1 汽车碰撞的形式

汽车碰撞通常分为正面碰撞、侧面碰撞、后面碰撞，还有滚翻和撞行人等情况。在交通事故中，发生不同形式碰撞的比例和人员死亡率是不同的。从图 8-1 中可见，虽然正面碰撞事故占碰撞事故总数的 66.9%，但由于设计上对此已采取了很多有效的措施，所以导致人员死亡数只占碰撞事故死亡总人数的 31%；侧面碰撞事故占总数的 28%，由于侧撞中对乘员的保护更困难，因此人员死亡率较高（占事故死亡总人数的 34%）；有时事故发生后汽车会滚翻，虽然发生这种情况的概率较低，但死亡率很高（占事故死亡总人数的 33%），其中多数是由于乘员被甩出乘员舱外造成的；后面碰撞事故发生的比例也很小，而且通常是低速碰撞，死亡率也很低。

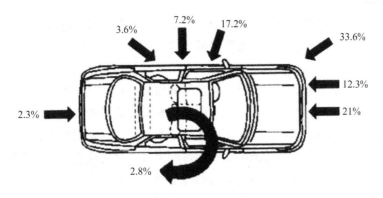

图 8-1 汽车碰撞各个部位的概率

汽车安全性分为主动安全性和被动安全性。主动安全性是指汽车所具有的减少交通事故发生概率的能力；汽车被动安全性是指汽车在交通事故中，所具有的保护乘员免受伤害的能力，其研究内容主要是车身抗撞性。"抗撞性"这个词用于描述某一结构在碰撞中保护乘员的能力。在车身上，这种对乘员的保护能力主要是由车身结构提供的，因此车身抗撞性是汽车车身结构性能的主要内容之一。汽车车身修复人员要保证修复后的汽车能恢复原汽车的抗碰撞性能。

8.1.2 汽车车身抗撞性的设计理念

1. 防正面碰撞的设计理念

（1）确保乘员的安全空间。

汽车车身设计为了减小正面碰撞的损伤，确保乘员生存空间，应减小乘员舱变形和对乘员舱的侵入。当碰撞发生时，需要控制仪表板或 A 柱后移量、转向盘后移量和上移量、脚踏板后移量和上移量、放脚位置空间等。这样一方面可以防止发生对乘员的直接挤压伤害，另一方面可以减轻二次碰撞中对乘员的伤害。

（2）减小汽车碰撞的减速度。

当汽车发生碰撞后，汽车速度由很快迅速降至为零。这个时间越短，汽车的减速度就越大，对乘员的伤害也就越大。如果减速度很大，即使采用安全带、安全气囊等措施，仍会对乘员头部、颈部、胸部和腹部造成严重伤害。为了减小车身减速度，车身设计时在汽车车身前部、后部和乘员舱前采用了许多吸能结构。汽车车身修复重要内容是要恢复、保持这些结构的吸能功能。采用正确的工艺和修复方法是汽车车身修复的重要理念。

（3）保证汽车碰撞后车门能打开。

在碰撞过程中车门不能自动打开，这是因为在碰撞过程中车门如果打开，车内的乘员就有可能甩出车外，造成伤害。而汽车碰撞后，必须尽快救出车内乘员，如果碰撞后使用工具的情况下不能打开至少一侧车门，车内乘员则不能安全撤出，救援更不可能。汽车车身结构中有许多部分都是采用这些设计理念，车身修复人员应特别注意这些部分的设计原理，采用正确的修复工艺，保持这些部分原来的功能。

2. 防侧面碰撞的设计理念

汽车车身在侧面碰撞中允许的乘员舱变形量很小，而对乘员舱过大的侵入是造成乘员伤害的主要原因。所以抗侧面碰撞设计应当以减小碰撞冲击对乘员舱侵入、维持乘员生存空间为原则。

汽车车身除了在乘员座位周围设计了安全气囊以外，还在汽车车身整体结构、车身框架结构、车门结构等处采用一定的设计理念，防止因车身碰撞后的侧面变形导致对乘员的挤压伤害。在车身修复过程中，应特别注意不能改变原车身结构，采用的工艺也要注意不能降低车身构件的刚度，特别是车身各总成中加强构件的刚度，保证这些部位的原构件功能。

车身车门应具有一定刚度，减轻对乘员的撞击力。因此，汽车车身在一些重要构件中都设计了防碰撞结构，如在汽车车门上就设置了防碰撞杆。

3. 防后面碰撞的设计理念

（1）汽车后部的吸能结构。

乘员座位离汽车后端部较远，汽车车身后部的吸能结构主要在汽车车身的底部，如图8-2所示。例如，在汽车车身安放备用胎的底部制成各种经冲压出来的长形凹面（一般称为肋），这样的结构可以提高这些部位的刚度，同时汽车受后面碰撞时，这些部位也能吸收大量的冲击能量，使冲击力不会传导到乘员舱内，确保乘员不受伤害，也保证了靠近后箱部位的油箱不会受到直接碰撞。

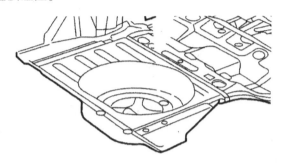

图8-2 车身后部的吸能结构

（2）汽车油箱防碰撞结构。

汽车油箱是在碰撞中最危险的汽车附件。为了安全，汽车的油箱一般都安放在汽车后部（在后备箱结构的前部）。一般汽车后面碰撞的概率很小，碰撞的冲击能量经后部的吸能结构吸收冲击能量，能传导到油箱的已经很小；靠近油箱的翼子板内板是由加强板组合焊接而成（图8-3），在碰撞中能保持油箱的相对空间位置不变，减小因油箱、油路受到结构变形、挤压而引起的燃油泄漏。

图8-3 翼子板加强板组件

（3）车身后部碰撞力传递。

汽车车身在后面碰撞中，撞击力向车前方传递的路径主要有两条：第一条路径是由后保险杠经后纵梁到车门槛梁；第二条路径是由后车轮后部结构经后车轮到车门槛梁。对于第二条传递路径，由于碰撞后车轮胎与其前面刚度较大的车门槛梁接触，导致对撞击的抵抗力明显增加,所以后部碰撞吸能区通常被布置在后轮后部。

4. 防汽车翻滚的设计理念

(1) 提高车顶的支撑刚度,减小乘员舱的变形量。

在滚翻事故中,汽车顶部结构可能发生严重变形,图8-4所示是三种因滚翻造成的典型的变形形式。这样的变形会导致乘员生存空间的丧失,进而可能致使乘员受到严重伤害。

图8-4 汽车翻滚的变形形式

为了防止乘员安全空间的丧失,汽车车身需要具有一定的抗挤压的能力。因此,车身一般设计成箱形结构,如图8-5所示。箱形结构的交接部位采用了强度较高的接头形式,在箱形结构中还设有加强板来提高构件的刚度。在车身修复过程中,应保持这些结构件的合理形状和一定的刚度。所以在车身修复的工艺规范中,常常不允许对车身的构件过度加热,防止构件的刚度降低。

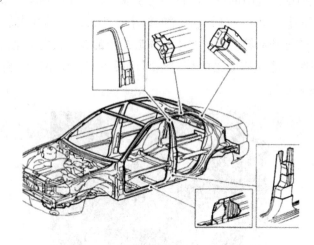

图8-5 汽车车身的箱形结构

(2) 滚翻中车门不能打开。

汽车在滚翻过程中,车门是不能打开的,而碰撞后可以不使用工具打开车门。车身整体结构的设计就是贯穿了这个设计理念,所以现代汽车一般都采用整体式车身结构。

5. 防低速碰撞的设计理念

防低速碰撞主要是指汽车在较低的速度发生碰撞时,应尽量减小构件的损坏,特别是对行人的碰撞要防止伤到行人。因此,要求设置低速碰撞吸能区。低速碰撞的动能主要通过低速碰撞吸能区的变形而吸收,并尽量不使低速碰撞吸能区后部的车身主要结构发生永久变形,如图8-6所示。除此之外,汽车结构还对保险杠、前散热器罩、发动机舱盖前端等部位进行软化处理，汽车车身前部也尽量让构件在碰撞时不会直接伤及行人，例如刮水器采用埋藏式、倒车镜设计成圆状的外形和具有缓冲特性等。

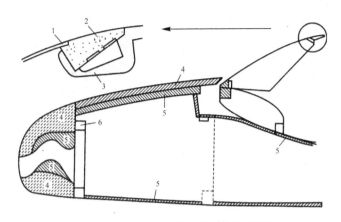

图 8-6　汽车前部的低速碰撞吸能区

1—风窗玻璃；2—缓冲垫；3—内衬；4—吸收能量的泡沫；5—隔声材料；6—挡板

8.2　汽车主动安全技术

由交通事故统计可知，很多交通事故的发生都与汽车的主动安全性相对较差有很大关系。例如直接影响汽车行驶安全性的汽车制动性能较差，出现的严重后轴侧滑或制动跑偏而发生的交通事故占交通事故总数的35%左右。另外，汽车操作稳定性、与感觉安全性有较大关系的汽车照明和驾驶员的视野等都直接影响汽车交通事故的发生率。因此，提高汽车的主动安全性，对于预防交通事故的发生具有积极的意义。

8.2.1　主动安全性的影响因素

汽车本身防止或减少道路交通事故发生的性能称为汽车主动安全性。主动安全性的影响因素包括汽车的行驶安全性、信息性和驾驶员的工作条件。

1. 汽车的行驶安全性

汽车的行驶安全性是指保证汽车在正常行驶过程中运行安全，同时具有最佳动态性能的能力。其影响因素包括汽车的制动性能、操纵稳定性、动力性和通过性等。其中保证良好的制动性能和良好的操纵稳定性能对保证汽车的安全行驶、预防事故的发生起着决定性的作用。

（1）汽车制动性。

据有关统计，很多重大交通事故都是由制动距离过长及侧滑引起的，因此，汽车的制动性是汽车安全行驶的重要保障。特别是随着高速公路的迅速发展，汽车平均行驶车速大幅度提高，在高速行驶时汽车紧急制动的运动状态较之在低速行驶时紧急制动的运动状态有很大的不同。为了保证汽车的行驶安全性，现代汽车对制动性能提出了更高的要求，而良好的汽车制动安全性需要由完备的制动系来保证。通常用制动效能、制动时的方向稳定性和制动效能的恒定性来评价汽车的制动性。

（2）汽车操纵稳定性。

操纵稳定性是汽车的一种运动性能,这种性能通过驾驶员在一定路面和环境下的操纵反映出来。它是决定高速汽车安全行驶的一个主要性能,被人们称为"高速车辆的生命线"。

汽车的操纵性和稳定性密切相关,有时甚至是互为因果的,汽车操纵性的破坏常常会引起侧滑或翻车;汽车的侧滑有时也会导致操纵失灵。汽车在行驶过程中总会受到外界干扰,会产生运动参数的变化。如果这一干扰消失之后,车辆的运动参数能恢复到原来的状态,即稳定的。如受干扰后,运动参数偏差增加很快,以至于无法控制,则汽车的运动是不稳定的,很可能因此而引起交通事故。

汽车操纵稳定性的评价指标包括稳态转向特性、瞬态转向特性和保持直线行驶的能力等。

2. 信息性

信息性是指从照明设备,声光报警装置,直接、间接视线等方面入手提高汽车的安全性,也就是要求汽车能够提供足够的信息,以便于驾驶员掌握汽车的运行状况和道路状况,做出正确判断以减少交通事故。如汽车的前照灯应照亮道路,以便驾驶员能看清道路交通状况,及时辨别障碍物;另外在驾驶员改变汽车行驶方向时,应给出示意或指示出危险状况。据统计,夜间发生的交通事故大约是白天的 3 倍,具有良好照明条件道路上的交通事故只是没有照明或照明条件不良道路的 30%。因而,改善汽车灯光产品的品质,对提高汽车的主动安全性具有重大意义。

驾驶员在驾驶过程中,有 80% 的信息是靠视觉得到的,确保良好的视野是预防交通事故的必要条件。作为汽车主动安全性的重要项目,视野及其相关项目已受到普遍重视,各汽车生产国或地区都制定了相应的法规或标准以确保汽车的良好视野性能。汽车的前窗门柱、转向盘、风窗玻璃和刮水器等都会造成驾驶员的视线障碍,在汽车设计时,应尽量减少驾驶员的视线盲区等。

3. 驾驶员的工作条件

驾驶员的工作条件对主动安全性的影响主要体现在工作环境的舒适性和驾驶操作的方便性两个方面。其中工作环境的舒适性要保证振动、噪声和各种气候条件加于汽车驾驶员的心理压力尽可能减小到最低程度,它在减少行车中可能产生的不正确操作方面具有重要意义。而驾驶操作的方便性是指对驾驶员周围的工作条件做出优化的设计,使驾驶操作方便容易,从而减低驾驶员工作时的紧张感,提高汽车的驾驶安全性。这就要求驾驶操纵机构的布置要符合人机工程学要求,便于操纵,以减少驾驶员驾车的疲劳感。

8.2.2 主动安全技术

汽车的安全性是按交通事故发生的前后加以分类的,如图 8-7 所示,可以从汽车交通事故发生前后的影响因素来分析,可见,汽车主动安全技术是汽车发生交通事故前所采用的技术。因此,汽车主动安全技术应包括安全行驶技术、事故预防技术和事故发生前的事故回避技术。其中安全行驶技术要求汽车在通常的行驶中,能确保汽车本身的基本行驶性能和基本操纵稳定性。事故预防技术是使驾驶员保持适当的紧张感和注意力以及对周围环境的视认性。事故回避技术是在交通事故发生之前采取安全性措施,特别是当即将发生危险状态时,辅助驾驶员操纵转向盘避让或者紧急制动,以避免交通事故发生。

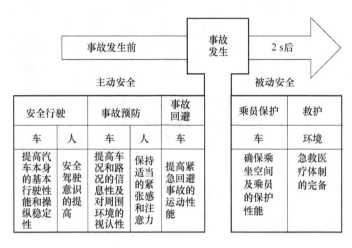

图 8-7　事故发生前后划分的汽车安全性

随着汽车工业和汽车电子技术的迅速发展,汽车的各项性能得到了很大的提高。作为汽车的主要性能之一,汽车安全性更是有了显著的改善。其中,为提高汽车的制动性、操纵稳定性和确保汽车本身的基本行驶性能,以及提高驾驶员的信息性和对周围环境的视认性,近年来开发了防抱死制动系统(ABS)、防滑驱动系统(ASR)、主动悬架、动力转向、四轮驱动(4WD)、四轮转向(4WS)、灯光照明系统、刮水器、后视镜、防止车辆追尾的车距报警系统和激光雷达等。这些安全装置和技术称为主动安全系统,也可称为预防安全系统。

自 20 世纪 90 年代以来,国外在汽车安全性方面已经进行了许多方面的研究,主要安全技术有:预防安全技术(信息显示和报警)、事故回避技术、全自动驾驶技术、碰撞安全技术(乘员保护和减轻对行人伤害)、防止灾害扩大技术和车辆基础技术。开发的系统有:碰撞检测与防护系统、车距保持系统、行驶路线改变时的事故避免系统、车道保持系统、弯道减速系统、自动停止报警和调节系统、超声波停车装置、驾驶盲区警报系统、夜视系统等项目,这些项目有的已经取得实用成果并在部分车辆上安装使用。

图 8-8 所示为 21 世纪研究开发的主动安全汽车——先进安全汽车 ASV [Advanced (Active) Safety Vehicle] 主要安全技术。其目的在于通过应用电子技术实现汽车的高智能化,提高驾驶汽车的安全性,预防事故和减轻受害程度。该汽车上安装了各种监视驾驶员、车辆和道路环境情况的传感器,供分析用的计算机和相应的控制装置可实现车辆的辅助驾驶。

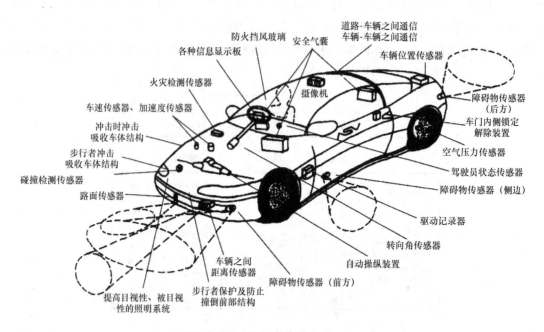

图 8-8 ASV 汽车主要安全技术

8.3 汽车被动安全技术

汽车被动安全性是指发生事故时，汽车保护车内乘员、行人和其他车辆乘员的能力。另外，还应考虑防止事故车辆火灾以及迅速疏散乘员的性能。由于汽车的被动安全性总是与广义的汽车碰撞事故联系在一起，故又被称为"汽车碰撞安全性"。汽车被动安全性可以分为外部被动安全性和内部被动安全性。

为确保乘员的安全，车身结构及乘员约束系统的性能都非常重要。尽管安全带、气囊等可以显著地减轻事故过程对乘员的伤害程度，但随着车速的提高，仅靠几种乘员约束装置确保乘员的安全已变得越来越困难。因而，人们常从汽车被动安全部件，如车身结构、安全带、气囊、吸能式转向柱、座椅、头枕及内饰件等方面考虑，从减轻乘员伤害的各个部件着手，以得到最佳的乘员保护效果。

汽车碰撞分为一次碰撞和二次碰撞。一次碰撞即在有碰撞形态的交通事故中，碰撞物体双方最初的接触。如汽车与汽车或汽车与障碍物之间的碰撞为一次碰撞；一次碰撞后汽车的速度下降，车内驾驶员和乘员受惯性力的作用继续以原有的速度向前运动，并与车内物体碰撞，称为二次碰撞。驾驶员和乘员受到伤害的主要原因，是在二次碰撞中与车身上的风窗玻璃、风窗上梁、转向盘、转向管柱、后视镜、前立柱、仪表板、前座椅靠背、顶盖等部位发生接触，甚至甩出汽车而造成从轻伤到致死的各种伤害。

车辆的被动安全系统归纳起来可分为安全车身结构和乘员保护系统两大类。其中，安全车身结构主要是为了减少一次碰撞带来的危害，而乘员保护系统则是为了减少二次碰撞造成乘员伤害或避免二次碰撞。乘员保护包括安装安全带及提高安全带固定强度、安装安全气囊、采用可折叠的吸能转向盘、膝部的缓冲垫、车内饰件软化、仪表的软化以及避免风窗玻璃碎片侵害等措施。

8.3.1 内部被动安全技术

内部被动安全性是指汽车所具有的在事故中使作用于乘员的加速度和力降低到最小。在事故发生以后提供足够的生存空间，以及确保那些对从车辆中营救乘员起关键作用的部件的可操作性的能力。车内安全的决定性因素有：车身变形状态、客厢强度、当碰撞发生时和发生后的生存空间尺寸、约束系统、撞击面积（车内部）、转向系统、乘员的解救及防火。

研究表明，在事故中受到伤害时，人体的内伤和脑损伤与减速度直接有关，骨折与作用力有关，而组织损伤与剪切应力有关。所以研究内部被动安全性的重要内容是降低人体的减速度。即提高汽车的内部被动安全性的主要措施首先应该是降低人体的减速度，减小惯性载荷。

1. 安全车身

在轿车发生正面碰撞或碰到固定障碍物上时，汽车前部出现特别大的减速度 $j_{cp}=(300\sim400)g$，向后逐渐降低。其质心的减速度为 $j_{cp}=(40\sim60)g$，瞬时减速度为 $80\sim100g$（图8-9），其中 g 为重力加速度。

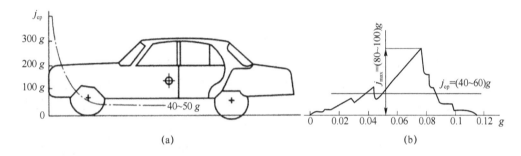

图8-9 汽车与固定障碍物相撞时减速度的变化
（a）平均减速度沿车长方向分布；（b）质心处减速度随时间变化过程

（1）车身前部和后部分别做成折叠区。

在正面碰撞中，动能被保险杠和车身前部变形所吸收，在剧烈碰撞时，还要涉及乘员区前部。车桥、车轮（轮辋）和发动机限制了可变形区的长度，所以需要有适当的可以变形的长度和某些允许产生位移的部件以减低车厢的加速度。

为了降低正面碰撞时的减速度，必须在轿车前部做成折叠区（图8-10）。这样，在撞车时可提供 400~700 mm 的变形行程，并通过折叠区的变形吸收撞车时的动能。

汽车的后部碰撞，其理想碰撞特性应与前部相同，但后部撞车的速度较低，所以轿车后部折叠区的变形行程稍短一些，为 300~500 mm（图8-10）。此外，备胎后置有助于减小冲撞加速度，而油箱位置则必须避开折叠区。行李箱盖边缘不能穿过后窗而撞入车内。

图8-10 车身前部和后部分别做成折叠区，中部车身不变形

(2) 折叠区的变形力满足梯度特性，并具有良好的能量吸收特性。

为了减少对车内乘员和车外人员及物体的伤害，折叠区的变形力应满足梯度特性，如图 8-11 所示。将折叠区的变形力分为五个区段：行人保护、低车速保护、对事故伙伴的协调保护、自身保护（针对本车乘员）以及幸存空间。变形力从前向后逐渐增加，便得撞车力较小时，仅限于前部零件发生变形。

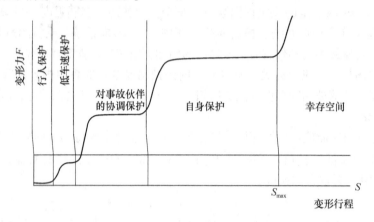

图 8-11 轿车前部变形力梯度特性

良好的能量吸收特性，是指汽车前部结构要尽可能多地吸收撞击能量，使作用于乘员上的力和加速度降到规定的范围内；考虑撞车安全性的车身结构设计的基本思想是利用车身的前、后部有效地吸收撞击能量，驾驶室要坚固可靠，确保乘员的有效生存空间。如图 8-12 所示中的阴影部分为轿车碰撞的理想变形区域。同时要控制受压各部件的变形形式，防止车轮、发动机、变速箱等刚性部件侵入驾驶室。图 8-13 所示为一种吸能式车架结构，利用车架的变形来吸收碰撞能量，以保证乘员必要的生存空间。

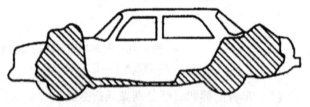

图 8-12 轿车碰撞的理想变形区域

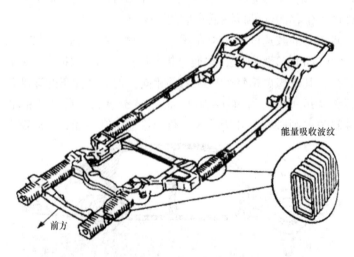

图 8-13 吸能式车架结构

"SUBARU 新环状力骨构造"就是将车身侧面的 A、B、C 柱与底部车架结合成"环状"构造,强力地"包覆"住车室的空间。其不但具有全方位的防护能力,同时由于车身的刚性可使整体加强,因此对于操纵性也有正面的影响。此外,发动机采取较低位置的安装方式,使汽车在遭受正面撞击时,发动机直接滑向汽车中央通道的下方(图 8 – 14),以避免发动机直接向驾驶座方向冲入而伤及前座的乘员。

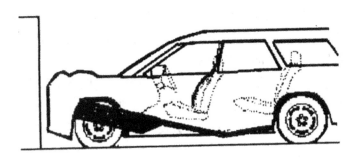

图 8 – 14　动力装置折曲保护乘员空间

(3) 车身侧部结构应具有一定承受碰撞的能力。

与正面碰撞相比,侧面碰撞车身变形空间小,对乘员的危害较大。因此,增加车室刚度,保证乘员的有效生存空间显得更为重要。侧向碰撞时,由于碰撞部位的装饰件和结构件允许的变形行程很小,吸收能量的能力远小于前部和后部,因而引起的车内的严重变形对乘员伤害的危险性很高。伤害危险性在很大程度上取决于轿车侧部结构强度(支柱和车门的连接、顶部及底部与支柱的连接)、底板横梁和座椅的承载能力以及门内板的设计。因此,车身侧部结构(如车门和铰链、门锁机构等)应具有一定承受碰撞的能力,以便吸收能量,保证主撞车不致侵入被撞车的乘员室。

此外,翻车时,车门应保证不能自开。在活顶式轿车上,可装设展开式翻车保护杆,并约束乘员头部,如图 8 – 15 所示。

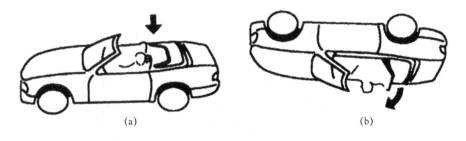

图 8 – 15　活顶轿车的翻车保护
(a) 正常位置;(b) 翻车时

2. 安全带

汽车座椅安全带是乘员保护约束系统的重要设施,它对减轻碰撞过程中乘员的伤害程度起着重要的作用。1964 年以后,美国、日本等国家就开始强制在轿车、轻型客车的驾驶座位装备二点式安全带。我国强制使用安全带条例于 1993 年开始实施。由于安全带的保护效果比较明显,后来就逐渐扩大了安全带的使用范围;安全带样式也从二点式发展到三点式带紧急锁止卷收器安全带。安全带使用率的大幅度提高，使得事故汽车乘员伤亡率下降。统计数据表明，佩戴安全带使碰撞事故中乘员伤亡率减少了15%~30%。

汽车安全带与其他保护约束设施（如气囊）相比，具有安全可靠、价格低廉、安装简便等优点，被各国生产厂家普遍采用。

安全带对乘员保护的原理是当碰撞事故发生时，安全带起作用，将乘员约束在座椅上，使乘员头部、胸部不至于向前撞到转向盘、仪表板及风挡玻璃上，使乘员免受车内二次碰撞的危险，同时使乘员不被抛离座椅。在正面碰撞、追尾碰撞及翻车事故中普通安全带对乘员保护效果很好，尤其是对乘员头部、胸部的保护。

为了进一步降低碰撞时乘员下沉（乘员沿座椅下滑）造成腹部伤害，带预张紧器或带夹紧装置的安全带得到了广泛的应用，这种安全带同改进的座椅结构及气囊相结合，可大大提高乘员的保护性能。为了提高安全带的使用方便性，许多轿车上安装不需乘员操作的自动佩戴式安全带。

安全带大体可分为二点式安全带、三点式安全带和全背带式安全带（图8-16）。

二点式安全带包括腰带和肩带两种。腰带［图8-16（a）］，用于限制乘员下躯体向前运动，多用于后排座椅和中间座椅。肩带［图8-16（b）］，用于限制乘员上躯体向前运动。

三点式安全带，包括腰肩连续带和肩膝带两种。腰肩连续带是一种最常用的安全带型式。这种安全带既能限制乘员躯体向前移动，又能限制其上躯体过度前倾，如图8-16（c）所示。肩膝带［图8-16（e）和图8-16（f）］的作用与腰肩带类似，其区别只是膝带和肩带是分开的。膝带和气囊联合使用如图8-16（g）所示。

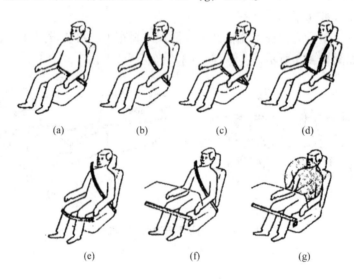

图8-16 驾驶员安全带的形式

如图8-17所示，佩戴三点式安全带同未佩戴相比，驾驶员头部的减速度峰值明显降低，有利于保护车内乘员。如图8-18所示，同普通三点式安全带相比，有预紧作用的肩带/膝垫组合的安全带驾驶员头部减速度较低。

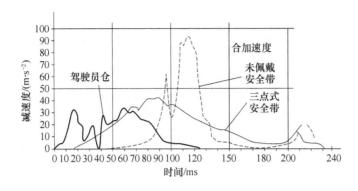

图 8-17 是否佩戴安全带时驾驶员的响应

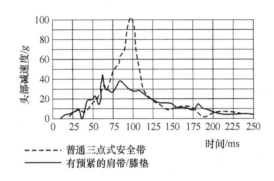

图 8-18 佩戴三点带和有预紧的肩带/膝垫时驾驶员头部响应的对比

3. 气囊（辅助约束系统）

气囊是汽车被动安全技术中高技术产品之一。它的防护效果已被人们普遍认识，近几年得到了迅速发展。20 世纪 80 年代后期，一些汽车开始装用气囊，20 世纪 90 年代后，气囊装用量急剧上升。

气囊设计的基本思想是，在汽车发生碰撞后，乘员与车内构件碰撞前，迅速地在二者之间打开一个充满气体的气垫，使乘员扑到气垫上，以缓和冲击并吸收碰撞能量，达到减轻乘员伤害程度的目的。

气囊一般对乘员保护的效果不如安全带，但它与安全带配合使用可大大降低事故中乘员的伤害指数，尤其是可大大减轻驾驶员面部的伤害。据交通事故调查统计，气囊可使事故死亡率降低约 18%，它与安全带配合使用可使事故死亡率下降 47% 左右，而单独使用安全带可使驾驶员事故死亡率下降 42% 左右。可见，安全带对乘员保护的效果要好于气囊单独使用。但是安全带的佩戴率一直不能令人满意。欧洲由于受保险公司的制约，安全带佩戴率可达 98%，美国安全带佩戴率为 67% 左右，而日本的安全带佩戴率约为 20%。气囊作为辅助约束系统，在较高车速碰撞时气囊才起作用。气囊的作用主要是保护乘员头部和面部。由于侧面碰撞事故所占比例仅次于正面碰撞事故，故 20 世纪 90 年代后期对侧面碰撞进行保护的侧面气囊也得到推广。

典型的气囊系统（图 8-19）一般由三个主要部分组成：气袋、气体发生器（充气装置）、气体过滤及控制装置，触发装置、传感器、连接插头、导线及监控器，电压保护装置及备用电源；转向盘、仪表板等上的气囊安装位置及重新布置的内饰件等。

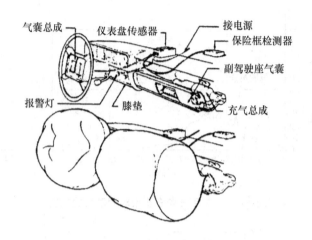

图 8-19　典型的气囊系统

气囊一般至少具有两套独立的供电装置，除采用汽车上的蓄电池外，还要有备用电源，以确保气囊系统供电万无一失。对气囊电源的一般要求是汽车电源失效后，备用电源至少应能正常工作 150 ms 以上，以确保碰撞过程中气囊的电源不失效。

在乘员佩戴安全带时，即使不装用气囊，其伤害值也可能达到标准要求，但装用气囊后一般可使这些伤害值降低，对乘员保护的效果会更好。如图 8-20 所示，当汽车装备转向盘气囊时，驾驶员头部峰值加速度明显低于未装备的值。

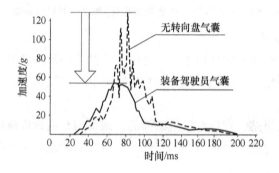

图 8-20　有无驾驶员转向盘气囊时头部合成加速度（无气囊时头部撞击转向盘）对比

国外常利用 NCAP5 星图来评价汽车的乘员保护系统。NCAP5 星图是用 56 km/h、40% 偏置正碰撞的乘员头部和胸部的伤害值来评价乘员保护效果是几星级，星级越高，保护效果越好。一般来说，装用气囊可使乘员保护系统的星级提高，容易得到用户的认可。有些公司采用 6 星评价图，达 6 星级时乘员受伤风险率可达 5% 以下，即乘员几乎不会受伤。达 5 星级时，乘员受伤风险率可达 10% 以下。

此外，为避免汽车在坏路行驶时产生误点火，AUTOLIVE 公司还要求汽车以 15 km/h、25 km/h、35 km/h、45 km/h 的速度驶过 110 mm、150 mm 路肩进行气囊是否展开试验；还要求汽车以 20 km/h、30 km/h、40 km/h 的速度驶过 270 mm 深坑检验气囊是否打开，以确保气囊在非碰撞状态展开。

尽管安全气囊可以减轻事故过程中乘员的伤害程度，但安全带与气囊相比，安全带对乘员保护的效果更好一些，二者共同使用可达到较理想的乘员保护效果，因此乘车后的第一件事应是佩戴安全带。

4. 吸能式转向柱

各国对防止转向柱对驾驶员的伤害都有法规要求，对当汽车发生正面碰撞时，转向柱的向后水平位移量和碰撞力作出了要求。为了满足这些法规的要求，吸能式转向柱得到广泛应用。由于吸能机理和形式的不同、转向柱与车身受撞脱开方式及转向轴受撞压缩的形式不同，故吸能式转向柱的种类有很多。

当汽车发生正撞时，碰撞能量使汽车的前部发生塑性变形。位于汽车前部的转向柱及转向轴在碰撞力的作用下要向后即驾驶员胸部方向运动，这种运动的能量应通过转向柱以机械的方式予以吸收，防止或减少其直接作用于驾驶员身上，造成人身伤害。另外，在汽车发生正面碰撞时，驾驶员受惯性的影响有冲向转向盘的运动。驾驶员本身的运动能量一部分由约束装置如安全带、气囊等加以吸收，另一部分传递给转向盘和转向柱系统。这部分能量也要通过转向盘及转向柱系统予以吸收，以防止超出人体承受能力的碰撞力伤害。除了能满足转向柱常规的功能外，在汽车发生正面碰撞时，能够有效地吸收碰撞能量，防止或减少碰撞伤害驾驶员的转向柱称为吸能式转向柱。

发生碰撞时，碰撞能量使汽车前部发生塑性变形，安装在汽车前部与转向器输入端相连的转向中间轴在碰撞力的作用下向后运动。隔绝首次碰撞的影响可由转向中间轴来完成。

碰撞继续发展，碰撞力作用在转向柱的下端，使转向柱向后移动；同时驾驶员在本身的惯性作用下冲向转向盘。尽管驾驶员本身有约束装置如安全带、气囊的约束，仍有一部分能量要传递给转向柱系统。吸收二次碰撞能量和驾驶员的部分惯性能量是吸能式转向柱设计的目的。

图 8 – 21 所示为一些吸能和可变形转向器。

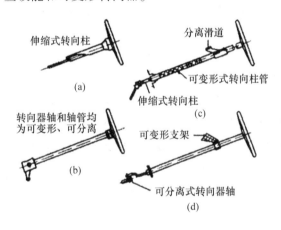

图 8 – 21 吸能和可变形转向器

伸缩式转向中间轴上、下两个联轴节之间是花键轴、套式转向轴，或者是"D"形管轴式转向轴。同时，通过花键轴套相对滑动来消除碰撞力产生的转向器齿轮轴向后的位移，达到隔绝首次碰撞影响的目的。

波纹式（图 8 – 22）或网状（图 8 – 23）式转向器柱除了可以正常地传递转向扭矩外，当汽车发生正面碰撞时，通过波纹管的弯曲和压缩来消除碰撞力使转向器齿轮轴产生向后的位移，达到隔绝首次碰撞影响的目的。

 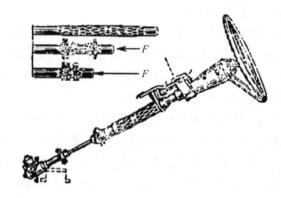

图 8-22 波纹式转向器柱　　　　图 8-23 网状转向器柱

当汽车发生正面碰撞，碰撞力达到某一规定值时，可脱开或断开转向中间轴 [图 8-21 (d)] 的联轴节，使转向中间轴从转向器或上转向轴中脱离，消除转向器齿轮轴的向后位移量，达到隔绝首次碰撞影响的目的。

吸能式转向柱应具有以下性能：在汽车正常行驶时，转向柱及其中的转向轴有足够的强度和刚度，以保证正常的转向力传递及安装于转向柱上的其他功能件（如变速杆、组合开关等）正常工作；当汽车发生正面碰撞时，转向柱系统能够从车身结构中以机械的方式脱离；同时，转向柱及其中的转向轴可以被压缩，并且转向柱系统中应具有吸能元件以吸收碰撞能量。

套筒式吸能转向柱的工作原理：当汽车发生正面碰撞时，碰撞力先使连接盒中的注塑销剪断，使转向柱系统从车身上脱开。在 3~5 ms 后，转向轴内注塑销被剪断，转向轴被压缩；同时，转向柱上、下套筒被压缩，上、下套筒中的钢球在碰撞力的作用下使上、下套筒壁表面被挤压变形，起到吸收碰撞能量的作用。

网状吸能式转向柱（图 8-23）除了吸能方式与套筒式吸能式转向柱不同外，其可压缩转向柱及从车身中脱离结构与套筒式吸能转向柱基本相同。当汽车正撞时，转向柱上的网状部分在碰撞力的作用下被压缩变形，达到吸收碰撞能量的目的。

5. 座椅及头枕

汽车座椅是影响汽车安全性的重要部件，它直接关系到汽车的乘坐舒适性、方便性和安全性。汽车座椅的主要作用包括为驾驶员定位，使乘员在汽车行驶中保持平稳；为乘员提供安全舒适的环境；在汽车受到撞击时保护乘员。

近年来，陆续开发出许多具有特殊功能的座椅，如整体式安全带座椅、气囊座椅、传感器座椅、冷热可调式座椅、防下滑式座椅等，使汽车的乘坐舒适性、方便性及安全性得到提高。其中传感器座椅可判断乘员是否出席及其重量大小，并通知气囊传感器，使气囊工作自动地进行相应调整。由于传感器获取信息可以减少诸如气囊膨胀时对儿童及不在座位上的乘员的伤害，所以大大提高了汽车座椅对乘员的保护作用。

现代汽车座椅分类如图 8-24 所示。汽车座椅主要由骨架、坐垫、靠背及其调节装置组成。

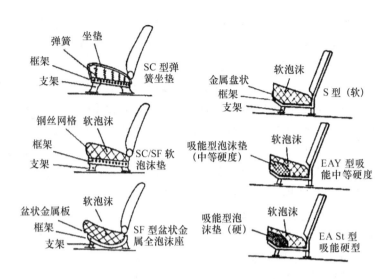

图 8-24　汽车座椅分类

座椅骨架是汽车座椅形状的基础结构。座椅弹簧或缓冲材料以及蒙皮等元件直接或间接地固定在骨架上。座椅骨架上有时要装座椅调节装置和靠背倾斜角调节装置等机构，所以此时它的形状必须考虑到装配支座的位置。座椅骨架可分为坐垫骨架和靠背骨架，根据用途可采用各种形状的结构。座椅骨架的材料一般采用软钢板、软钢管、软钢丝或硬钢丝，有时也采用铝板、树脂板和木材。

座椅坐垫通常由座椅弹簧、缓冲垫和蒙皮组成。

座椅弹簧是座椅的弹性元件，通常用弹簧钢丝或硬钢丝加工而成。另外也有把用橡胶制作的弹性元件叫作座椅弹簧。座椅弹簧的特性决定了座椅的静、动态弹性特性。

缓冲垫是汽车座椅弹簧和蒙皮之间的柔软物质，现在一般采用乳胶泡沫、氨基甲酸乙酯泡沫制成。缓冲垫通常有一定的形状、尺寸和厚度，用来包住坐垫或靠背弹簧总成。缓冲垫不仅起到防止弹簧对乘员的接触部分产生坚硬的不舒适感，同时还具有坐垫弹性元件的作用。另外，缓冲垫能够分散弹簧和人体之间的压力，使座椅表面具有柔软的触感，补充座椅弹簧的弹性作用的同时，还有使振动衰减的阻尼作用。缓冲垫按性能可分为底层缓冲垫、中层缓冲垫、上层缓冲垫和顶层缓冲垫及其他缓冲垫。

蒙皮是套在座椅总成表面的一层材料，它起到保护膜的作用，同时在座椅表面也应体现出具有特征的外观和良好的触感。座椅蒙皮材料可以分为纺织纤维、黏胶纤维和天然皮革。目前在轿车座椅上广泛采用针织布料，这种织物富有弹性，对人体的附着性能好，适应座椅在人的体重作用下的反复变形。

座椅调节装置、靠背倾斜角调节装置、折叠式座椅的前止限制器等都是与汽车座椅相关的各种机械部件。座椅调节装置装在座椅坐垫骨架和地板之间，可以通过手动或其他方式相对于地板的前后和上下之间的位置调节座椅，并使座椅锁止在所调节的位置。一般前后方向调节量为 90~140 mm，上下调节量为 15~60 mm，以适应不同身材的乘员，使乘员能有舒适的感觉。设计制造座椅调节器，必须考虑安装关系和锁止装置牢固可靠，以确保发生撞击事故时的安全性。

靠背倾斜角调节装置装在坐垫骨架和靠背骨架之间，是调节靠背倾斜角的机械部件。从调整驾驶姿势的观点出发,可按不同驾驶姿势、休息姿势,甚至睡眠姿势等进行调节,另一个重要的作用是使靠背和座椅安全地结合在一起。设计和制造靠背倾斜角调节器时,必须充分考虑装配关系、锁止装置的作用及其可靠性以及操纵等问题。

限位装置是在折叠座椅、铰接式可翻转座椅上限制或调节座椅或靠背向前翻转的装置。

从人机工程学的观点讲,汽车座椅应对乘员产生良好的静压感,使乘员在保持自然的瞭望姿势时,肌肉放松,体压分布合理,不影响血液循环或使乘员疲劳等。

汽车座椅本身的形状、尺寸和变形特性满足要求还不够,还必须考虑座椅在车内空间的布置,这同样影响乘员的静压感,对行车安全性也会产生影响。为了使乘员获得良好的体压分布,对汽车座椅的结构设计提出了相应的要求,主要有以下几点。

（1）座椅的高度和前后位置都可调。
（2）坐垫表面应保证乘员坐得踏实。
（3）坐垫前角使乘员大腿弯处受力小,能支持住大腿即可。
（4）座椅靠背应能承受 1 500 N 以上制动踏板力的反力。
（5）脊椎向前弯曲的姿势容易使肌肉过度疲劳,而脊椎向后弯曲的姿势则有拉伤韧带的危险。所以,最好是设计出一种即使长时间采用前弯姿势也不会使乘员疲劳的座椅。
（6）座椅靠背前后倾角应可调整,使乘员下体角度（指大腿和腹部之间的角度）可调,适当增大此角度,乘员腹部到大腿的血管不会受到压迫,血流通畅。
（7）坐垫倾斜角应能调节,以满足汽车在不同路面行驶时乘员的坐姿要求,使身体的重心通过腰关节的转动轴（此时肌肉受力最小）。
（8）座椅坐垫与靠背最好和弹簧连成一体,受冲击时使振动迅速衰减。
（9）如果弹性元件好,乘员和座椅靠背的相对振动小,可在靠背上设置头枕。
（10）制动踏板和离合器踏板到座椅的距离应使踏板踏到底时移动距离和角度两只脚都相等。加速踏板如果安装得过远,容易使坐骨神经拉伸,会引起坐骨神经痛。

从安全角度讲,为了在撞车时不因座椅破损而产生伤害事故,座椅的设计必须考虑座椅骨架、靠背、滑轨、调节器和安全带固定装置等的强度,以及它们相互间的安装强度。另外还要考虑座椅对减少侧面撞车时的车体变形、确保乘员生存空间的作用。

6. 座椅头枕

头枕是一种用以限制乘员头部相对于躯干向后移位的弹性装置。如图 8 - 25 所示,在发生追尾撞车事故时,头枕可减轻乘员颈椎可能受到的损伤。

头枕又可分为可调节型头枕和不可调节型头枕。可调节型头枕具有可以垂直和横向调节的机构,有手动调节和自动调节之分,可拆式头枕支持架须位于头枕本体与固定架之间并起连接作用,且能保持头枕本体的位置;固定架应容易固定于座椅靠背或嵌板、隔板等,且在受到振动及冲击时不脱落。

头枕本体通常采用能吸收冲击的发泡材料、缓冲材料等。其前部及上部的材质必须柔软而强韧,不易滑动及黏住,且不得有污点及伤痕。结构物及金属件应使用适当强度的材料。有可能触及乘员头部的金属或硬质部件,均应使用能吸收冲击的材料覆盖。金属部分除用耐蚀性材料外,均需进行防腐处理。支持架、固定架及各连接部分等,原则上均应使用能吸收冲击的材料覆盖。

汽车座椅头枕的性能直接影响头枕对乘员头部、颈部的保护作用。

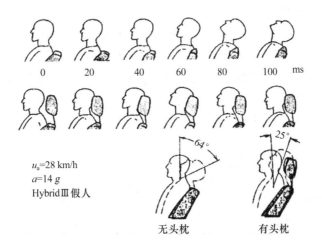

图 8-25 有无头枕条件下追尾时驾驶员头部运动

头枕技术规格应满足:位置和尺寸应满足沿平行于躯干基准线测量头枕的顶端到 R 点的长度,驾驶员座椅为 700 mm 以上,其他座椅为 650 mm 以上。头压点在头枕顶端沿平行于躯干基准线方向向下 65 mm 处或者由 R 点沿平行于躯干基准线向上 635 mm 处,如图 8-26 所示。头枕的外形宽度以座椅中心面为对称面,左、右各应宽 85 mm 以上。

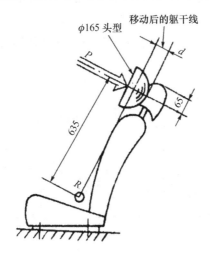

图 8-26 头枕加载试验原理

头枕按规定的试验方法试验时,将力矩加至 373 N·m 时头型移动量 d 必须小于 102 mm;将载荷加至 890 N·m 时,头枕及其安装部件在座椅及靠背等损坏前不能破损或脱落。头枕按规定的试验方法试验时,加给摆锤(头型)的减速度连续超过 80 g 的时间必须小于 3 ms。

8.3.2 外部被动安全技术

外部被动安全性是从减轻在事故中汽车对行人、自行车、摩托车和其他车辆及其乘员的伤害方面提高汽车被动安全性的能力。决定汽车外部被动安全性的因素有:发生碰撞后汽车车身变形的状态,汽车车身外部形状。

1. 轿车的外部被动安全性

在轿车与行人碰撞过程中，首先行人腿部撞到保险杠上，然后骨盆与发动机罩前端接触，最后头部撞到发动机罩或风挡玻璃上，这时行人被加速到与车同速，这就是所谓的"一次碰撞"。车速越高，头部撞击点越靠近风挡玻璃。由于汽车制动使行人与汽车分离，行人以与碰撞速度相近的速度撞到路上，这是"二次碰撞"。在有的事故中还发生行人被汽车碾压，这是"三次碰撞"（图8-27）。

图 8-27 轿车撞行人时行人的运动示意图

行人伤害一般包括保险杠和一次碰撞时产生的下肢伤害，与发动机罩、风挡玻璃等二次碰撞时的伤害，以及与路面三次碰撞产生的伤害。设计车身时，应就这三方面伤害采取相应的措施。在轿车与人相撞时，决定行人伤害严重程度的主要因素是一次碰撞的部位和汽车与人体碰撞的部件形状、刚度。图8-28所示为对碰撞有重要影响的汽车前部参数和刚度。从安全角度看，发动机罩前端圆角半径应大些，机罩高度要低些，风挡玻璃倾角要小。在头部撞击区要求妥善软化，并且取消突出部，如雨刷在停止状态时应位于发动机罩下，且不设雨沿等。

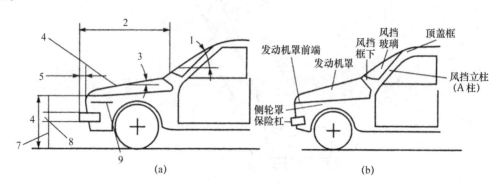

图 8-28 对碰撞有重要影响的汽车前部参数和刚度
(a) 影响行人安全的车身形状参数；(b) 零件的名称
1—风挡玻璃倾角；2—发动机罩强度；3—发动机罩倾角；4—发动机罩外表光洁度；5—发动机前端偏移量；
6—发动机前端高度；7—保险杠高度；8—保险杠宽度；9—发动机前端圆角

(1) 保险杠。

要保护行人的安全，降低对他们的伤害程度，一次碰撞部位——保险杠，其是一个关键部件。汽车保险杠是吸收缓和外界冲击力、防护车身前后部的安全装置。设计合理的保险杠不仅要考虑到内部被动安全性，还要顾及外部被动安全性，为此要求一切在公路上行驶的车辆前后均应安装保险杠，且离地高度应相同。从减轻事故中行人的受伤程度看，保险杠高度应保证与大部分行人的碰撞部位发生在膝盖以下为好。但若保险杠过低，则会加大头部在发动机罩或风挡玻璃上的撞击速度,所以保险杠高度一般取 330～350 mm,以保证大部分行人的碰撞部位发生在膝盖以下。另外保险杠应该没有尖角和突出,并且适当软化。

20 年前,轿车前后保险杠以金属材料为主,用厚度为 3 mm 以上的钢板冲压成 U 形槽钢,表面镀铬处理,与车架纵梁铆接或焊接在一起,与车身有一段较大的间隙。随着汽车工业的发展,汽车保险杠除作为一种重要的安全装置外,还要追求与车体造型的和谐与统一,追求本身的轻量化。为了达到这种目的,目前的轿车前后保险杠都采用塑料,称为塑料保险杠。

为实现降低行人下肢伤害目的,现在的汽车多采用吸能式保险杠,它由保险杠面板、吸能体和骨架构成。按吸能体的不同,这种保险杠又可分为筒状吸能装置、泡沫吸能装置和蜂窝状吸能装置三种形式(图 8-29)。

筒状吸能装置[图 8-29(a)]是利用油液的阻尼力抵抗碰撞,吸收撞击能量。这种结构吸能率高,车身部分变形量小,热敏性能稳定。泡沫吸能装置[图 8-29(b)]的吸能元件一般采用聚氨酯类或聚丙烯类发泡树脂材料。其结构简单、重量轻、成本低,对上、下、左、右各方向的碰撞均有吸能能力。蜂窝状吸能装置[图 8-29(c)]的吸收体是由蜂窝状的聚乙烯等树脂制成。其特点是吸能效率较高,但开模费用大,变形后修复困难。这几种形式的保险杠在发生低速碰撞时,既能够对行人起到保护作用,又能避免汽车重要部件的损坏,减少了因撞车造成的维修费用,目前在车上均有使用。

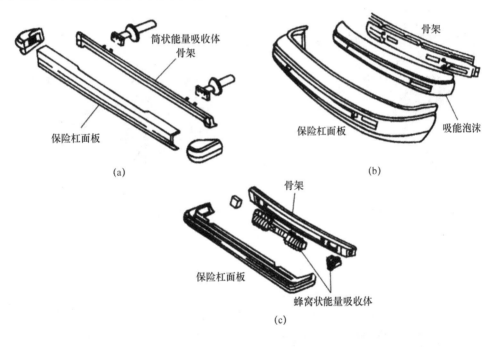

图 8-29　吸能式保险杠
(a)筒状吸能装置;(b)泡沫吸能装置;(c)蜂窝状吸能装置

(2) 发动机罩、挡风玻璃边框等安全结构。

为了减轻行人伤害,发动机罩和散热器罩过渡部位应采用的吸能结构(图 8-30)。风挡玻璃框采用的吸能结构如图 8-31 所示;图 8-32 所示为采用吸能结构的汽车 A 柱;图 8-33 所示为汽车车门与车顶过渡结构;图 8-34 所示为汽车发动机罩蒙皮结构;

图 8-35 所示为有无泡沫填充剂的变形特性曲线图。

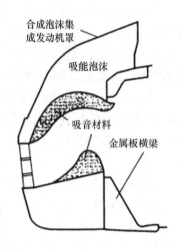

图 8-30 发动机罩和散热器罩过渡部位采用的吸能结构

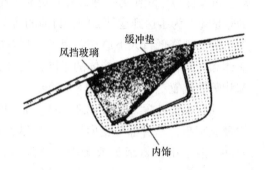

图 8-31 风挡玻璃框采用的吸能结构

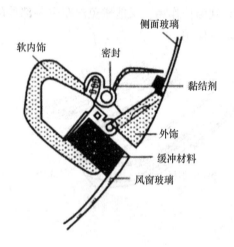

图 8-32 采用吸能结构的汽车 A 柱

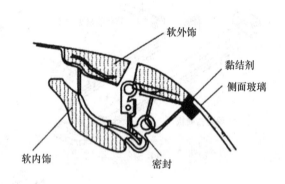

图 8-33 汽车车门与车顶过渡结构

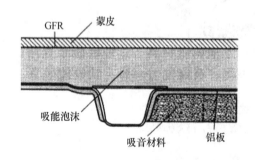

图 8-34 汽车发动机罩蒙皮结构

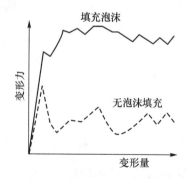

图 8-35 有无泡沫填充剂的变形特性曲线图

在二次碰撞伤害中，风窗玻璃框架起着重要的作用（表 8-1），将其外部设计成软结构，可以缓解对行人的伤害。对三次碰撞防护，一般采用安装防止行人摔到路面上的救助网等接收装置。

表 8-1 行人伤害烈度

负伤部位	伤害烈度		
	车辆造成的伤害	路面造成的伤害	总的伤害
头部	40.7	12.3	53
颈部	0.7	0.2	0.9
胸部	7.3	4.0	11.3
上肢	3.4	1.3	4.7
腹部	0.3	0	0.3
腰椎	0.2	0.1	0.3
骨盆	1.7	0.4	2.1
下肢	25.5	1.9	27.4
合计	79.8	20.2	100

在行人保护措施中，防止车外凸出物对行人的伤害也很重要。在车身设计时，将门把手等装置设计成内凹式、采用具有缓冲机构的后视镜等措施，均有利于减轻对行人的伤害。

2. 载货汽车的外部被动安全性

载货汽车与轿车正面碰撞时，因质量、刚度和尺寸比轿车大得多，故轿车的损坏往往严重得多。特别是当两者尺寸相差悬殊时，轿车往往"揳入"载货汽车下面，轿车的前部折叠区不能发挥作用，导致乘坐区受到破坏。而一般载货汽车后部不装保险杠，使跟随行驶的轿车在事故中揳入的可能性大大增加。因此，对于尾部离地高度大于 0.7 m 的车辆应装后保险杠，保险杠的安装高度一般为 0.38~0.56 mm。现在正在研制装于载货汽车尾部的缓冲装置，以减小尾追轿车相撞时的损坏。

载货汽车与行人相撞时造成的伤亡也远比轿车严重，这是因为一次碰撞中，无论是长头还是平头驾驶室载货汽车，都不可能存在轿车事故中的行人身体在发动机罩上翻转过程，而是在很短时间内行人被加速到货车速度，易于造成人员伤亡。驾驶室上突出的后视镜、驾驶员踏板以及保险杠也容易使行人头部、骨盆和大腿受伤。

8.4 如何使汽车行驶更安全

汽车安全行驶是汽车使用、汽车运输生产的根本。汽车安全行驶不仅是整个国家交通系统正常运行的基础，更直接关系到汽车驾驶员、乘员及行人的生命安危。故为了人们的幸福，应重视汽车行驶的安全性。

8.4.1 汽车安全行驶的重要条件

1. 良好的制动性是保证汽车安全行驶的前提

汽车是高效运输工具，其高速往往不可避免。为保证安全高效行驶，必须有良好的制动性能。在紧急情况下，良好的制动性可以化险为夷，避免交通事故；在正常行驶时，良好的制动性可以为汽车动力性的充分发挥提供保障。

2. 良好的操纵稳定性是保证汽车安全行驶的基础

汽车操纵稳定性是指汽车在行驶过程中，能抵抗各种外界干扰、遵循驾驶员给定行驶方向稳定行驶的能力。汽车操纵性好，说明汽车能够准确地响应驾驶员转向指令；汽车稳定性好，说明汽车在受到外界扰动后能自动地保持稳定行驶。良好的汽车操纵稳定性不能过分强调降低车速，因为汽车高速行驶是不可避免的。

3. 良好的驾驶员素质是保证汽车安全行驶的关键

汽车是由驾驶员来操作的，汽车的优良性能也只有通过驾驶员的正确使用才能发挥，汽车行驶过程中的应急处理也只有驾驶员才能实施。因此，良好的驾驶员素质是保证汽车安全行驶的关键。

8.4.2 汽车安全行驶要诀

安全行驶关系到汽车驾驶员、乘坐者及行人的生命安危，是每个驾驶员最关心的问题。那么安全行驶的要诀是什么呢？无数的交通事故和血的教训告示人们，汽车安全行驶的要诀是：汽车安全设施可靠先进、驾驶员安全意识正确、驾驶技术炉火纯青、驾驶行为端正良好。

1. 汽车安全设施可靠先进

目前，汽车广泛应用着被动安全设施和主动安全设施。

最常用的被动安全设施有汽车安全带和安全气囊，它们已经成为轿车上不可缺少的装备。大量统计和实测资料都表明，在汽车碰撞时，若能正确使用安全带和安全气囊，可使车内乘员头部受伤率减少30%~50%，胸部受伤率减少70%~80%，能够减少伤亡事故的发生。

目前在轿车上得到广泛应用的电子控制主动安全设施有ABS、ASR、EBD、ESP等安全装备。

可靠先进的汽车安全设施是行车安全不可或缺的保障。但这也并不意味着所有的汽车都有必要安装以上所列的这些先进系统。然而，可以肯定的是，用好车上现有的主动和被动安全设施对汽车安全行驶是非常必要的。

2. 驾驶员安全意识正确

驾驶员应从思想上高度重视行车安全的意义，自觉遵守各项交通规则。汽车安全行驶关系到驾驶员和他人的幸福，要知道生命是最宝贵的。当汽车时代来临时，应该好好享受汽车带来的快乐和幸福，更应该爱惜自己和他人的生命。

驾驶员要居安思危，防患于未然。行人突然冲出、自行车粗心拐弯、前车紧急制动、后车高速追尾，所驾车辆车轮打滑或瞬间失控、轮胎爆裂……驾驶时，要多想一想可能发生的意外，警钟长鸣，才会保持清醒的头脑，才会时刻小心谨慎、手脚灵敏，才能最大限度地避免危险发生。

3. 驾驶技术炉火纯青

熟练的驾驶员在驾驶车辆过程中，能够对车辆的速度、位置、所处的空间以及与周围各种动态或静态物体的间距了如指掌，能够在遇到紧急交通情况时迅速做出正确判断，并采取有效措施，化险为夷，保障汽车的安全行驶。

驾驶员应加强基本功训练，努力锻炼应变能力，灵活掌握操作要领，做到遇事不慌、沉着冷静、操作自如，紧急情况时，能果断迅速处理。通常，紧急情况处理的原则是：先踩制动踏板后打方向，转向盘不能只打不回，以免造成新的危险。

4. 驾驶行为端正良好

大多数交通事故都是由于驾驶员的行为不当造成的，故驾驶员应有良好的驾驶行为和习惯，具体表现如下。

（1）正确使用安全带。

安全带是驾驶员和乘员最重要的安全装置之一。汽车交通事故调查表明，如果系安全带，正面撞车死亡率可减少57%，侧面撞车死亡率可减少44%。

驾驶员通常采用三点式安全带，其正确的佩戴方法是：三点式安全带的胯带应系得尽可能低些，紧贴臀部，刚刚接触大腿为合适；三点式安全带的肩带应经过肩部，斜挂胸前。特别注意：安全带不得压在坚硬的或易碎的物体上，如衣服里的钢笔、眼镜或钥匙等，否则发生事故时将会给使用者造成难以避免的伤害。

（2）进行必要的车辆检查。

无论是自己经常驾驶的车辆还是驾驶其他车辆，驾驶员都要养成出车前、行车中和收车后检查车辆的习惯，及时发现隐患，保证车辆具备安全行驶的基本条件。

1）出车前的检查。检查转向、制动的连接是否正常；检查发动机机油、自动变速器液、动力转向油、制动液和冷却液是否缺少；检查停车地面上有无漏油、漏水痕迹；检查各轮胎和备胎气压是否正常，轮胎螺母有无松动；检查仪表信号灯是否工作；检查证件、牌照及随车工具是否齐备；检查乘车人员是否坐好、门窗是否关好；检查周围安全情况。检查符合要求时，方可出车。

2）行车中的检查。检查转向是否灵活可靠，检查制动系统是否工作正常，检查离合器、变速器是否操作便利，倾听发动机及行车系统有无异响，注意行车中有无异味产生，观察各仪表指示及工作状况是否正常等。行驶中出现任何不正常情况，都应立即停车查明原因，排除故障后方可继续行车。

3）收车后的检查。检查车辆是否有损坏，必要时进行适当的维护，或及时排除车辆故障，使车辆经常保持最佳技术状态，确保汽车行驶安全。

（3）熟悉驾驶车辆的状况。

当驾驶一辆没有驾驶过的车辆或车型时，千万不要过高估计自己的驾驶水平。除了检查各部件的正常状态外，还要有一个熟悉、掌握的过程。对转向盘转动的灵活度，离合器踏板、制动踏板的自由行程，制动的灵敏度，加速踏板、变速器、喇叭及各部件的操作力度，包括视线等都要有一个适应和调节过程。这个过程需要经过一定的行驶里程，一般是三个步骤：30～50 km为初步了解；300～500 km为基本了解；500～1 000 km为成熟期。经过了这三个步骤，方可操纵自如，得心应手，发挥出驾驶员的驾驶水平。

(4) 保持高度注意力。

驾驶员应精力集中，保持高度的注意力，随时收集路况信息，为安全行驶提供必要条件。保持高度的注意力，能提高判断情况的准确性。因此，在行驶途中，驾驶车辆要保持专心，不要被身旁的乘员干扰，不与乘员聊天；不要被美丽的风景分散注意力；不要边开车边打电话使注意力下降。

(5) 保持充沛的精力。

驾驶员保持充沛的精力，是汽车安全行驶的必要条件。因此，驾驶员在出车前应充分休息，注意睡眠，养足精神，以充沛的精力投入驾驶之中。在驾驶中，要善于调整自己，避免疲劳驾驶。在高速公路上行车时，由于环境枯燥，驾驶操作少，容易导致精神疲乏，行驶时应采取切实有效措施，如打开车窗吹吹风，听一下强劲的音乐，提提精神，必要时找个出口停下休息，切不能疲劳驾驶。因为疲劳时，驾驶员对外界交通信息反应迟钝，对处理事故险情力不从心，驾驶操作容易出现失误，疲劳程度越严重，操作失误就越多。

(6) "眼观六路"看前顾后。

驾驶车辆通过交叉路口时，应"眼观六路"，待看清楚各边道路来车情况后再通过。从非机动车道驶入机动车道或超车、并道、支道入干道、干道入支道及转弯时等，都要养成左右来回多次摆头观察、看前顾后的良好习惯。驾驶中应勤观察仪表，随时了解发动机的工作状态和汽车的运行状况。

(7) 选择合适车速。

车速的快慢与汽车的安全行驶有着重要的关系。行驶中，驾驶员应根据实际情况，选择合理的行驶车速，该快则快，该慢则慢，但不能违反交通规则。

1) 不能超速行车。超速行车是指行驶的汽车超过了该段道路所规定的行车速度。超速行车是发生交通事故的重要原因，"十次车祸九次快"，这是汽车驾驶员公认的教训。超速行车对汽车安全行驶的影响有以下几点。

① 超速行车使驾驶员的视觉变差。试验证明：当车速为 40 km/h 时，驾驶员注视点在车前约 180 m，可视范围 95°；当车速为 70 km/h 时，注视点在车前约 360 m，可视范围为 65°；当车速为 100 km/h 时，注视点移至车前约 600 m，可视范围只有 40°。

② 超速行车使制动距离增长。超速行驶，必然大大地延长制动距离，使制动非安全区扩大，汽车行驶的安全性能下降。

③ 超速行车使出事故的冲突点增多。超速行驶的汽车要经常超越正常中速行驶的车辆，如果公路上车辆流量较大，势必经常处于跟车和加速超车的状态。每超越一辆车，就多出现一次冲突的机会。另外，超车时需经常变道，因而与交会车辆形成冲突的可能性也增大。因此，超速行驶会使得出事故的机会增多。

④ 超速行车使汽车操纵稳定性变差。汽车高速行驶制动时，后轮容易侧滑，前轮容易失去转向能力，这些都将使汽车的方向难以控制，使汽车操纵稳定性变差，容易导致安全事故。

⑤ 超速行车使冲击力增大。汽车肇事在瞬时会表现出较大的冲击力，车速越高，冲击力越大，破坏性就越严重。因此，从汽车冲击力来分析，超速行车的事故造成的破坏程度是非常严重的。

可见，超速行车对汽车的安全运行非常不利，故应禁止超速行车，这是每一个驾驶员应有的责任。

2) 正确控制车速。反对超速行车并不意味着车速越低越好,开慢车就好。实际上,盲目开慢车也是不正确的,甚至是违章的,尤其是占用快车道(超车道)开慢车。开慢车未必就是安全的,如在高速公路上开慢车,相对于正常的车速,几乎等于把车停在路中间了,后面的车呼啸而至,后果可想而知;如在一般道路上开慢车,会迫使其他车辆超车,经常超车,冲突点增多,一旦出事,难免殃及慢车。因此,开车不要太快,也不能太慢,要根据实际情况控制车速。视野好、路况佳、有把握的,可适当开快些;反之则慢,但不要挡道,不要妨碍别人超车。

(8) 文明驾车。

驾驶员要树立良好的驾驶形象,做到文明驾车。在日常驾驶中,以交通安全法为准绳,规范自己的行为,为人负责,为己负责,予人为善,予人方便,自己方便,行车一路平安。行车时,应遵守先后顺序,排队通行,不要去强行加塞;变道时,应开转向灯示意,让他车有所准备;会车时,应礼让三先;不开赌气车,不开报复车,不堵车,不抢道;行车让路是美德,但当快则快,以免挡车;别人超车要礼让,切忌加速、高速竞驶。

8.4.3 城市道路的安全行驶

1. 城市道路交通特征

(1) 城市道路交通特点。

城市人口高度集中,城市街道分布密集,城市道路人多车杂,各种车辆来往频繁,混合交通时有发生,经常出现意想不到的情况,给驾驶汽车带来了很大困难。尤其是上下班交通高峰时间,道路空间有限,这就要求驾驶员严格遵守城市道路的交通规则,遵守机动车载人、载物、限速、转弯、倒车、掉头、停车和鸣喇叭等项规定,密切注意交通信号、交通标志和交通标线,听从交通警察指挥,充分发挥准确、迅速、灵活的驾驶操作技能,正确判断行人、车辆动态,控制好车速,集中思想,充分估计周围可能发生的情况,并做好应付突发事件的准备,确保城市驾驶的行车安全。

(2) 城市车道行驶规定。

1) 在划分了机动车道的道路上,机动车应在机动车道行驶;没有划分机动车道、非机动车道和人行道的,机动车在道路中间通行,非机动车和行人在道路两侧通行。

2) 在道路同方向画有两条以上机动车道的,左侧为快速车道,右侧为慢速车道。在快速车道行驶的机动车应当按照快速车道规定的速度行驶,未达到快速车道规定行驶速度的,应当在慢速车道行驶。有交通标志标明行驶速度的,应按照标明的行驶速度行驶。慢速车道内的机动车超越前车时,可借用快速车道行驶。变更车道的机动车不得影响相关车道内机动车的正常行驶。

3) 在同方向画有两条以上机动车道的道路上,小型客车在快车道行驶;货运汽车、低速载货汽车、三轮汽车应在慢速车道行驶;大客车不得在快速车道行驶,但超越前方车辆时除外。

(3) 城市车速行驶规定。

1) 机动车在道路上行驶不得超过限速标志、标线标明的速度。在没有限速标志、标线的道路上,机动车不得超过下列最高行驶速度:没有道路中心线的道路,车速为 30 km/h

同方向只有一条机动车道的道路，车速为 50 km/h。

2) 机动车行驶中如遇雾、雨、雪、沙尘、冰雹等，能见度在 50 m 以内以及汽车掉头、转弯、下陡坡时，最高行驶速度不得超过 30 km/h。

2. 城市道路的一般行驶

城市道路等级高、划分细，一般可分为快速路、主干路、次干路、支路四类。其中快速路在特大城市或大城市中设置，是用中央分隔带将上、下行车辆分开，供汽车专用的快速干路，适合于高速行驶；主干路是城市道路网的骨架，划分有机动车道、非机动车道和人行道，采用分流行驶；次干路和支路一般没有严格的分道。在城市道路行驶，对车辆行驶要求严格，驾驶员应熟悉道路情况，掌握各种路线的行驶要求。在快速路行驶，车速快，要保持合适的行车间距；在其他干路行驶，应随时预防行人、自行车横穿道路，因而汽车的行驶速度不能过快，以免发生交通事故。

在城市道路上行车，特别是在次干路、支路上行车，驾驶员一定要思想高度集中，精力充沛，沉着机警，耐心谨慎。遇到人众车多、交通复杂时，不要紧张，不要急躁；遇到人稀车少、交通量小时，也不要掉以轻心，麻痹大意，要随时做好制动和停车的准备。要时刻注意主行道支路上的行人闯入主行道。如发现行人进入机动车道或突然横穿街道，应采取果断措施，该慢则慢，该停则停，不可冒险加速。

行车时，驾驶员要按规定的道路行驶。在城市道路上，车辆应按"各行其道"的原则行驶，不可争道，不可越道抢行。在未设分道线的街道上，如对面无来车，则应保持在路的中间行驶。当车行至繁华街道以及街巷、里弄路口时，必须减速行驶，以防车辆行人突然横穿。若遇自行车争道抢行或有汽车竞驶，则驾驶员应耐心让路，并适当加大与自行车或汽车的侧向间距，以免发生事故。

行车时，驾驶员要善于观察。要做到眼观六路，既要注意十字路口的车道分道线的指示牌，确定自己行车、停车的车道，同时又要注意路旁的警告、指示标志，观察路面分道线和路面情况，环顾左右车辆的动态情况，还必须观察前方车辆、行人的距离和动态变化，通过后视镜观察后面车辆的动态距离等。只有这样，才能行驶自如、遇事不惊、少出事故。

行车时，驾驶员要善于变道。城市道路驾驶，最常用的驾驶技巧就是变道。切不可临近十字路口才选择车道变换，这样势必造成大角度强行变换车道，容易酿成车祸。正确的方法是在距红绿灯 200 m 外时要有意识地观察上方的车道指示牌，然后打开转向灯，再从后视镜中观察后面来车的距离、动态，在确保安全的前提下，采取斜线变换车道。要杜绝想转就转、急打方向或开转向灯与打方向同时进行的危险动作。

汽车需要掉头时，必须遵守城市的管理规定，选择合适的地点进行。通常比较安全的地方有：机关单位门口、平面交叉路口、立体交叉路口和环岛。

3. 城市道路交叉路口行驶

（1）通过无信号交叉路口。

车辆行经无信号路口时，如需转弯，则应在距路口 50 m 左右开转向灯，并逐渐向转弯一侧靠行，直行时保持居中行驶即可。通过路口时应做到礼让，并且要严格遵守相关的让车规定，支路车让干路车先行，左转弯车辆让直行和右转弯车辆先行，非公交车让公交车先行。同为转弯车辆，让右侧没有来车的车先行，其他车辆让执行任务的公安、消防、救护、抢险等特种车先行。转弯之后应关闭转向灯，继续行驶。

(2) 通过有信号交叉路口。

驾车通过有信号交叉路口时，驾驶员首先应根据自己所确定的方向变更行驶路线。向左转弯时，要将汽车靠向道路中心线一侧；直行时，保持汽车居中行驶；向右转弯时，将汽车靠向道路右侧车道。

当汽车距路口较近，一个绿灯信号周期之内可以通过时，应抓紧时间通过，不要使前后车距拉得过大，以免影响其他车辆通过。当汽车行至路口附近黄灯闪亮时，按照现行车速无法通过路口的车辆须减速，并停在停车线以内；已经越过停车线的车辆，可以继续通行。红灯亮时，须依次等候，遇有信号灯和交通民警手势同时出现时，应以交通民警手势为准。

进入路口之前，应根据道路情况的复杂程度，或越级减挡或逐级减挡，将车速降低；进入路口之后应及时加速跟进；停车等信号时，应踩住制动踏板或拉紧驻车制动，当信号开通时，应快速起步越过交叉路口。

(3) 通过立体交叉路口。

通过立体交叉路口时，应严格按照交通标志指示的方向行驶，具体方法如下。

1) 汽车直行。可在主干道口径直行驶。

2) 汽车右转弯。开启右转向灯，转入规定的路线靠右行驶。

3) 汽车左转弯。不同的立体交叉形式有不同的转弯方法。如汽车在苜蓿叶形立体交叉路口左转弯时，必须先直行通过立交桥，然后开启右转向灯，向右转弯进入匝道，并再一次右转弯，便可进入主干道，达到左转弯的目的。

4) 汽车掉头。可用连续两次左转弯的方法来实现。

(4) 通过环岛（转盘）。

环岛是没有红绿灯的交通枢纽。汽车在进入环岛改变行进方向时，首先应观察好方向、地点、标志牌，并且注意让已在环岛内行驶的车辆先行。进入环岛后，一律按逆时针方向单向行驶，直到接近所选方向的路口时，才能开右转向灯驶出环岛。

4. 城市道路跟车行驶

跟车驾驶时，应利用加速踏板控制汽车的车速，方法是：以现有挡位的中、低速跟随车流，当发现前方道路交通情况变化、前车减速时，提早以收油代替制动，适当拉大车距；待前车处理情况过后，再跟油行驶。确实需要踩制动踏板或换挡的，只将其设定为临时车速，一旦情况解除，立即将车速恢复到车流速度范围内。因此，驾驶员要集中精力，保持适当车距，随时注意前车动态。通常，前车转弯、变线、减速时，会出现转向灯、制动灯闪亮提示后车，但有时也有的前车不开转向灯，就突然猛拐或急制动，特别是在出租车或"小公汽"后面跟行时，因其招手即停，随意性很大，更要小心。在公交车后面跟行时也应拉大车距，随时注意其到站停车。另外，控制车流速度的技巧，还在于随时注意观察前车之前的道路交通情况，尽量与前车保持同步操作，从而避免汽车在车列中间距忽大、忽小，车速忽快、忽慢，或被横穿马路的行人、车辆阻挡而中断行驶。

5. 城市道路超车行驶

在城市驾驶中一般不提倡超车，但有时在前车速度过低或是在三车道以上的道路中行驶时，还是会形成超车的状况。在城市道路上超车的特点是：超车条件差，情况变化快。因此，驾驶员在超车前应注意观察，看是否存在不宜超车的因素。实施超车时要判断准确、果断，超车前先打开转向灯，再将车驶出车列半个车位，并且要使汽车保持足够动力，必要时

采用高速减挡的方法提速，短时间内完成超车。当情况变化，超车无法完成，需要退出超车通道返回车列时，一定要打开右转向灯与后车沟通，并且轻踩制动踏板，慢转向，观察好后视镜，徐徐并道返回车列。

对于新手驾车及对道路不熟悉的外地车、边谈话边开车、打手机开车、兜风车、边四处张望边开车的空驶出租车，车速较低明显跟不上车流时，应与其拉开车距，观察好周围情况，在条件允许的情况下尽快变线绕过超行。

6. 城市道路让车行驶

城市道路中，对于执行任务的公安、消防、救护、抢险等发出警笛、声讯的车辆；个别依仗对道路、地理环境熟悉，有空就钻的载人出租车；一些年轻气盛或学会开车不久的逞能、斗气车，正面会车时，应主动减速、靠右慢行或停车腾出空间让其先行。对于这些快车如尾随本车后，准备超越时，应先观察好后视镜，确认其究竟是在车后的哪一侧超越（有的快车行车违反交通规则），然后再向相反方向让行。

8.4.4 夜间的安全行驶

1. 夜间行车特点

（1）驾驶员视觉变差。

夜间行车，由于灯光照射和亮度有限，故视线受到约束，驾驶员视野变窄、视力减弱，会车时炫目，视力下降。加上路面起伏不平，灯光常随车身起伏晃动，使驾驶员对道路地形、路面状况、交通情况和行进方向的判断均感困难，甚至出现错觉。

（2）驾驶员容易疲劳。

夜间行车，视觉变差，使驾驶员精神处于高度集中的状态。这样长时间地行车，驾驶员极易疲劳。另外，茫茫黑夜，旷野寂静，耳边只听到发动机的嗡嗡声，又易使驾驶员产生一种昏昏欲睡的感觉。

（3）驾驶员易开快车。

夜间行车，特别是长途行车，交会车辆一般不多，行人和自行车的干扰也较少，驾驶员往往有开快车的意念，再加上沉寂行车使其想早点到达目的地，极易盲目地加快行车速度。

2. 夜间安全驾驶技巧

根据夜间行车特点，驾驶员必须做好夜间出车前的准备工作：按需要做适当休息，保证睡眠充足，精力充沛；对汽车进行必要的检查和维护，保证车况良好、灯光有效、制动转向可靠；携带必要的随车工具、常用备用件、应急灯以及紧急停车时的警告标牌，以备急需之用。夜间驾驶应细心观察，准确判断，谨慎操作。

（1）灯光使用。

夜间行车，灯光具有照明和信号的双重作用，应根据情况正确使用。

1）起步时，应先开启近光灯，看清道路后再起步。

2）行车时，当看不清前方 100 m 处物体时，应开启前照灯。车速在 30 km/h 以内，可使用近光灯，灯光应照出 30 m 以外；车速超过 30 km/h 时，应使用远光灯，灯光应照出 100 m 以外。

3）在有街灯的路上行驶，可只用近光灯或小灯。

4）通过有指挥信号的交叉路口时，在距交叉路口 5～100 m 的地方应减速慢行，变远光灯为近光灯或小灯,转弯的车辆须同时开转向灯。

5) 在雨、雾中行车,应使用防雾灯或近光灯,不宜使用远光灯,以免出现炫眼的光幕妨碍视线。

6) 在路旁临时停车时,应开启示宽灯、尾灯,以提醒他人。

(2) 车速控制。

夜间道路上的交通流量小,外界干扰少,驾驶员一般比较容易高速行车。但由于夜间驾驶员视觉变差,再加上汽车在亮暗处行驶变动时,眼睛有一个适应过程,因此夜间行车速度应比白天低。即使道路平直、视线较好,也应考虑到夜间对道路两侧照顾不周的弱点,随时警惕突然事件发生,要注意控制车速不要过快。驶经繁华街道时,由于霓虹灯以及其他灯光对驾驶员的视觉有干扰,应低速行车。如遇下雨、下雪和下雾等恶劣天气需低速小心行车。在驶经弯道、坡路、桥梁、狭路及视线不清的地段,更应减速行车,并随时准备制动或停车。

(3) 会车。

夜间会车首先要降低车速,选择交会地段,并主动礼让。在距对面来车 150 m 以外,将远光灯改用近光灯,控制车速,使车辆靠道路右侧,保持直线行驶。当对方不改用近光灯时,应立即减速并用连续变换远、近光灯的办法来示意对方。若示意无效,感觉对方灯光刺眼无法辨别路面,则应靠路右侧停车,开小灯停让。

(4) 超车。

夜间行车,尽量避免超车。必须超车时,应事先连续变换远、近灯光告知前车,在确实判定可以超越后,再进行超车。

(5) 倒车、掉头。

夜间行车必须倒车、掉头时,应仔细观察路面情况,注意障碍物及四周的安全界限,并在进退中留有余地。

8.4.5 雨天的安全行驶

1. 雨天行车特点

(1) 车辆行驶路滑。

雨天汽车行驶时,可能遇到以下两种路面特滑的危险情况。

1) 路面滑溜。刚开始下雨,路面上只有少量雨水时,雨水与路面上的尘土、油污相混合,形成黏度高的水液,滚动的轮胎无法排挤出胎面与路面间的水液膜。由于水液膜的润滑作用,平滑的路面有时会同冰雪路面一样滑溜。

2) 滑水现象。高速行驶的汽车经过有积水层的路面时,由于水的黏滞性,轮胎前面的水需要一定时间才能挤出,所以轮胎前面与水层接触的面和路面之间形成了一层楔形水膜。当车速达到某一高速时,轮胎将完全漂浮在水膜上面而与路面毫不接触,这就是滑水现象。滑水现象减少了胎面与地面的附着力,影响汽车的转向、制动和驱动等性能。

(2) 驾驶员视野变差。

下雨时,汽车风窗玻璃挂雨,影响视线;雨大天暗,视线受阻。这些都使得驾驶员视野变差,不易看清路面情况,容易使判断失误,出现事故。

（3）行人注意力分散。

雨中的行人，要使用雨具防雨，脚下要防水、防滑，因而对车辆的注意力有所分散，这对行车不利。

2. 雨天安全驾驶技巧

雨天出车之前，对汽车应进行必要的检查，如检查发动机室盖的封闭情况、刮水器和制动器的技术状况等，发现故障要及时排除，确保车况良好。

（1）保持良好视野。

雨天行车，能见度较低，要谨慎驾驶，及时使用刮水器擦净风窗玻璃上的雨水，并擦净风窗玻璃上的霜气，使驾驶员具有良好的视野。

（2）适当控制车速。

雨天行车，路面湿滑，对汽车转向、制动都不利，因此要适当控制车速。在尾随其他车辆行驶时，应降低车速，适当加大与前车的纵向安全距离。遇到较薄的水层，不能高速行车，以免出现滑水现象。会车、转弯时，应提前减速，缓慢转动转向盘，靠右侧慢慢通过，能见度在 50 m 以内时，车速不准超过 30 km/h。

（3）合理使用制动。

雨天行车，路面滑溜，若紧急制动导致车轮抱死，则汽车容易侧滑、转向失灵，方向难以控制。因此，雨天行车时，应尽量少用紧急制动。一般车速较低，可采用预见性制动。必须加大制动强度时，可间断地轻踩制动踏板，随时修正方向，防止汽车出现跑偏和侧滑。转弯时，更不能急踩制动踏板，以防汽车制动时失去转向能力和侧滑甩尾。雨天汽车涉水后，行车时应多踩几次制动，以提高行车制动器的温度，蒸发制动器中的水分，恢复制动器的性能。

（4）谨慎加速超车。

雨天行车，汽车应尽量少变更车道，行驶中要随时注意前车的行驶速度和方向，绝不可因前车速度慢而强行超车。尤其是在高速公路上，由于各车道的车速相对较高，驾驶员的视角变窄，加上路面湿滑，强行越线超车时，转动方向易使车轮打滑，进而造成与其他车辆发生碰撞，引发车辆侧翻等意外事故。在较窄路面上应避免超车，以防汽车打滑驶出路面。在良好路面必须加速超车时，应特别谨慎小心，把握超车机会，正确控制转动方向，进行超车。

（5）防止行车撞人。

雨天行车，驾驶员必须精神高度集中，随时准备对突发事件做应急处理。在有着众多自行车与行人的道路上行驶，驾驶员应关注行人的动态。由于雨中的行人撑伞、骑车人穿雨披，他们的视线、听觉、反应等受到限制，有时还为了赶路、赶车抢道、横穿猛拐，对行驶车辆的注意力分散，往往在车辆临近时惊慌失措而滑倒，使驾驶员措手不及。因此，雨天行车中遇到这种情况时，驾驶员应尽量提前处理，先减速慢行多鸣笛，耐心避让，必要时可选择安全地点停车，切不可急躁地与行人和自行车抢行，撞倒行人。

8.4.6 雾天的安全行驶

1. 雾天行车特点

（1）判断易失误。

雾天行车，能见度低，视线不清，驾驶员容易产生错觉，使判断失误。

(2) 驾驶易疲劳。

雾天行车，驾驶员需聚精会神，长期驾驶易疲劳。

(3) 制动性能差。

雾天行车，路面潮湿，轮胎与路面间的附着系数下降，使制动性能变差。

这些特点对行车安全极为不利，严重时易导致汽车发生碰撞事故。

2. 雾天安全驾驶技巧

雾天出车之前，对汽车应进行必要的检查，如检查刮水器、防雾灯、前照灯、示宽灯、制动灯、喇叭、喷洗风窗玻璃装置是否完好无损，制动系统、转向系统是否可靠有效，发现故障要及时排除，确保车况良好。

(1) 正确使用灯光。

雾天能见度低，视野差，行车时应根据雾情打开前后雾灯、尾灯、示宽灯和近光灯，充分利用灯光来提高能见度，增大可视距离，使驾驶员看清前方车辆、行人与路况，也让来车和行人在较远处发现车辆。当能见度小于 500 m 大于 200 m 时，必须开启近光灯、示宽灯和尾灯；当能见度小于 200 m 时，必须开启前后雾灯、近光灯、示宽灯、尾灯。如果雾太大，则应选择安全地点停车，并开灯警示他人，值得注意的是，雾天行车不要使用远光灯，因为远光灯射出的光线会被雾气漫反射，存车前形成白茫茫一片，使驾驶员反而看不清前方。

(2) 严格控制车速。

在雾中行车应尽量低速行驶，跟车行驶应有足够的行车间距。当能见度小于 500 m 大于 200 m 时，车速不得超过 80 km/h，与同一车道的纵向行车间距必须在 150 m 以上；当能见度小于 200 m 大于 100 m 时，车速不得超过 60 km/h，其纵向行车间距应在 100 m 以上；当能见度小于 100 m 大于 50 m 时，车速不得超过 40 km/h，其纵向行车间距应在 50 m 以上；当能见度小于 50 m 时，行驶车速应控制在 30 km/h 以下；当能见度在 5 m 以内时，汽车应停驶。

(3) 细心谨慎驾驶。

雾天行车事故多，因此，在雾天开车，应细心谨慎，始终保持高度的注意力，密切关注路面及周围的环境，正确判断各种车辆的动态。汽车应尽量靠车道的中间行驶，注意小心盯住路中的分道线，不能轧线行驶。视线不好时勤用喇叭，以警告行人和其他车辆，当听到其他车辆喇叭声时，应立刻鸣笛回应，以提示他人。会车时，应按喇叭提醒来车注意，并关闭防雾灯，以免给对方造成炫目感，若对方车速较快，则可以主动减速让行，必要时靠边停让。应尽量避免超车，如必须超车，则应选择平直宽阔的路带，在保证安全的原则下超越；超越路边停放的车辆时，要注意道路左侧的交通情况，在确认安全时，适时鸣喇叭，从左侧低速绕过。雾天行车，路面潮湿，在气温低、湿度大的时候，路面还极易形成薄霜，因此应尽量少用紧急制动，以防制动时汽车方向不可控制而导致交通事故，可采用点制动或预见性制动。

8.4.7 冰雪道路的安全行驶

1. 冰雪道路行车特点

由于冰雪路面与轮胎之间的附着系数低、附着力小，因而行驶时汽车抵抗滑动的能力减弱，使得汽车的制动性、动力性、通过性以及汽车的操纵稳定性都受到严重影响。汽车在冰雪道路行驶最显著的特点如下。

（1）制动性差。

汽车制动时，车轮容易抱死，制动力较小，制动距离长，制动时容易侧滑。

（2）动力性差。

汽车驱动时，驱动轮容易滑转，驱动力较小，汽车的动力不能得到有效的利用，汽车起步能力、加速能力变差。

（3）方向稳定性差。

制动行驶时，汽车后轮容易侧滑，前轮容易失去转向能力；加速行驶时，后轮驱动汽车的后轮容易侧滑，前轮驱动汽车的前轮容易失去转向能力。

2. 冰雪道路安全驾驶技巧

（1）正确起步。

起步时，可以采用比平常高一级的挡位，慢抬离合器踏板，轻踩加速踏板，使发动机在不熄火的情况下输出较小动力，以适应冰雪路面汽车起步不滑转，保证汽车平稳起步。

（2）低速行驶。

在冰雪路面行车，应控制车速，使汽车低速行驶，最高时速不得超过 30 km/h，以确保安全。应尽可能保持均匀的行驶速度，避免车辆剧烈振动，以防汽车失去控制。需要加速时，应缓缓踩下加速踏板，不要加速太急，以防驱动轮滑转，使汽车方向稳定性变差；需要减速时，应换入低速挡，充分利用发动机制动进行减速。行车时，应加大行车间距，纵向行车间距一般应在 50 m 以上。

（3）缓慢转向。

在冰雪路面转向时，要提前缓抬加速踏板平稳减速，适当加大转弯半径，不可急转猛回，预防侧滑，而应匀顺缓慢地转动转向盘，实现平稳转向。

（4）谨慎会车。

应谨慎对待会车，会车时要提前减速，选择宽平的安全路段，加大两车的侧向间距，靠路段右侧徐徐通过。若相遇地段不易会车，可由一方后退让路，决不可硬挤会车，右侧处于安全地位的车辆不要争道抢行。

（5）合理制动。

尽量采用预见性制动，善于利用发动机的阻力制动，灵活地多用驻车制动，合理地少用行车制动，尽量避免紧急制动，以防汽车制动时方向不可控制。若遇紧急情况必须制动，对于无 ABS 的汽车，切不可将制动踏板一脚踩死，而应间歇、缓慢地踩踏制动踏板，并辅以驻车制动。当制动侧滑时，要稍松抬制动踏板，同时要顺着侧滑的方向转动转向盘，以免侧滑加剧。

（1）汽车安全性分为主动安全性和被动安全性。汽车主动安全性是指汽车所具有的减少交通事故发生概率的能力；汽车被动安全性是指汽车在交通事故中所具有的保护乘员免受伤害的能力，其研究内容主要是车身抗撞性。

（2）防低速碰撞主要是指汽车在较低的速度发生碰撞时，应尽量减小构件的损坏，特别是对行人的碰撞要防止伤到行人。

（3）汽车本身防止或减少道路交通事故发生的性能称为汽车主动安全性。主动安全性的影响因素包括汽车的行驶安全性、信息性和驾驶员的工作条件。

（4）汽车主动安全技术是汽车发生交通事故前所采用的技术。因此，汽车主动安全技术应包括安全行驶技术、事故预防技术和事故发生前的事故回避技术。

（5）汽车碰撞分为一次碰撞和二次碰撞。一次碰撞即在有碰撞形态的交通事故中，碰撞物体双方最初的接触。如汽车与汽车或汽车与障碍物之间的碰撞为一次碰撞；一次碰撞后汽车的速度下降，车内驾驶员和乘员受惯性力的作用继续以原有的速度向前运动，并与车内物体碰撞，称为二次碰撞。

（6）车内安全的决定性因素有：车身变形状态、客厢强度、当碰撞发生时和发生后的生存空间尺寸、约束系统、撞击面积（车内部）、转向系统、乘员的解救及防火。

（7）在正面碰撞中，动能被保险杠和车身前部变形所吸收，在剧烈碰撞时，还要涉及乘员区前部。车桥、车轮（轮辋）和发动机限制了可变形区的长度，所以需要有适当的可以变形的长度和某些允许产生位移的部件以减小车厢的加速度。

（8）与正面碰撞相比，侧面碰撞车身变形空间小，对乘员的危害较大，因此，增加车室刚度、保证乘员的有效生存空间显得更为重要。侧向碰撞时，由于碰撞部位的装饰件和结构件允许的变形行程很小，吸收能量的能力远小于前部和后部，因而引起的车内的严重变形对乘员伤害的危险性很高。伤害危险性很大程度上取决于轿车侧部结构强度（支柱和车门的连接、顶部及底部与支柱的连接）、底板横梁和座椅的承载能力以及门内板的设计。

（9）安全带对乘员保护的原理是当碰撞事故发生时，安全带起作用，将乘员约束在座椅上，使乘员头部、胸部不至于向前撞到转向盘、仪表板及风挡玻璃上，避免乘员受车内二次碰撞的危险，同时使乘员不被抛离座椅。

（10）安全带大体可分为二点式安全带、三点式安全带和全背带式安全带。

（11）气囊设计的基本思想是，在汽车发生碰撞后，乘员与车内构件碰撞前，迅速地在二者之间打开一个充满气体的气垫，使乘员扑到气垫上，以缓和冲击并吸收碰撞能量，达到减轻乘员伤害程度的目的。

（12）吸能式转向柱应具有以下性能：在汽车正常行驶时，转向柱及其中的转向轴有足够的强度和刚度，以保证正常的转向力传递及安装于转向柱上的其他功能件（如变速杆、组合开关等）正常工作；当汽车发生正面碰撞时，转向柱系统能够从车身结构中以机械的方式脱离；当汽车发生正面碰撞时，转向柱及其中的转向轴可以被压缩，并且转向柱系统中应具有吸能元件以吸收碰撞能量。

（13）汽车座椅是影响汽车安全性的重要部件，它直接关系到汽车的乘坐舒适性、方便性和安全性。汽车座椅的主要作用包括为驾驶员定位，使乘员在汽车行驶中保持平稳；为乘员提供安全舒适的环境；在汽车受到撞击时保护乘员。

（14）汽车座椅头枕的性能直接影响头枕对乘员头部、颈部的保护作用。

（15）外部被动安全性是从减轻在事故中汽车对行人、自行车、摩托车和其他车辆及其乘员的伤害方面提高汽车被动安全性的能力。决定汽车外部被动安全性的因素有：发生碰撞后汽车车身变形的状态，汽车车身外部形状。

（16）在行人保护措施中，防止车外凸出物对行人的伤害也很重要。在车身设计时，将门把手等装置设计成内凹式、采用具有缓冲机构的后视镜等措施，均有利于减轻对行人的伤害。

（17）汽车安全行驶的要诀是：汽车安全设施可靠先进、驾驶员安全意识正确、驾驶技术炉火纯青、驾驶行为端正良好。

思考与习题

1. 汽车安全性的分类有哪些？
2. 什么是主动安全性？
3. 什么是被动安全性？
4. 汽车上常用的主动安全系统都有哪些？
5. 什么是内部被动安全性？
6. 安全带是怎样保护乘员的？
7. 简述安全气囊的工作过程。
8. 什么是吸能式转向柱？
9. 什么是外部被动安全性？
10. 汽车安全行驶的重要条件有哪些？
11. 汽车安全行驶的要诀是什么？

参考文献

［1］ 张西振，吴良胜．发动机原理与汽车理论［M］．第2版．北京：人民交通出版社，2008.
［2］ 高延龄．汽车运用工程［M］．第3版．北京：人民交通出版社，2004.
［3］ 杨宏进．汽车运用基础［M］．第2版．北京：人民交通出版社，2010.
［4］ 胡宁，陈志恒．汽车性能与使用技术［M］．北京：清华大学出版社，2011.
［5］ 刁立福．汽车性能与使用技术［M］．北京：水利水电出版社，2010.
［6］ 郭彬．汽车性能与使用技术［M］．西安：西安电子科技大学出版社，2010.
［7］ 许洪国．汽车运用工程［M］．第4版．北京：人民交通出版社，2009.